Fritz Sieren

Angelerlebnisse in fünf Kontinenten

Meinem Vater,
dem Flugangler, gewidmet.

Fritz Sieren

Angelerlebnisse in fünf Kontinenten

Landbuch Verlag

Titelbild: Jens Ploug Hansen, Skals/Dänemark
Alle übrigen Fotos vom Verfasser

Lektorat: Dr. Helge Mücke, Hannover
Satz, Druck und buchbinderische Verarbeitung:
Landbuch-Verlag GmbH Hannover
Farblithos: RDH, Langenhagen

ISBN 3 7842 0503 8

Inhalt

Nordamerika

Mittel- und Südamerika

Afrika

Asien

Australien

Vorwort

Die Spannung beim Angeln und die Stimmung am Wasser, wenn frühmorgens der Nebel über dem Fluß liegt und abends bei Dämmerung, lernte ich schon als kleiner Junge lieben.

Neben dem Fried- und Raubfischangeln unterwies mich mein Vater in der Kunst des Fliegenfischens. Hierin war er ein Meister, besonders bei den Äschen, die in der Alme zu starken Exemplaren abwuchsen.

Damals war unsere Flußstrecke ein Traumgewässer nicht nur für Äschen, auch für Forellen, Aale, Barsche, Barben und Friedfische. Zwei Paare des Eisvogels, des „fliegenden Edelsteines", hatten ihre Niströhren im Ufer. Regenpfeifer und Wasseramseln surrten über den Fluß. Drei Jahre in Folge nistete bei uns der Schwarzstorch. Acht Storchenjunge wurden flügge.

Als mehr und mehr Kanuten kamen, nachdem ein Radfahrweg an der Alme angelegt war, und als statt drei nun dreißig Reiher im Fluß auf Beute lauerten, gab es keinen Eisvogel und keine Regenpfeifer mehr. Die schwarzen Störche wanderten ab. Die Wasseramseln und trotz des jährlichen Einsatzes auch die Fische wurden weniger.

Die heimischen Gewässer und unsere Passion sind durch ausufernde Freizeitaktivitäten und durch eine zunehmende Reglementierung von seiten des Gesetzgebers bedroht. Unsere Rechte werden uns scheibchenweise genommen bei einer Diskussion, die oft nicht sachlich geführt, sondern von Emotionen bestimmt wird.

Über dieses Dilemma tröstet kaum hinweg, daß die Welt kleiner und immer neue, faszinierende Fischgründe leicht erreichbar geworden sind.

Folgen Sie mir bitte ins nahe und ins ferne Ausland und an Gewässer in Deutschland. Das Buch soll Anregung sein, den Traum einer Angelreise zu verwirklichen, es soll wachsam und bewußt werden lassen, wie gefährdet und gleichzeitig erhaltenswert das Angeln in der Heimat ist. Denn dieses muß der Kern unserer Passion bleiben.

Winterberg, im September 1993

Deutschland

Die Alme bei Brenken

Äschen der Alme

Rund 35 Kilometer fließt die Alme von ihrer Quelle beim gleichnamigen Ort im Sauerland nahe den Briloner Höhen, bis sie bei Borchen nicht weit von Paderborn in die Lohme mündet.

Unser Abschnitt bei Brenken unterhalb des Erpernburger Schlosses rauscht vorbei an einer alten Mühle und der Ruine einer Wasserburg, „Baak" genannt. Von ihr stehen noch ein Turm und der Kaminschacht, längst zugeschüttet ist der Burggraben. Aus gelbem, blühendem Raps ragt das Gemäuer. Steinkauz und Fledermaus verlassen abends ihr Verlies.

Der Fluß ist sich selbst überlassen. Er sprudelt wie durch Tunnel unter weitausladenden, tiefgeneigten Ulmen, Weiden und Kastanien hindurch und bietet Schutz der Niströhre des Eisvogels in der sandigen Uferböschung.

Auf dem Ast knapp über dem Wasser lauert er den Elritzen auf, stürzt blitzschnell im Sturzflug herab, taucht, hält die silbrig glänzende Beute sekundenlang im Schnabel und hat sie schon verschlungen.

Wasseramseln und Regenpfeifer surren über den Fluß. Morgens wie abends streichen mit vollen Kröpfen Graureiher davon. Auf dem Herbstzug sah ich zweimal den Fischadler hier rasten und mehrfach den Schwarzstorch.

Und jeder Platz hat seine Geschichte, hat seine Erinnerungen. Wo die fetten Mottenlarven von den Eichen ins Wasser plumpsen, lauern die Döbel. Dort fing ich auf Teig, auf Fleischwurst, auf Kirschen so manchen Kapitalen. Unter der hohlen, efeu-ummauerten Weide nahm die vierpfündige, prächtig gezeichnete Bachforelle, eine Schönheit, die Fliege. Eine halbe Stunde, nein, länger, bis sie bezwungen war, am feinen Vorfach.

Im Kolk bei der Mühle, dort wo die Alme eine weite Schleife beschreibt, stehen die dicken Nasen. Als damals beim Abfischen Dreipfündige zu Tage kamen und Alande, Hasel und Döbel, letztere

Burschen von z. T. über sieben Pfund, da trauten wir unseren Augen nicht.

Aus dieser Kurve holte ich auch so manchen Barsch, an einem gewittrig schwülen Augustabend sogar acht der stacheligen Gesellen, dabei ganz „schwere Brocken". Dies ist auch die Stelle, die immer für einen Aal oder eine Barbe gut war.

Aber ich will ja von den Äschen erzählen. Natürlich sind sie auch mit der Tippangel am 12er-Haken auf Made zu fangen. Sogar einem goldroten Mepps konnte eine Pfündige einmal nicht widerstehen. Wieviel spannender aber das Flugangeln, eine diesem Edelfisch angemessene Kunst.

Vornehmlich die Naßfliege bietet mein Vater der Äsche an. Wie oft stellte er mich in den Schatten, holte nach einem gemeinsamen Fischzug zehn bis fünfzehn säuberlich auf würzig duftenden Salbei gebettete Fische aus seinem uralten Beutel, während meine Beute immer bescheidener ausfiel.

Zum Können meines Vaters brauchte es vierzig Jahre Praxis. Seine Requisiten sind immer spärlich, er hat nur eine kleine Kollektion Fliegen mit. Er fischt mit einer billigen Einhandrute. Seit ich denken kann, hängt er sich immer den selben alten Fischkorb um. Auch der Kescher ist betagt und mürbe, zigmal geflickt, und der Griff ganz wackelig. Diese wenigen erprobten Dinge genügen und sind äußerst effektiv.

Er zaubert die Fliege unter den tiefhängenden Haselnuß und unter die struppigen Erlen. Er plaziert sie auf den Zentimeter genau in die schmale Rinne, daß sie punktgenau auf den Ring zutreibt; toleriert die Äsche doch anders als die Forelle kaum eine Seitenabweichung des Insekts. Und weich fällt der Köder auf, ganz sanft und sachte, das Schnurende dabei gestreckt.

Jetzt Ende Mai liegt schwer und betäubend der Duft des Schwarzdorn und Raps über dem Fluß. Die Kerzen der Kastanien strecken sich und schmücken den stolzen Baum. Unter ihn hindurch braust das Wasser. Weiße und violette Taubnesseln, Hahnenfuß und Männertreu, alles blüht, ist üppig und strotzt vor Farbe, von Leben und Kraft. Der Mai ist zu schön und doch so vergänglich.

Jeden Tag schlüpfen nun Unmengen von Insekten, viele Arten gleichzeitig. Und die Feinschmeckerin Äsche kann sich die Leckersten wählen, sich ihr Menü zusammenstellen.

Mein Vater fängt sich eine Erlfliege und eine Maifliege und manch anderes Insekt und studiert sie. Dann knüpft er die Fliegen mit Haken der Größe elf, manchmal noch kleinere bis hin zur Größe elf, manchmal noch kleinere bis hin zur Größe vierzehn, letztere mit feinem Draht umwickelt, um sie zu beschweren. Als Vorfachspitze wählt er 0,15 Millimeter-, hin und wieder sogar nur 0,12 Millimeterschnüre.

Die Fische steigen heute nicht gut. Während der Vormittagsstunden nicht ein einziger Biß. Kanuten stören immer wieder. Sie vertreiben die Fische von ihren Standplätzen, versetzen ganze Schulen in Panik. Wo vorher ein Trupp stieg, liegt nach dem Passieren der Boote alles tot.

Dann hinter der alten Weide doch eine Schule von fünf bis sieben Äschen, die regelmäßig steigen. In den schmalen Korridor vor dem Fisch plaziert mein Vater die Goldfliege (Körper goldlametta, rotbraune Körperhechel, Flügel graublau; als Schwanzfäden drei Fibern aus roter Hahnenhechel).

Im Moment, wo das Schnurende sich streckt und ganz sachte aufs Wasser fällt, steigt der avisierte Fisch nach der Fliege und schnappt zu. Er biegt und windet sich in der Strömung. Dann ist die Äsche im Kescher.

Beobachte ich meinen Vater, so schlage ich wohl meistens zu spät an, erst wenn ich ein Zupfen spüre. Dann spuckt die feinmäulige Äsche die Fliege aber schon wieder aus. Vielleicht ist mein Anhieb auch häufig zu heftig, so daß ich dem Fisch den Haken aus dem zarten Maul reiße.

„Den Fisch muß man noch unter der Wasseroberfläche steigen sehn, den Moment des Bisses erahnen. Bruchteile von Sekunden sind das. Der Anhieb kommt instinktiv. Den kann man niemandem beibringen oder logisch erklären", meint mein Vater.

Aus dem selben Trupp hinter der Weide steigt eine Äsche steil auf die Fliege zu. Ein sanfter Schwall. Sie greift aber nicht, läßt sich unter dem Köder rückwärts flußab treiben, prüft und taxiert ihn wohl, schnappt jetzt zu und hängt.

Dann zieht die Goldfliege nicht mehr, auch ein Mai- und ein Erlfliegenmuster nicht, bis der Rotspinner wieder einen Biß verzeichnet (leuchtend rote Wolle, goldgerippt; Hechel rotbraun, Flügel graue Hechelspitzen, Körper schlank).

Diese Äsche ist stark, muß am feinen Vorfach ganz behutsam gedrillt werden. Ruhe bewahren. Die Schnur gespannt lassen. Den Fisch aus dem Gleichgewicht bringen durch Wenden der Rute. Das verbraucht seine Kraft und verausgabt ihn.

Beim Überfall, wo das Wasser rasch in Strudeln dahinschießt, wählen wir einen Palmer, eine dickleibige Imitation ohne Flügel mit stark behaartem Körper, die eine Hummel oder einen Käfer vortäuscht. Denn Feinheiten wird der Fisch in diesen gleißenden Wirbeln ohnehin kaum erkennen.

Um ihm trotzdem Zeit zu geben, den Köder wahrzunehmen, setzt mein Vater die Fliege weit vor den Fisch. Gleich beim ersten Wurf hängt eine Bachforelle. Ich helfe das Ufer hinabstolpernd mit dem Kescher. Den Fisch über den verwachsenen Krautdschungel hinwegzuheben, wäre dem Vorfach zuviel zugemutet.

Am Abend darauf fangen wir beiden später an. Ein leichter Wind geht, der das Plazieren der Fliege erschwert. Der Wurf auf Äschen muß zielgenau sein und das Insekt weich aufsetzen. Das will bei Wind gekonnt sein.

Gleichmäßig und häufig steigen die Fische. Weich sind die Ringe der Döbel unter den Eichen. Einer der Kleineren kann der Maifliege nicht widerstehen. Die starken Döbel lassen sich nicht verleiten, ließen sich noch nie mit der Flugangel hier überlisten. Doch uns steht der Sinn nach den Äschen.

In der sanften, weit geschwungenen Mühlenkurve haken wir fünf Maßige, die mein Vater aber zurücksetzt. Am Auslauf verliert er eine Starke. Wenig später bleibt seine fängige Fliege im Baum am Gegenufer hängen beim Versuch an den guten Fisch, der unter der tiefhängenden Kastanie steigt, heranzukommen.

Kein Muster reizt ihn, statt dessen schnappt er – es wird eine Bachforelle sein – die neben dem Köder treibenden Insekten, daß man glaubt, er steigt nach der Fliege. Aber das ist nicht so. Er narrt uns.

Unter der Bahnbrücke der längst stillgelegten Strecke Büren–Paderborn, wo sich ins alte Gemäuer Steinbrech und Huflattich krallen, dort steigt wiederholt und regelmäßig eine andere starke Forelle. Eine kleine Bucht gibt uns Sichtschutz.

Geduckt pirschen wir uns an. Auf den Anblick des Anglers reagieren m. E. Forellen viel empfindlicher als Äschen. Alte, erfahrene Fische mit schlechten Erinnerungen wechseln augenblicklich den Standort; während die Äsche den Angler am Ufer und sein Gerät optisch eher duldet. Der erste Wurf auf eine starke Forelle sollte deshalb „sitzen".

Und dieser erste Wurf meines Vaters „sitzt". Ich keschere die Regenbogenschönheit, überlistet von der Erlfliege, deren Vorbild heute überall auf den Ufergräsern kauert (Körper dick und kurz, schwarze Straußenfedernfibern und bronzefarbene Fibern von der Augfeder des Pfaus; Hechel schwarz, Unterflügel Starschwungfeder, Oberflügel rotbraun vom Rebhahn).

Dann kein weiterer Biß auf die erfolgreiche Fliege. Lange Schatten wirft die Ruine der Wasserburg ins Rapsfeld. Sein lohendes Gelb wird dunkler und tiefer und rot. Auf dem Stein in der Strömung knickst die Wasseramsel und zwitschert ihr Abendständchen. Zum Fluß hinab gleiten lautlos die Reiher. Wie ein Drachen im Wind, hoch über dem Schloßberg klafternd, schreit der Milan sein schrilles „hiäh".

Die Sonne ist hinter dem Hochwald versunken. Dämmerung senkt sich über den Fluß. Milchig wird das Blau des Himmels, dann grauer und grauer. Schwarz liegt das Wasser. Darüber sieht man nun deutlich kleine und kleinste Insekten und die trägen, fast auf der Stelle rüttelnden Maifliegen. Ring an Ring steigen nach ihnen die Döbel.

Durch Bentgras und Nesseln und Salbei, der feucht wird vom Tau, sind wir schon auf dem Heimweg.

Aalnächte

Aalnächte sind besondere Nächte. Sie sind oft laue Nächte im Sommer voll von Leuchtkäferflug und den Schreien der Käuzchen. Bisam rascheln am Ufer. Lautlos das Wasser durchpflügend, zieht einer der Nager hin und wieder vorbei.

Aalnächte sind spannend und immer anders. An der Alme ist bedeckter Himmel gut, eine sternklare Vollmondnacht schlecht. Warm sollte es nachtüber bleiben und lau, aber ruhig etwas windig. Leiser Regen schadet nicht.

Dicke Tauwürmer braucht man, einige Schellen oder Streifen von knisterndem Silberpapier. Die Köder liegen mit Laufbleien beschwert auf Grund.

Gegen 22 Uhr sind wir an diesem Juliabend aufgebrochen. Dämmerung und feiner Nebel liegen über dem Fluß und dann die hereinbrechende Nacht. Die letzten, träge rüttelnden Eintagsfliegen schweben darüber. Eine verspätete Schwalbe ritzt den Spiegel des Wassers. Wie ein Spuk der Zickzackflug der Fledermaus.

Aus der Weite des Baak wächst als schwarzer, von Bäumen umstandener Klotz die Ruine der Wasserburg. Von dort ruft der Steinkauz.

Mein Vater hat heute abend die Mühlenkurve bezogen. Ich hocke vorm Wehr unter den beiden Kanadischen Eichen, hier, wo das Wasser tief ist und sein Grund schlammig, wo es beladen ist mit Astwerk und bewuchert von Wasserpflanzen, wo das Ufergemäuer längst brüchig ist. Genau hier verstecken sich Barsche, Barben und Aale und ziehen nachts auf Raub aus.

Noch tut sich nichts, noch wippt keine der Rutenspitzen oder bimmelt eines der Glöckchen. Aber ich habe ja Zeit.

Wenn ich jetzt in den Fluß hinabsehen könnte, hinab in dieses dunkel und verschlossen daliegende Geheimnis, wenn man nur für einen Moment in diese geheimnisvolle Welt hinabtauchen könnte. Das denke ich, als „bimm-bimm" das Glöckchen klingelt. Dann Stille. Da wieder das Glöckchen.

Mit einem kräftigen Ruck neigt sich die Rute, daß die Schelle fast abspringt. So heftig ist der Biß, und Schnur surrt davon.

Mein Anschlag hat gepackt. Gleich spür ich dieses wühlende, starke Winden am Ende der Schnur, wie sich nur ein Aal wehrt. Der helle, sich krümmende Bauch blitzt sekundenlang auf in einem Schwall brodelnden Wassers. Jetzt zieht der Fisch zum Ufer, will sich dorthin retten in sein Versteck. Die Rute ist krumm wie ein Flitzebogen und die 35er-Schnur zum Zerreißen gespannt.

Aber der Aal hat längst zu gehorchen. Seinen Kopf heb ich etwas an, lehne mich weit vornüber, den Kescher darunter und heraus! Er hat sich im Netz gleich hoffnungslos verknäuelt, läßt sich nur mit einem Tuch halten und damit auf den Boden pressen.

Es ist kein Kapitaler, aber drei mehr von der Größe, und das Räuchern lohnt sich.

Hin und wieder kommt jetzt der Mond durch. Leuchtkäfer glimmen und verlöschen. Eine Ratte quiekt, platscht ins Wasser. Dann wieder Stille. Vom Dorf her schlägt die Uhr Mitternacht.

Eines meiner Aalglöckchen meldet sich zaghaft, jetzt wieder. So beißt kein Aal. Da spielt ein Döbel mit dem Köder, hat den Wurm grad jetzt genommen. Unverhoffter Beifang wird später obendrein eine Forelle.

Ich besuche meinen Vater flußab. Zwei Aale hat er im Korb und drei Döbel. Wir verabreden eine letzte halbe Stunde.

Zurück bei den Angeln hör ich von weitem das Klingeln. Musik für mich! An der rechten Rute reißt was und reißt. Der Aal wird längst geschluckt haben, wird längst fest am Haken sitzen. Und was für einer!

Ich rufe meinen Vater zu Hilfe, der schließlich leuchtet. Da sehen wir den armdicken, das Wasser peitschenden Fisch, mal die helle Unter-, mal die dunkle Oberseite, jetzt wo ich ihn schon nah am Ufer habe. Endlich ist er im Kescher.

An Land fällt ihm der Haken sofort aus dem Maul. Dieser hatte nur ganz eben die Unterlippe gefaßt. Also doch nicht sicher gehakt.

Blitzschnell ist der schleimige Räuber frei, hat sich aus dem Kescher gewunden und gleitet zielstrebig zurück zum Wasser. Ich finde das Tuch nicht, kann ihn mit den Händen nicht binden. Als Notbremse greife ich zum Messer und nagel den Fisch damit fest.

Dieser Aal wiegt genau drei Pfund, ein kapitaler Bursche. Zusammen mit den anderen wird sich das Räuchern lohnen.

Geräuchert wird im Ofen hinter dem Haus, dort in der verwachsenen Ecke, wo wir uns alle versammeln, ein Bier schlürfen und klönen.

Stimmen muß die Sägemehlmischung. Frische Wacholderzweige kommen auf die schwelende Glut, die den mit Hölzchen gespreizten Aalleibern die richtige Würze gibt und schließlich die appetitlich, knusprige Bräune. Wo die Haut platzt, tropft Fett aus dem weißen Aalfleisch.

Mit frischen Baguettes wird an Ort und Stelle geschmaust. Einfach köstlich! Aber nichts für empfindliche Mägen.

Winterdöbel

Schneehauben tragen die Dolden des Engelwurz und Bärenklau. Ihre Stengel sind gepudert von Reif, zerbrechlich wie aus Eis. Die schneeschweren Haselnußzweige verneigen sich tief. Leeren Palästen gleich die mächtigen Kronen der Eichen. In ihrem Geäst hängen die Bälle verlassener Vogelnester.

Regenpfeifer und Eisvogel, die am Fluß brüteten, sind längst fort. Die Höhle des „Fliegenden Edelsteins" liegt verwaist. Kein Vogel singt, kein Blatt rauscht mehr.

Die unermüdlichen Kringel steigender Fische, den Flug der Insekten, die in der Dämmerung geisternde Fledermaus, all das hat der Winter erstickt. Geblieben sind nur die Schofe schnatternder Wildenten und über dem Hochwald am klaren Dezemberhimmel kreisende Bussarde. Treu bleiben uns auch die Reiher, die sich bei meiner Ankunft träge in die Luft schwingen.

So wie man des Nachts, wenn der Lärm des Tages verebbt, das Ticken der Uhr wahrnimmt, hör ich nun den Fluß, wie er sprudelt und schäumt, dahinrauscht, an Steinen zerspritzt. Über die Bohlen des Wehrs hüpft er behende, nichts kann ihn halten. Unrat, Geröll, entwurzelte Bäume führt er flußab, stark und beflügelt.

Im Windschatten der Strömung, hinter seinen mäandernden Kurven sind Blätter zusammengetrieben zu breiten Beeten. Hin und wieder streichelt die Blätter das Wasser und hebt sie vom Grund. Dann tanzen sie langsam in Strömung. Der Fluß reißt sie mit. Auf Nimmerwiedersehen, ade! Ihre Reise beginnt.

Wo das Wasser reißend ist, brauche ich die Döbel nicht zu suchen. Vor dem Wehr zweigt der Mühlengraben ab. Der Fluß wird hier still und weit, seine Strömung wird zahm. Auf der Brücke muß ich höllisch aufpassen. Es fehlen etliche Bohlen. Der Müller wird sie im Frühjahr ersetzen.

Um den Gumpen hinter dem Abzweig schlage ich einen Bogen, pirsche mich vorsichtig ans Wasser. Döbel sind wachsam, das weiß ich. Ein wenig aufgeweichtes Weißbrot lasse ich ins Wasser rieseln und ziehe mich sachte zurück.

Wo der Mühlengraben weiter unten wieder in die Alme mündet, kenne ich Stellen, die schon immer für ein Netz voll Köderfische gut waren. Elritzen, Gründlinge, die Schulen der fingerlangen Döbel und Nasen sonnten sich hier über dem Kies. Das war damals im Sommer.

Jetzt hole ich das Senknetz wieder und wieder vergeblich ein. Das gestiegene Wasser, seine reißenden Strudel haben die Fischchen zerstreut und vertrieben. Die alten Einstände gelten nicht mehr. So bekomme ich keine Fischchen für das System, mit dem ich gerne einen Barsch überlistet hätte.

Zurück am Anfütterungsplatz beködere ich den Haken mit Käse und lege ihn auf Grund. Das klare Wasser macht eine feine Schnur notwendig. Trotz des Grundbleis wird die Angel langsam, aber stetig ans Ufer gedrückt. Hier bleibt sie. Ich warte.

Wie zahlreich die Bisam am Fluß hausen, zeigen die Spuren im Schnee. Zwischen dem Abdruck der Rattenfüße die Schleifspur ihres Schwanzes.

Unter den überhängenden Weiden schwimmt kopfnickend das Teichhuhn. Sein weißes Untergefieder blitzt, wenn es nervös mit dem Schwanz zuckt. Jetzt ein lautes: „kürrk-kürrk". Nach flügelschlagendem Wasserlaufen hebt es nur mühsam ab und taucht ins Gebüsch.

Übers Wasser surrt die weißkehlige Amsel (die Wasseramsel), knickst auf dem Wehr und ruft: „ziit-ziit-ziit". Ich mag den kecken Gesellen.

Es wird mir also nicht langweilig, schon deshalb nicht, weil sich jetzt die Schnur spannt. Nach dem Anhieb eine rasende Flucht, doch nur eine einzige. Dann läßt sich der Döbel willig drillen und keschern.

Eine zweite Rute bestücke ich auf kleinem Haken mit einem Würfel Fleischwurst. Als ein Biß auf sich warten läßt, ködere ich mit gequollenem Mais. Das Federkielfloß treibt entlang dem Gegenufer. Die Angel bleibt in der Hand. Ich halte Tuchfühlung mit der Schnur. Taucht die Pose, schlage ich gleich an. So fange ich einige Plötzen, die neben Aland und Hasel die Strecke bunt machen.

Auf Kirschen, die in Honigwasser eingelegt waren, mit einer Prise Anis, beißen an einer bestimmten Stelle vier starke Döbel in ganz kurzer Zeit. Dann kein weiterer Biß. Ihr Vertrauen ist dahin. Sie haben sich umgestellt.

Ich versuche es an anderen verheißungsvollen Plätzen, dort wo die Alme tief ist und behäbig dahinströmt. Aus der Mühlenkurve hole ich zwei, aus dem Kolk bei der alten, efeuummauerten Weide drei weitere goldgeschuppte Fische. Zehn Döbel liegen nach vierstündigem Angeln im Schnee.

Schade, daß ihr Fleisch so grätenreich ist. Doch schmälert das nicht die Freude über den Fang dieser schlauen, vorsichtigen Fische. Ihre

Überlistung verlangt manchmal mehr Fingerspitzengefühl und anglerisches Können als bei den Forellen und Hechten oder Barschen, die oft gierig und scheinbar bedenkenlos den Köder nehmen.

Die Sonne hat längst an Kraft gewonnen. Von den Zweigen lösen sich Schneeklumpen und platschen ins Wasser, daß man erschrickt. Die Reifglasur der Uferpflanzen ist geschmolzen. Vom Geländer der alternden Brücke plicken die Tropfen ins Wasser.

Die winterliche Pirsch hat sich gelohnt.

Das Jahr am Karpfenteich

Winter ade!

Scharfer böiger Nordost. Die Chance, Karpfen oder Schleie an den Haken zu bekommen, mag heute gleich null sein. Die winterbedingte Angelabstinenz lassen meinen Vater und mich trotzdem die weite Fahrt zum Teich machen, sei die Hoffnung auf Erfolg auch noch so gering. Denn jetzt Anfang April hält uns nichts mehr im Haus.

Der Gutsteich mit verschwiegener Bucht und einer kastanientragenden winzigen Insel hat die Form einer Malerpalette. Er liegt harmonisch in die Umgebung eingebettet, ist baum- und gebüschumwachsen. Im knietiefen Seichtwasser, dort beim Auslauf bilden versunkenes Astwerk und Stämme, die modern und faulen, ein Unterwasserlabyrinth. Die „gute Stube“ der Karpfen. Dort verstecken sie sich.

Zum Gut Schönthal gehören neben Scheunen, Schuppen und Stallungen ein Mehrfamilienhaus, in dem früher Landarbeiter wohnten, wo heute nur noch eine alte Frau mit ihrem Hund haust. Ihr Garten ist flieder- und holunderverwuchert und verwahrlost.

Etwas abseits liegt ein verfallener Kotten, die ehemalige Försterei, durch deren Fenster der Wind fährt. Das Herrenhaus selbst hat man herausgeputzt. Sandsteinsimse kontrastieren zum hellen Verputz. Die Terrasse öffnet sich zum Garten, von einer hohen Hecke geschützt. Kilometer entfernt die nächsten Nachbarn. Ein Idyll!

Mit gekochten Kartoffeln, mit Mais und Kugeln aus Brotteig füttern wir an. Die Haken werden mit Tauwurm beködert. Dann heißt es warten, tief in die Parka gemummt. Der schneidende Wind bläst die keimende Entengrütze in die hinterste Ecke des Teichs. Sie stört uns heute nicht. Im Windschatten der Bucht steigen Luftblasen vom Grund. Gründelnde Fische!

Bei Laune halten uns trotz der steifen Böen aus dem Wasser springende Karpfen, manche von ganz erheblichem „Kaliber". Ist das ein Anblick! Wenn so einer beißen würde!

Aha, meine Pose geht auf Wanderschaft. Mal nach rechts, mal nach links, taucht jetzt ab und kommt wieder hoch. Schade, will wohl doch nicht . . .? Da beginnt der Posentanz von neuem. Ist das spannend! Tuchfühlung habe ich längst aufgenommen, die Schnur zwischen Daumen und Zeigefinger. Beißt der Fisch nun endlich?

Da zieht das Floß in die Tiefe. Anhieb und Widerstand. Der Haken sitzt. Ein großer Karpfen gibt nicht so rasch auf, der würde kämpfen, erst einmal davonziehen. Nicht so dieser Fisch: eine zweipfündige Schleie wandert in den Setzkescher. Macht sie heute den Anfang?

Dann lange nichts, bis es Abend wird und das Kräuselwasser sich glättet. Der Wind flaut ab, wird mild und schläft ein. Schleienbeißzeit! Rasch hintereinander geht die Stachelschweinpose auf Tauchstation. Die Schuster (volkstümlicher Name der Schleie) beißen auf Made und Rotwurm am 15er-Haken. Sieben bringe ich an Land und beinahe einen Karpfen.

Doch stürmt der nach dem Anhieb stetig und unaufhaltsam schräg zum Ufer unter die Weiden. Über den Teichrand gebeugt versuche ich, den kräftigen Fisch so weit wie möglich vom Ufer fern zu halten. Manövrieren ließe sich jetzt besser mit einer kurzen statt mit der dreieinhalb Meter langen Rute.

Vergeblich. Wie befürchtet verfängt sich die Schnur in den überhängenden Zweigen. Als hätte der Recke gewußt, daß dies seine Chance ist, sprengt er die Leine. Samt Pose schnellt sie mir entgegen. Der golden schimmernden Breitseite nach mochte er wohl zehn Pfund gewogen haben.

Frühlingserwachen

Es ist Mai geworden. Ein warmer, windstiller, sehr friedlicher Tag. Ein Tag zum Dösen. Einige Karpfen haben ihre Einstände verlassen. Sie sonnen sich. Ganz deutlich höre ich ihr Schmatzen. Hier und da ein breiter, behäbiger Fischrücken über dem Wasser. Wie ein U-Boot, lautlos, leise und sachte ohne ein Geräusch taucht er wieder ab. Manchmal schnellt einer der großen Fische aus dem Wasser, daß die Stille erzittert, und die Kringel am Ufer nippen.

Spitzt man die Ohren, läuten in irgendeiner Ecke des Teichs zaghaft die Unken. Wildenten kreisen, wagen nicht, aufs Wasser zu gehen. Mückenschwärme steigen, fallen und steigen. Ihnen gilt die Jagd über dem Wasser. Ihnen gilt die Jagd der Schwalben.

Von der Höhe, auf der das Gut und das Gewässer liegen, geht der Blick in die Weite der Warburger Börde. Ihr Wahrzeichen ist der vulkanische Desenberg.

Dunst gliedert die Landschaft und schafft eine Theaterbühne. Zum Greifen nah die scharf gezeichneten, dunklen Wäldchen und Hügel bergab. Die Konturen dahinter schon blasser, zerschwimmend. In der Ferne ganz weich, zart wie hingehaucht die gerade noch erkennbaren Höhenzüge des Reinhardswalds. Ein Aquarell. Durch diese Staffelung, durch dieses Licht entsteht Tiefe.

Unsere Köder legen wir heute mit Bleischroten auf Grund. Probieren es mit Kartoffeln, mit verschiedenen honig- und anisgewürzten Teigmixturen. Aber Bisse bekommen wir nur auf Tauwurm.

Ich muß gedöst haben. Dieses feine, leise Ribbeln, wenn Schnur langsam aber sicher von der Rolle gezogen wird, dieses elektrisierende Geräusch läßt mich das Floß suchen. Doch das ist getaucht. Höchste Zeit, anzuschlagen!

Das ist kein Schlei, der sich da wehrt. Was hat der Karpfen für Kräfte! Er soll seinen Kampf haben. Anfangs flieht er gerade von mir weg zur Teichmitte, dann schnurstracks auf mich zu, daß ich die Spannung verliere. Ich komme mit dem Kurbeln nicht nach, hole per Hand ein. Da spür ich ihn wieder, fühle seinen bohrenden Widerstand. Noch einige Fluchten im Zickzack nach rechts und nach links, dann gibt er auf, ist schon in Reichweite des Keschers.

Doch als ich mich nach ihm beuge, sieht er mich und flieht erneut. Er mobilisiert noch einmal alle Kräfte, ist offenbar längst noch nicht ausgedrillt. Ins verkrautete Unterwassergeäst zwischen Insel und Ufer will er sich schieben. Das ist sein Versteck. Das wäre seine Rettung.

Eisern halte ich ihn, auf Biegen und Brechen. Soll er die Schnur doch sprengen. Im Krautbeet geht er mir sowieso verloren. Doch bevor er dort eintaucht, pulle ich ihn wieder zu mir. Aus dem Kraftpaket ist ein „nasser Sack“ geworden. Er zeigt endlich Gelb.

Ich atme tief durch. Das war Nervenkitzel! Mein erster im Jahr und fast acht Pfund schwer.

Neun brave Schleien legen wir beiden außerdem auf die Schuppen. Dann wie auf Kommando: kein Karpfen springt, kein Fisch beißt mehr. Als wir schwerbepackt den Angelplatz verlassen, geistert die Fledermaus am Himmel. Abendrot glüht. Und die Eule schaukelt vorbei.

Der Sommer im Zenit

Hochsommer, Schwüler, drückender Augustnachmittag. Wolkengebirge, höher und höher und immer riesiger, türmen sich, ziehen weiter, schmelzen im blauen Äther. Die Sonne bleibt Sieger. Bleiern ist die Luft. Eine lähmende Wand. Wo ein Denkmal der Vulkan des Desenbergs aus der Ebene steigt, grummelt längst ein Gewitter.

Wildenten plurren davon. Mit gellendem „kürrk“ sucht eine Teichralle ihr Versteck unter dem Ufer. Frösche platschen ins Wasser. Störungen, die sich nicht vermeiden lassen, als wir mit Ruten, Truhen, Keschern, Taschen, Ködern und Sitzstöcken schwer bepackt am Wasser erscheinen.

Wir flüstern nur, unterlassen hastige Bewegungen, bleiben dem Ufer fern. Denn dort schmatzen und gründeln unter dem Teppich der Entengrütze die Karpfen. Ihren verschwiegenen Einstand, wo Astwerk im Seichtwasser modert, wo mannshohe Brennesseln das Ufer schützen, diese Versteck haben die „Dickhäuter“ zu einem Sonnenbad verlassen.

Im freien Wasser aber bleiben sie scheu. Keiner von ihnen schlürft meine treibende Kruste ein, keiner nimmt einen der Klöße vom Grund und zieht das Floß unter Wasser. Was ich wieder und wieder überliste, sind goldglänzende Schleien.

Über dem Anfütterplatz dümpelt die Pose, um bald nach dem Einwerfen zu wandern, eh sie mit einem jähen Ruck oder ganz sachte schräg in die Tiefe segelt. Höchste Zeit für den Anhieb. Rund zwei Dutzend landen im Setzkescher.

Am Gegenufer hat mein Vater mit einem beachtlichen Karpfen und einer verklemmten Rolle zu kämpfen: Die Schnur verheddert sich obendrein im Unterwassergeäst. Der Fisch macht das mit, nutzt seine Kräfte nicht, ist über seine Lage wohl nicht im Bilde. Einen Moment lang seine goldgelb blinkende Breitseite. Dann taucht er wieder ab, behäbig und ohne Hast.

Für uns kaum faßbar: Die Schnur kommt wieder frei. Drei Meter noch zum Ufer. Ein letztes Kräftesammeln, ein Aufbäumen. Nun erst spürt der Fisch, daß er gehakt ist, daß er zu gehorchen hat. Nun will er kämpfen.

Doch seine Trümpfe sind längst verspielt. Kein Hindernis, kein Gestrüpp oder Krautbeet, was ihn retten, in das er flüchten könnte. Zweimal noch entwischt er dem Kescher. Dann verneigt sich das Netz. Der Fisch ist geborgen! Mein Vater lacht. Ein hübscher Kerl mit wenigen riesigen Schuppen und orange leuchtendem Bauch.

Ich kehre zu meinem Platz zurück, lausche und beobachte. Über den wogenden Ähren schwebt die Weihe. Noch flötet weich und melodisch der Pirol: „Düdelio – düdelio“. Gleich zwei gelbschwarze Hähne hatten im Frühjahr das Weibchen umworben in den damals noch lichten, grünenden Pappeln. Aus dem hüfthohen Gras, keine vierzig Gänge weit, schnellen zwei Rehe. Ein Bock treibt die Ricke. Blattzeit. Hochzeit der Rehe. An Geräuschen nur diese: Schwalben, die das Wasser ritzen. Zaghaftes Unkengeläut. Schmatzende Karpfen. Ein Windstoß in den Pappeln.

Warum sollte ich eigentlich nicht einen Köder direkt vor der Entengrütze plazieren? Darunter hausen die Karpfen. Den Tauwurmleckerbissen will keiner nehmen. Ich wechsle zu Mais, den ich in Honigwasser eingelegt hatte. Die Rute mit einigen Klängen loser Schnur zwischen Rolle und Führungsring lasse ich allein und widme mich weiter den Schleien.

Als ich später nachschaue, wippt die Rutenspitze. Im Zeitlupentempo fällt Spule um Spule Schnur von der Rolle. Beim Keschern des Großgeschuppten ist mir die Hilfe des Vaters sehr willkommen.

Vor dem Winter

Wenn der Wind in den gelben Kastanien klappert, wenn er mit einem Fauchen die dürren Blätter abstürzen läßt und die Blatt-Bötchen in der Bucht des Teiches zur Herde treibt, dann ist es Herbst geworden an unserem Teich.

Die Schwärme der Stare und Kiebitze tanzen am Himmel. Vor den dunklen, sturmgetriebenen Wolken schwirrt die Silhouette ihres

Balletts, noch unschlüssig, weiter zu reisen oder nachtüber zu bleiben.

Tausende, Abertausende rasten im nahen Buchenwäldchen. Vom Geschwätz immer neuer, hundertköpfiger Vogelpulke vibriert die Luft. Vielleicht werden sie morgen noch eine Weile über den Buchen kreisen, dann weiterziehen, um morgen abend ganz woanders zu schlafen. Tage später ist ihre Wohnstätte längst der warme Süden.

Ihre Schreie bedeuten Reise, Aufbruch und Abschied. Sie öffnen die Tür zum Herbst. Mich machen sie melancholisch. Sie passen zur Stimmung, die das herbstliche Fallen, Neigen und Vergehen, letztlich jede Endlichkeit, auch die eigene, bewußt machen.

Auf Katzenpfoten sachte kam die Dämmerung. An meinem Angelplatz zwischen Scheune und betagter Weide, dort wo der stetige Südwest der letzten Tage allerlei Nahrung zusammengetrieben hat, dort habe ich vor einer Stunde angefüttert. Hier warten eine „freie Leine" ohne Pose und Blei und eine Grundangel beködert mit Mais und eine mit Made auf Schleien- und auf Karpfenbiß.

Silberpapier, das glitzert und raschelt, hänge ich in die Schnur. Mein sehnlichster Wunsch, daß es sich an die Rute schmiegt. Und ich hoffe, die ganz Dicken sind heute nacht unterwegs.

Das unermüdliche Schmatzen und Rumoren der Sommerkarpfen vermisse ich ebenso wie den Zackelflug der Fledermaus. Verstummt ist nun auch das Geplauder der Vögel. Die Reisenden schlafen. Stockfinstere Nacht. Kein Stern, kein Mond lächelt herab. In der Scheune hinter mir spektakelt das Nachtgetier. Die Ratten verlassen ihre Verstecke.

Jetzt zittert und knistert das Silberpapier, legt sich dicht an die Rute. Schnur surrt davon. Der Anschlag gelingt. Vehement stürmt der Fisch sofort von mir weg, lockert nun seinen Zug. Ist er los? Oder schwimmt er auf mich zu? Da habe ich ihn wieder unter Spannung.

Wohin wird er ziehen? Unters Ufer? Er wird schwerer und schwerer. Niemand, der mir leuchtet. Die Stablampe liegt irgendwo unerreichbar für mich im Gras. Jetzt hab ich ihn endlich am Teichrand. Ihn zu keschern, ist aber ein Unding. Denn vom Fisch seh ich nichts. Statt dessen zähe, bleischwere Entengrütze, von der Schnur und Karpfen eingemauert sind. An Land bringe ich schließlich vier Pfund Karpfen und drei Kilo Grütze.

Zur vorgerückten Stunde habe ich mit einem besseren Fisch angebändelt. Mein Vater leuchtet. Als der Gehakte kurz seine Breitseite preisgibt, wird mir flau. Bestimmt über fünfzehn Pfund! Jetzt nur die Nerven behalten. Sachte! Sachte! Trotzdem nicht zu viel Spielraum lassen, sonst kommt er ins Holz. Nachts ist jeder Karpfen ohnehin viel größer und stärker und in den Reaktionen kaum zu berechnen.

Und dann mache ich doch das Falsche. Ich drille zu hastig. Ich mute dem Vorfach zu viel und dem Fisch zu wenig zu. Ein letzter kraftvoller Schwanzschlag Zentimeter vor dem Landenetz. Der Karpfen bleibt Sieger, zerreißt das Vorfach, ist frei.

Beute bekomme ich noch. Nach Mitternacht überliste ich vier Schleien. Daß im Teich auch Aale sind, hatten wir immer im stillen gehofft. Dies ist einer der Gründe, es einmal nachts zu versuchen. Doch die Hoffnung erfüllt sich nicht, weder heute noch bei späteren nächtlichen Fischzügen.

Der Wind ist schweigsam geworden. Leiser, stetiger Regen mahnt uns zum Aufbruch. In wenigen Wochen fällt Schnee. Wenn der wieder taut, hat sich der Kreis geschlossen.

Die Altmühlbarbe

Daß wir, bereits auf dem Heimweg, hier noch einen Tag und zwar einen Angeltag bleiben sollten, drängte sich uns auf beim Anblick der Altmühl mit ihren naturbelassenen Windungen, den sie säumenden, steilen Jurafelsen und lieblichen, engen Tälern.

In ihren Bann zogen uns die hübschen Ortschaften und Städtchen der Eichstätter Alb. Von der schöpferischen Kraft der Romantik, Gotik, der Renaissance und des Barock zeugten kirchliche und weltliche Bauten. Sie umrahmten die Marktplätze, auf denen Straßencafés einluden.

Weißgelb leuchtende Steinbrüche machten uns neugierig, nach Versteinerungen zu suchen. Immerhin fand man hier den Urvogel, jenes Bindeglied zwischen Reptilien und Vögeln. Neben ihm vorzügliche, bis ins kleinste Detail erhaltene Ammoniten, Krebse, Fische, Insekten und Pflanzen. Nun, wir selbst machten keine weltbewegenden Funde. Aber ein Krebschen, ein schöner Ammonit und fein ziselierte Dendriten gingen später mit auf den Heimweg.

Als uns die Pensionswirtin versicherte, im Nachbardorf könnte man eine Angelerlaubnis für die Altmühl lösen, sie selbst bezöge von dort oft Karpfen und Hechte, da stand endgültig fest: wir hängen noch einen Tag an und angeln.

Eine umfangreiche Ausrüstung besaß ich zwar, hatte aber kein Gerät dabei, da dieser Abstecher nicht geplant war. Eine weitere Teleskoprute wollte ich mir ohnehin zulegen. Also kaufte ich Rolle, Rute, Haken und Würmer in Eichstätt. Einem Angelversuch stand nichts mehr im Wege.

Mit meiner Frau inspizierte ich erstmal das Gewässer. Neben der teils dicht bewachsenen Altmühl standen uns ein Altwasser und der Mühlengraben zur Verfügung. Im flachen, von Hahnenfuß und Knöterich verkrauteten Altwasser fesselte das Geflitze der Jungfische.

Aber auch fangreife Döbel, Brassen und Plötzen waren vor uns geflohen. Dies war die Sonnenterrasse des Nachwuchses, und hier laichten die Fische. Angeln wollte ich hier nicht. Genauso wie ich sie, sahen die Fische mich.

Der Mühlengraben war schwer zugänglich, seine Strömung stark, vielleicht geeignet zum Spinnfischen, wozu wir kein Gerät besaßen. Somit kam für uns nur die Altmühl selbst in Frage. Und an ihr reizte mich das breite, alte Wehr, hinter dem sich der Fluß zu einem tiefen, vielversprechenden Gumpen weitete.

Hier mußten einfach Fische stehen. Denn das in den Kolk stürzende Wasser war reich an Sauerstoff. Und als wir vorsichtig herantraten, tauchte tatsächlich eine Schule sich sonnender Döbel ab in die Tiefe.

Die Sonne meinte es heute gut, fast zu gut. Sie stach. Es „roch" nach Gewitter. Spätestens gegen Abend hatte es sich zusammengebraut. Jetzt türmten sich Wolkengebirge, ließen der Sonne noch viel Platz. Zu gern hätte ich das Hemd ausgezogen, doch die Mücken waren zu stechfreudig.

Die Brüstung des Wehrs war moosbewachsen. Ihr Gemäuer bröckelte. Hier richtete ich mich unter schattigen Haselnußbüschen ein. Der mit einem Wurm beköderte Haken lag mit Bleischroten auf dem Grund. Eine Laufpose diente als Bißanzeiger. Auf der durchhängenden Schnur schaukelte zusätzlich ein Pestwurzblatt.

So döste ich auf dem weichen Moos vor mich hin, hatte eigentlich keine Erwartungen, zumal mir das Gewässer fremd war und ich es an einem einzigen Tag nicht kennenlernen würde.

Zwei volle Stunden tut sich nichts. Am späten Nachmittag schmiegt sich das Blatt an die Rute. Ein Fisch zieht Schnur ab. Einen pfündigen Aal kurbele ich die Wehrmauer hoch. Heute ist Aalwetter, sogar tagsüber!

Ich lehne mich wieder ins Moos zurück, reise in Gedanken zu den Wolken über mir und betrete das Wolkenreich. Seine Gebirge, Inseln, Täler und Schluchten formen unerschöpfliche, sich nie gleichende Skulpturen und Landschaften. Eine wächst aus der anderen, verschmilzt, quillt empor und geht im Blau des Himmels auf.

In diese Welt schlüpfe ich hinein und träume. Ein Luftschloß, das nur ich bewohne, bis der erste gewaltige Donner mich aufschreckt. Ich habe wieder Augen für den Fluß und die Wirklichkeit.

Bei dem einen Paukenschlag bleibt es. Das Gewitter läßt noch auf sich warten und gibt mir eine Frist.

Zaghafte Kringel, wenn die Döbel nach Insekten steigen. Eine Ringelnatter durchschwimmt den Fluß, taucht in die Dotterblumen. Hinter mir zanken Mäuse. Eine Hummel brummelt zwischen den Taubnesseln. Es bleibt sonst ganz still. Die wenigen Geräusche bekommen Gewicht.

Da macht die Pose auf sich aufmerksam. Irgendetwas zuppelt am Schnurende. Jetzt taucht sie weg. Ein Barsch ist gehakt. Die Fische werden nun reger. Ich sollte jetzt mehr auf die Angel achten. Gerade habe ich noch den auf dem Wasser strampelnden Heuhüpfer beobachtet. Plötzlich ein Schwall aus der Tiefe! Wo er eben noch schwamm, ist die Stelle nun leer. Die Kringel verflüchtigen sich rasch zum Ufer. Was für ein Fisch!

Der ideale Köder, denke ich, fange mir rasch einen Hüpfer und plaziere ihn dort, wo eben der Fisch stieg. Allerdings nicht an der Oberfläche, sondern mit leichtem Blei beschwert am Grund.

Eine Weile passiert nichts. Fehlanzeige? Doch dann fällt Schnur von der Rolle, rieselt durch meine Finger. Die Schnur strafft sich. Einen Diener macht die Rutenspitze. Ich schlage endlich an. Der Tanz kann beginnen!

Das ist kein Kleiner, der da meinem Zug so energischen Widerstand entgegensetzt. Man hat das Gefühl, daß der Fisch auf ein und der selben Stelle bleibt, bohrend, unverrückbar und starrköpfig. Dann wechselt er plötzlich den Standort. Ganz ohne Vorwarnung, daß ich mich sputen muß, Schnur einzuholen oder frei zu geben.

Ich pumpe ihn schließlich nach oben. Sekundenlang seine imponierende Breitseite. Ein Riesendöbel? Ich bin mir nicht sicher. Schon zieht er wieder zum Grund. Doch seine Kräfte erlahmen.

Aber wie soll ich den Fisch aus dem Wasser bekommen, noch dazu ohne Kescher? Meine gestern erworbene Angelausrüstung ist ja nur Stückwerk. Ihn das Wehr hochzuheben kann man der Schnur nicht zumuten.

Also muß ich wohl oder übel den verwachsenen Hang hinunter mit dem Monstrum der dreieinhalb Meter langen Rute. Dabei verhaspelt sich die Schnur, läßt sich zum Glück immer wieder lösen, gerade immer im letzten Moment, bevor der Fisch sie sprengt. Die unhandliche, sperrige Rute läßt sich kaum dirigieren. Ein Unding, dieser Abstieg!

Mir wird klar, daß ich so nicht ans Ziel komme. So würde ich den Fisch verlieren. Ich bringe die Rute nach oben zurück, halte die Schnur mit der Hand unter Spannung, kämpfe mich den Hang hinab durchs Gebüsch und lanciere den Fisch zum Ufer. Der Nackengriff gelingt.

Die Aufregung hat sich gelohnt. Eine fast sieben Pfund schwere Barbe liegt oben am Wehr angekommen im Gras. Alle Achtung vor ihrer Kämpfernatur!

Vorbeikommende Kanuten bewundern den Fisch und auch der Verpächter. Er freut sich ehrlich mit uns und kredenzt einen selbstgebrannten Obstler.

„Angeln Sie doch morgen bei mir am Haus. Da stehen die dicken Karpfen und Hechte." Viel zu gern hätten wir seine Einladung angenommen. Aber uns bleibt keine Zeit. Unser Urlaub ist endgültig zu Ende.

Auf der Rückfahrt zur Pension öffnen sich unter Donner und Blitzen endlich die Himmelsschleusen. Jener Geruch aus einem Regen-und-Staub-Gemisch, wenn es lange trocken war, liegt über dem Land. Später braten wir uns den Aal. Als wir auf den Balkon ins Freie treten, ist die Luft wieder klar und frisch.

Edernasen

Nasen lieben die Strömung mit steinigem, algenbewachsenem Grund. Und hier bei Herzhausen, wo die Eder sich schließlich im Edersee verliert, schießt das Wasser rasch und niedrig dahin.

Jetzt im Frühjahr steigen die Nasen flußauf bis in die Seitenbäche hinein zum Laichen. Sie sind dann lebhaft gefärbt: ihre Rücken dunkelgrau mit einem blauen Schimmer, die Flanken silberglänzend, manche mit Laichausschlag.

Dieses Frühjahr kam spät. Anfang April lag das Ufer noch trist ohne Grün, ohne das Gelb des Huflattichs, und nachtüber hatte es wolkenbruchartig geregnet. Trotz des trüben, steigenden Wassers sah ich dann und wann das charakteristische Aufblitzen der Nasen, ihre silbernen Flanken, wenn sie mit ihrem scharfen, knorpeligen Maul Algen und Wasserpflanzen vom Flußgrund kratzten.

Diesen launischen Fisch können Maden verleiten und Teig oder gequollene Körner. Auch Brot ist als Köder gut. Hat man ihn einmal angelockt, und bleibt er am Futterplatz, dann beißt er oft Schlag auf Schlag. Bei mir tut sich bis jetzt noch nichts.

In kleinen Trupps kreuzen Haubentaucher vor dem anglerbelagerten Schotterufer. Ihre hellen Hälse leuchten wie Flaggen. Schnarrend, laut und durchdringend klingt ihr: „Jäk-jäk". Brust an Brust gegeneinander gereckt fechten sie Scheinkämpfe aus, nur mit den Schnäbeln.

Nach den gemeinsamen Balzritualen werden sie bald Paare bilden, sich zurückziehen in eine stille, verschwiegene Bucht, um dort ein schwimmendes Nest zu bauen aus Schilf, Röhrichtstengeln und Gras.

Angelockt vom Mais-, Paniermehl- und Madengemisch haben sich mittlerweile einige Nasen eingefunden. Immer häufiger seh ich ihr Flankenblitzen, wodurch sie sich verraten. Und da nimmt eine Nase endlich die Made. Die äußerst sensible Spitze der Neun-Meter-Kohlefaserrute zittert und zuckt, verneigt sich schließlich energisch. Das feine Zwölfer-Vorfach an der Achtzehner-Hauptschnur hält der Gegenwehr stand. Diese Nase wiegt mehr als ein Pfund, ist also für einen Kräuterling, wie der Fisch auch genannt wird, kapital.

Mit einem leichten Bodenblei und Gleitpose versehen biete ich denselben Köder wieder und wieder an dicht über dem Grund, wo die Schule sich aufhält. Ich lande Näsling nach Näsling. Das Drillen, Keschern, Hältern und Anködern hält mich in Atem. Ist die Made erst ausgelutscht, nur noch ein derbe, auf dem Zehner- oder Zwölfer-Haken festsitzende Hülle, dann erweist sie sich als am fängigsten.

Als die scheuen Nasen sich rar machen und ihren Standort wechseln, nehmen Ukelei den Köder, im Laufe des Nachmittags auch ein Barsch, Döbel, Rotaugen und eine gute Forelle, die leider das Vorfach sprengt.

Ich muß an andere Tage denken, an erlebnisreiche, glückliche Tage am Edersee in den Jahren zuvor, an erfolgreiche Fischwaid auf starke Zander und pfundschwere Barsche über den Barschbergen – da gab es Tage und Stunden, wo man Schlag auf Schlag zog, kaum daß der Köder im Wasser war.

Und ich erinnere mich natürlich an den starken Esox, den bestimmt zwanzigpfündigen Hecht, der beim Keschern verlorenging. Das Spektakel habe ich noch in allen Einzelheiten vor Augen.

Doch heute ist auch ein unvergeßlicher Tag, ein „Nasentag". Dieser Fisch, ein Feinschmecker unter den Friedfischen, hat leider grätenreiches, fades Fleisch. Aber der Drill einer Pfündigen an feinem Gerät ist spannend. Außerdem will erst einmal die vorsichtige Nase mit List gehakt sein.

Jungenstreiche

Erlebnisse an heimischen Gewässern, wie im vorangegangenen beschrieben, Abenteuer im nahen und fernen Ausland, wie im folgenden geschildert, haben ihre Wurzeln in der Kindheit und Jugend, als meine Liebe zur Natur und zum Draußensein am Wasser geweckt wurde. An erste prägende Eindrücke will ich mich erinnern.

Im münsterländischen Langenhorst nahe der niederländischen Grenze und dort am Fluß Vechte kam ich zum ersten Mal ans Wasser. Erstmals erlebte ich die Spannung des Angelns. Und ich genoß auch zum ersten Mal bewußt die Stimmung am Fluß. Frühmorgens, wenn der Nebel über ihm lag und abends im Neigen des Tages die Dämmerung.

Mein Vater brachte oft von der Frühpirsch starke Hechte mit und nicht selten ein halbes Dutzend Aale, an nachtüber ausgelegten Schnüren gefangen. Es gab oft frischen Fisch in unserer Beamtenwohnung. Mein Papa war damals Sonderschullehrer an einer „Taubstummenanstalt", die direkt vis-à-vis lag.

Er nahm mich schon im Alter von etwa vier Jahren mit an den Fluß, der mir groß, ja riesig und geheimnisvoll erschien. Wie ja ohnehin Entfernungen für ein Kind ganz andere, viel größere Dimensionen haben.

Dieser Fluß barg für mich kleinen Jungen, wenn er in der Dämmerung schwarz und verschlossen dalag, wenn seine Strudel wie sanfte, wirbelnde Fingerzeige der Tiefe an mir vorbeiglitten, dieser schweigsame Fluß barg viele Geheimnisse und war für mich etwas Großes. Er war für mich etwas, vor dem ich Ehrfurcht und Angst hatte. Voller Rätsel in seiner Tiefe und Stille und Gefährlichkeit. Zu seinen Geheimnissen zählten auch die Fische.

Als ich fünf war, hakte und landete ich mein erstes Rotauge. Es gibt ein Photo, wie ich stolz meine handlange Beute emporhalte.

An eine schmerzliche Erfahrung danach erinnere ich mich viel genauer. Es war ein Schlüsselerlebnis. In Erwartung weiterer Abenteuer und nachdem die Passion geweckt war, hatte ich mich eines Nachmittags allein auf den Weg gemacht zum Fluß, obwohl man mir das ausdrücklich verboten hatte.

Ohne Beute kam ich zurück, wollte auch gar nicht angeln, sondern nur ein paar der großen Flußmuscheln aus dem Schlick bergen, als mich mein Vater freundlich und wohlwollend in Empfang nahm.

An jede der folgenden Einzelheiten kann ich mich erinnern. Daß es ein sehr heißer Sommertag war. Daß ich in bester Laune und gutgläubig, meinem Vater in die Garage folgte. Denn er hatte versprochen, mir dort ein Pferdchen zu malen. Und Pferde liebte ich nun einmal über alles. Bilder und Photos von ihnen sammelte ich leidenschaftlich. Jedes noch so winzige Pferdebildchen – selbst wenn es nur ein kleines Emblem unter einer Schuhsohle oder auf einer Münze war – weckte meine Begierde.

Mein Vater zeichnete bestechend gut, weshalb es leicht war, mich mit seinem Versprechen zu locken. Statt des Pferdchens erwartete mich eine Tracht Prügel, die erste und letzte, die ich von ihm bekam. Doch abgesehen davon, daß die Strafe berechtigt war und mir vielleicht das Leben rettete, denn es waren schon viele Kinder in der wegen ihrer Strudel und Untiefen gefürchteten Vechte ertrunken, davon einmal abgesehen, grub sich mir tief ins Gedächtnis die abgrundtiefe Enttäuschung. Die Enttäuschung und das Entsetzen, als mein Vater statt des Skizzenblocks einen Stock hervorzog, mich übers Knie legte und gründlich „versohlte".

Nicht verboten hatte man mir, wann immer ich wollte, durch den Jägerzaun zu kriechen, der den Schulhof einfriedete. Gleich dahinter lag Hagemanns Hof, der nicht nur das eher einfache Gehöft eines Kleinbauern und Försters war. Nein, Hagemanns Hof war für mich eine faszinierende Welt für sich, der schönste und interessanteste Platz auf der Welt, wo es täglich Neues und Aufregendes zu entdekken gab.

Das Besondere begann gleich am Hoftor. Abends hockte dort auf dem Pfeiler eine von Hand aufgezogene Schleiereule, die um Futter bettelte. Weshalb die vier Hagemanns-Jungs reichlich Mäuse-, Ratten- und Spatzenbeute heranschaffen mußten, selbst erlegt und erjagt auf mancherlei Art und Weise, wovon noch die Rede sein wird.

Ich erinnere mich noch genau, wie die Eule jedes Mal einen Fang auf die Ratte setzte, ihren Schnabel hineinstieß und genüßlich die Eingeweide herauszog. Mit Schaudern und mit Neugierde verfolgte ich dieses Kröpfen. Es entging mir auch nicht, wie am nächsten Morgen die ehemals dicke Ratte als kleiner Klumpen aus Knochen, Haaren und Zähnen unten am Fuß des Pfeilers lag (was man ja „Gewölle" nennt und damit die unverdaulichen, ausgespienen Teile einer Greifvogelmahlzeit bezeichnet).

Die Jungs hatten eine besondere Methode, die grauen Nager zu fangen. Über den Rand einer Tonne legte man einen Sack, der außen vom Boden hoch zum Tonnenrand führte, dort aber nur ganz eben übergeklappt war.

Die Ratte, vom Köder auf dem Tonnengrund angelockt, erkletterte leicht die Tonne bis zum Rand, sprang hinein und konnte den Sackzipfel weit oben gar nicht mehr erreichen.

Hin und wieder schlief ich bei den Hagemanns. Die Bindung zur Familie war auch deshalb eng, weil ich mit der gleichaltrigen Lilo befreundet war. Eine reine Kinderliebe. Wir waren ja beide erst fünf oder sechs.

Die Schlafräume unterm Dach waren niedrig, dunkel und im Sommer stickig-schwül. Sie lagen Wand an Wand mit der Kornbühne.

Fließend Wasser gabs nicht und kein elektrisches Licht. Kerze und Waschschüssel gehörten ebenso zum Inventar wie der Nachttopf unterm Bett.

Mir gruben sich tief in meine kindliche Erinnerung die vielen Ratten, die nachts überlaut und beängstigend oft von der Kornbühne aus das Schlafgemach aufsuchten. Dann zog ich die Bettdecke so weit über den Kopf, daß nur noch die Nasenspitze herausschaute. Ich hatte furchtbare Angst, die Ratten würden mich beißen oder gar anknabbern, während ich schlief.

Frühmorgens, wenn die Nachtmahr vorbei war und das erste Morgenlicht den Raum tröstlich erhellte, sah ich sie oft gemächlich, ganz vertraut, hier und da schnuppernd und knuspernd auf den Balken längs der Wände trippeln. Dabei nicht selten zum Greifen nahe, diese dicken, feisten Rattenmamas und Rattenpapas.

Aber sie hatten im Tageslicht für mich ihren Schrecken verloren. Sie gehörten jetzt genauso zum Haus wie die zum Ausbluten über der Miste aufgehängten Rehe oder das Bündel erlegter Krähen oder die vielen Bussarde, Habichte und Reiher, die der „Alte Hagemann" in seinem Revier mit dem Fangeisen, mit der Lebendfalle und dem Gewehr erbeutet hatte.

Genauso hat sich mir eingeprägt, wie die Hagemanns-Jungs einmal im Jahr abfischten, und zwar die Strecke, die an den Hof grenzte. Dann hatte der Müller flußauf sein Wehr geschlossen, damit die Vechte niedrig war, und sich das Wasser nur noch in den tiefen Kolken hielt.

Die kräftigen, braungebrannten Jungs standen bis zu den Hüften darin, hoben und senkten ihre Netze und warfen die zappelnde Beute ans Ufer: dicke Karpfen, meterlange Hechte, armdicke Zander und pfundschwere Barsche waren darunter. Meine Freundin Lilo und ich sammelten sie in großen Wannen.

Wenige Bilder meiner Kindheit habe ich so deutlich noch vor Augen, wie die muskulösen, fast nackten Burschen bis zum Nabel im Wasser standen, ihre riesigen Senknetze mit den glänzenden Fischen darauf. Alles vom warmen, rotgoldenen Licht der Abendsonne übergossen. Und über dem dunkelnden Wasser der Tanz der Insekten im Gegenlicht.

Obwohl ich damals noch „klein" war, habe ich das alles nicht vergessen.

Als mein Vater an den Rand des Sauerlandes nach Büren versetzt wurde, kehrte ich für eine kurze, einprägsame Zeit zurück in mein Geburtshaus nach Meerhof. Für unsere Familie sollte das eine vorübergehende Bleibe sein, bis wir in Büren eine Wohnung gefunden hatten.
Das zum Hochsauerlandkreis gehörende Meerhof lag auf der Hochfläche des Sintsfelds. Es besaß weder Bach noch Fluß und auch keinen See. Das einzige Gewässer war ein Feuerwehrlöschteich, der ebenso verkommen wie für uns kleine Jungs faszinierend war.
Dort machten meine Finger erstmals Bekanntschaft mit den Zangen der Libellenlarve. Erstmals erlebte ich die Verwandlung des Froschlaichs in eine Kaulquappe, und wie daraus ein winziger Frosch mit einem Kaulquappenstummelschwanz wurde. Zum ersten Mal sah ich Räuber und Opfer zusammen, als ich einen Stichling fing, an den sich ein fast ebenso großer Gelbbrandkäfer klammerte, im Begriff dem Fisch das Leben herauszusaugen.
Das Geschehen am und unter Wasser war anziehend und aufregend, war abstoßend und brutal zugleich.

Von Meerhof aus nahm mich mein Vater zum Flugangeln mit an die Diemel und an die Afte. An der Diemel verlor er durch einen Haken beinahe ein Auge. Die Afte entsprang im Sauerland, floß an den Orten Wünnenberg, Leiberg und Hegensdorf vorbei, um in Büren, unserem späteren Wohnort, in die Alme zu münden.
Ein Abend nahe Hegensdorf blieb unvergessen. Er war einer jener verträumten Abende Anfang August, als der Sommer im Zenit stand. Die Feldflur duftete nach dem Heu der zweiten Mahd und nach gedroschenem Korn.
Die Vögel waren schweigsam geworden und sangen nicht mehr. Wald, Feld und Wiesen lagen apathisch und in sich gekehrt. Erst als die Sonne versunken war hinter den Wipfeln und das Wasser schwarz wurde von Dämmerung, rüttelten darüber die Eintagsfliegen.
Auf und nieder schwebten sie auf ihrem kurzen Hochzeitsflug. Je dunkler es wurde, desto heller wirkten ihre Flügel. Wo ein Insekt aufs Wasser fiel, stieg augenblicklich danach ein Fisch.
Da waren wir längst am Wasser. An diesem Abend paßte einfach alles. Unter der dicken, efeu-ummauerten Weide hakte Vater eine zweipfündige „Bach", dreißig Meter flußab stieg eine „Regenbogenschönheit" nach der Goldfliege und hing beim dritten Anbieten.

Wo das Lungenkraut als großer Wulst vorm Gegenufer stand, ein weiterer starker Fisch. Ein vierter dort, wo sich die Erle in die Uferböschung krallte, wo die Strömung im Frühjahr nach der Schneeschmelze ihre Wurzeln blank gespült hatte.

Fliege anbieten. Steigen des Fischs. Biß. Drillen und Keschern. So ging das Schlag auf Schlag. Es lief wie am Schnürchen. Es gab fast keinen Fehlbiß. Dabei erinnerte ich mich an ganz andere Tage, an denen die Fische zwar beständig stiegen, aber nur so eben zupften und nie richtig hingen.

Sonderbarerweise hakte Vater heute ausschließlich starke, teils kapitale Exemplare von Äsche, Bach- und Regenbogenforelle, sogar einen ansehnlichen Döbel, so als gäbe es nur diese Güteklasse in dem relativ kleinen Fluß. Doch stimmte das nicht. Meist hatten wir hier nur Mittelmäßige erbeutet.

Mein Vater war immer ein bescheidener Angler, der nach einer gewissen Grenze regelmäßig Schluß machte. Aber heute „ritt ihn der Teufel". Er fing und fing. Es war wie im Rausch. Wir ahnten wohl beide, daß solch ein Abend und solch ein Fischzug einmalig und nie wiederholbar war.

Eben diese Afte wurde der Fluß, der mich in die Geheimnisse eines Fischwassers einweihte, noch tiefgreifender und bewußter, als das der alte Feuerlöschteich in Meerhof und die Vechte bei Langenhorst getan hatten. Hier sammelte ich den ersten Sprock, die Larven der Köcherfliegen.

In ihrem Gehäuse aus Sand, Steinchen und Holzstückchen hockten sie oft in Pulks unter den flachen Kieseln. Darunter duckten sich nicht selten auch Mühlkoppen, jene kleinen, gescheckten Fische mit den spitzen Stachelflossen, deren zusammengedrückter, klobiger Kopf einem Boxerhund ähnelte.

Diese Gesellen sahen alle anders aus. Es gab helle und ganz dunkle Exemplare. Entsprechend dem Untergrund wechselten sie die Farbe wie ein Chamäleon. Flink waren sie alle. Wollte man sie greifen, mußte man schnell sein und trotzdem auf der Hut vor den Stacheln!

Unter großen Steinen und in den Uferhöhlen lauerten Krebse. Gewaltige „Kleine Ritter" gab es darunter! Mein Sammel- und Jagdtrieb ließ mich einmal fast 50 an einem einzigen Nachmittag fangen. Bis auf einen setzte ich alle noch am selben Tag zurück. Diesen einen versuchte ich in einem sauerstoffgespeisten Aquarium zu hältern, was mir diesmal und auch später nie länger als eine Woche gelang.

Andere faszinierende Geschöpfe des Flusses waren die fast nie zu fassenden Schlammpeitzger und die Steinbeißer. Fische flink wie Elritzen und glitschig wie Aale, obendrein auch noch viel, viel kleiner.

Richtig erschrocken war ich über das erste Neunauge, über dieses sonderbare Lebewesen mit dem Saugmund, das ja gar kein Fisch im klassischen Sinne ist. Dieser „Fisch" durchlebt aber einen Zyklus ähnlich dem Lachs, indem er von seinem Geburtsfluß ins Meer wandert, dort zu beträchtlicher Größe heranwächst, um schließlich an den Ort seiner Larvenzeit zurückzukehren, sich dort zu paaren und zu sterben.

Auch Neunaugen ließen sich nicht in Gefangenschaft halten. Nie lebten sie länger als zwei oder drei Wochen im Gegensatz zu Rotaugen und Lauben. Auch Elritzen, Döbel, Stichlinge und ihre Räuber, die Hechte, machten keine Probleme.

An der Schwelle von der Kindheit zur Jugend, im Alter von etwa 12 Jahren, unternahm ich eine Radtour an die Ems. Eine gewagte und abenteuerliche Tour. Allerdings fuhr ich nicht allein. Es begleitete mich der fünf Jahre ältere Freund, der begeisterte Hechtangler Bruno. Der Hechte wegen waren wir gestartet.

Wir campten natürlich wild, schoben uns mal hier und mal dort in eine Dickung oder zelteten auf Lichtungen, einmal am Rand eines kleinen Weihers. Die Ems erreichten wir erst am dritten oder vierten Tag. Das war irgendwo nördlich von Münster, nicht weit vom Bauerndörfchen Gimbte.

Bruno, der einen sechsten Sinn hatte, Raubfische aufzuspüren, landete gleich am ersten Vormittag einen mittelstarken Esox. Ich ging nach all den Tagen vollkommen leer aus, was mich damals sehr kränkte und traurig stimmte. Ich schämte mich fast bei der Rückkehr.

Denn es war ja eine gewissenhaft geplante und sehr aufwendige Tour gewesen. Ich war so voller Erwartung und Zuversicht gestartet, endlich den „ersten Kapitalen" zu landen. Dann diese Enttäuschung! Während ich nicht einen einzigen Fisch erbeutete, hatte der stolze Bruno drei Hechte, einen Zander und etliche Barsche auf die Schuppen gelegt.

Ein anderes Erlebnis als Heranwachsender war meine erste und hoffentlich auch letzte Schwarzfischerei. Das geschah, ohne es zu wissen oder ohne es wissen zu wollen. Zum altehrwürdigen Mauritiusgymnasium im westfälischen Büren gehörte ein weitläufiger, von einer bis zu vier Meter hohen Kalkmergelmauer umfriedeter Garten, den der ergraute Bruder Hermann bewirtschaftete.

Sogar der Komposthaufen war sehr gepflegt. Hier durfte ich jederzeit nach Tauwürmern graben, was mir der Jesuitenpater erlaubt hatte, und zwar nur mir. War das schmiedeeiserne Tor einmal verschlossen, wußte ich einen geheimen Einschlupf.

Während die Mauer zur Stadt hin, einer Festung gleich, meterhoch anstieg, war sie auf der anderen Seite nur kniehoch und begrenzte dort den Mühlengraben, der von der Afte abgezweigt war.

Der Graben war also dem Garten einverleibt. Und obwohl ich mir eigentlich an fünf Fingern ausrechnen konnte, daß er nicht in den Geltungsbereich des Paters fiel, sondern verpachtet war, verdrängte ich das Naheliegende. Ich fragte lieber erst gar nicht.

Der Pater würde schon nichts dagegen haben, hier ein wenig zu blinkern. Er hatte mir ja auch sofort erlaubt, jederzeit in seinem Komposthaufen herumzustochern. So versuchte ich, mir das schlechte Gewissen auszureden. Für mein schlechtes Gewissen sprach auch die Tatsache, daß ich den ersten Angelversuch auf einen Sonntag legte. Da waren nämlich weder die Patres in der Nähe noch eine Störung durch die Internatsschüler zu erwarten.

Bei diesem Fischzug wurde mir rasch angst und bange. Denn es bissen und hingen eine nach der anderen wirklich starke Forellen. Fast ein Dutzend zwei- bis dreipfündige Regenbogen in knapp anderthalb Stunden! Fast jeder Wurf brachte Beute!

So etwas hatte ich nicht erwartet. Mir war nicht mehr wohl zumute, als ich mit dem Angelkorb, bleischwer mit Fischen gefüllt, durchs Mauerloch schlüpfte.

Natürlich war der Graben verpachtet, und zwar an den Müller weiter unten. Das wußte mein Vater ganz sicher. Ihm blieb nichts anderes übrig, als gute Miene zum bösen Spiel zu machen. Ich hatte ihn ja vor vollendete Tatsachen gestellt.

Fortan stellte ich im Jesuitengarten nur noch den Würmern nach und scherte mich nicht mehr um den Grenzbach. Es sollte wohl Jahre dauern, bis so starke Fische wieder dort abgewachsen waren, wie ich sie, „ohne es zu wissen“, aus ihm gestohlen hatte.

Europa

Am Neusiedlersee und an der Leitha

Burgenlandherbst. Das wogende Schilfmeer des Sees wurde gelb. Die Sonne vergoldete es. Das rauhe „karre-karre-krik“ der Rohrsänger war ebenso verstummt wie der dumpfe Baß der Dommeln. Längst verwaist lagen die Nester der Störche auf den Dächern von Rust.

Geblieben war nur das vertraute „köw-köw“ zänkischer Bläßrallen, die hellen Sicheln der Möwen und das klangvolle „aahng-ong-ong“ ziehender Wildgänse. In ihrem Flug schwang das Fernweh. Wie viele gute Erinnerungen hatte ich doch an den See, als ich zum sechsten Mal hier war!

Landeinwärts löste das Bunt der Reben Schilf und Röhricht ab. In den Weinbergen war die geschäftige Zeit der Lese. Heurigenschänken luden ein. Zum fruchtig süffigen Tropfen paßten mit Kraut gefüllte Paprika, ein Stück hausgemachte Wurst oder geräucherter Schinken.

In der „Eselsmühle“ und im „Storchennest“, zwei anheimelnde, urgemütliche Kneipen in historischen Gebäuden, fiedelten jeden Abend Zigeuner Melodien, die ans Herz gingen. Die Fische des Sees servierte man pikant mit Knoblauch und Meerrettich, je nach Wunsch serbisch, kroatisch oder auf burgenländische Art.

Ich hatte mir in den Kopf gesetzt, in diesem Jahr einen Hecht oder Zander zu überlisten. Die verschwiegenen Einstände des Schilfs mußten ideal sein. Hier lauerten Räuber. Einige Senknetze voll Köderfische, meist Kaulbarsche und junge Brassen, hob ich aus der Hafeneinfahrt von Mörbisch.

So stachen Freund Jörg und ich hoffnungsvoll in See. Als weitere Köder waren Teig, Rotwürmer und gesüßter Mais an Bord des Schlauchboots, das uns beide und die schwere Angelausrüstung gerade noch trug, von wo sich aber kaum angeln ließ: Denn der Wind trieb das Boot dicht zu den Posen oder zu weit davon weg. Die langen Stippruten ließen sich schlecht werfen, kaum dirigieren und die Köder nicht sicher plazieren. Die Leinen verhedderten sich dauernd. Wir kamen einfach nicht zur Ruhe.

Da sahen wir ein unbewohntes Ferienhaus auf Pfählen im Schilf. Seine Veranda, sollte unser Angelplatz werden. Von hier ließ sich hantieren. Zwei Stellfischangeln und zwei für Friedfische beköderte Angeln warteten schließlich auf einen Biß.

Unsere Pfahlinsel war einmalig. Rechter Hand lag zum Greifen nahe das durch Wehrtürme gesicherte Ungarn. Die Landesgrenze verlief mitten durch den See, der zu einem Drittel ungarisch war und sonst österreichisch. Gegenüber eine Schilfinsel. In ihr Ried führten Gänge und Tunnel. Etwas Geheimnisvolles und Lockendes ging von diesem Labyrinth des Schilf- und Röhrichtwaldes aus, etwas Verstecktes, Verborgenes. Eine Welt für sich, in der der Mensch eigentlich nichts zu suchen hatte.

Hier hausten Nachtreiher und Dommeln. Hier jagte die Kornweihe. Die Bartmeise flocht hier ihr kunstvolles Nest, und der Rohrsänger nistete zwischen den Stengeln. Hier hatten Bisam und Otter ihre Burgen. In der Dämmerung ging über das Schilf der lautlose Flug der Eulen und das Schnurren des Ziegenmelkers. Ergründen, das hieße entzaubern, durfte man diese Welt nicht.

So wechselvoll das Wetter heute war, mit Schauern und Sonne, mit Wolken, Sonne und Regen, die Posen wechselten nicht ihren Standort. Sie machten uns nicht die Freude, zu wandern oder zu tauchen.

Es hieß, das Angeln sei wegen der Berufsfischer, deren Reusen überall vor dem Schilf auf Pfählen zum Trocknen hingen, so schlecht geworden. Vielleicht fingen wir deshalb nichts. Ein weiteres Handikap bestand darin, daß der See für uns Angler Neuland war. Wir kannten die besten Einstände nicht und nicht die gängigen Angelmethoden.

Ein Unikum stellte dieser Steppensee ohnehin dar. An keiner Stelle war er tiefer als zwei Meter, und so veranstaltete man jährlich ein traditionelles Wettrennen der ›langen Kerls‹ quer durch den See.

Man gab uns den Tip, es einmal an der Leitha zu versuchen, einem teils begradigten, teils naturbelassenen Fluß, der sich nördlich des Sees zur ungarischen Grenze wand.

Unsere Gewässerstrecke lag zwischen Gattendorf und Zurndorf. Den oberen Teil hatte man vom Uferbewuchs „befreit" und zu einer schnurgeraden Rinne verunstaltet. Unterhalb waren die Wunden der Begradigung fast verheilt. Eine Busch-, Strauch- und Schilfwildnis versperrte den Zugang.

Noch verwachsener war ein Altarm, den Kastanien und uralte Platanen säumten. Über den Altarm und über den Hauptfluß spannte sich je eine Holzbrücke. Die betagtere Brücke war rissig und morsch, die jüngere noch stabil und mit Eisenträgern verstärkt.
Aber ich habe vorgegriffen. Die Brücken, von denen ich später angelte, wollten erst einmal gefunden sein. In Gattendorf beschrieb man mir den Weg entlang einer Ulmenallee bis zu einer abgelegenen Kornbrennerei. Ihre Abwasser gelangten in einen Graben, der der Leitha zufloß.
Schwerbepackt, bald als allen Poren schwitzend, kämpfte ich mich durch das übermannshohe Distel-, Brennessel- und Pestwurzdikkicht zum Fluß. Ich verwarf mehrere Plätze und breitete meine Angelsachen schließlich auf einer der beiden Brücken aus.
Dabei jagte mir ein brauner, flinker Kobold einen gewaltigen Schrecken ein: ein Eichhörnchen, das plötzlich zwischen den Angelsachen saß. Offenbar pflegten die Nager über die Brücke den Kontakt zum Gegenufer. Denn ich sah sie später etliche Male diesen Weg benutzen.
Auf dem sonnenbeschienenen Geländer wärmten sich noch Libellen. Viergeflügelte Jäger, deren Zeit nun bald um war. Weithin hörbar mit jenem zarten, verglimmenden Echo rief der Schwarzspecht: „kliöh“. Die Misteldrossel sang eine späte, schwermütige Strophe. Spinnweben schon in der Luft. Das Neigen des Jahres zum Winter ahnte man längst.
Mein Fischchen an der Schnappangel, auch später der tote Frosch am System fanden keinen Interessenten. Ein einziger Biß spätnachmittags von der alten, verfallenen Brücke aus, die den verlandenden Altarm überspannte.
Hier hatte ich einen vehementen Biß auf einen gelben Twister. Doch nach der ersten Flucht war der Fisch sofort ab. Das Wasser lag wieder wie tot und in sich gekehrt, ohne Strömung, dösend in der letzten warmen Herbstsonne. Das Blätterdach formte Höhlen über dem Fluß und Tunnel, die schwarze Löcher waren, dunkel und unergründlich.
Dämmerung wuchs um die Brücke. Im letzten Licht tastete ich mich den verschwiegenen Pfad zurück zur Kornbrennerei. Vom Hof hoppelten die weißen Blumen der Kaninchen. Noch mehr der hellen Signale auf dem Feld dahinter. Ein wahres Heer von Hasen, die sich da am Raps gütlich taten. Das Burgenland war ja ohnehin von Niederwild gesegnet.

Obwohl auch heute ohne Beute, vermißte ich nichts. Der Tag war so reich gewesen. Sollte er doch weiter lauern, der Hecht, Barsch oder Zander und noch stärker werden, bis ich vielleicht einmal wiederkäme. Oder auch nicht?

Der Tag des Abschieds vom See war gekommen. Ich konnte es nicht lassen, noch rasch zum Hafen von Mörbisch zu brausen, zur Brücke, wo ich vor einer Woche die Köderfische fing. Denn wo die Brassen- und Barschjünglinge abwuchsen, dort zwischen den Schilf- und Röhrichtstengeln, mußten auch ihre Eltern sein.

Den Teig legte ich mit Bleischroten auf Grund, die Schnur sehr fein. Und als sich das Floß flach legte und unter Wasser gezogen wurde, schlug ich an. Meine Beute war eine sich träge wehrende zweipfündinge Brasse. Als Schneider fuhr ich wenigstens nicht mehr heim.

Irischer September

Bereits ausgelaufen mußte die Fähre nach dem irischen Rosslare wegen des Orkans zurück in den schützenden Hafen Le Havres. Irischen Boden betraten wir vier deshalb erst mit zweitägiger Verspätung. Und in der folgenden Regennacht kamen wir nicht zur Ruhe, da der Sturm die Heringe des Zeltes immer wieder aus dem Boden riß, so daß die Zeltplanen uns um die Ohren flatterten.

Im ersten Morgengrauen saßen wir dann übermüdet im regentriefenden Vorzelt. Der Boden war knöcheltief aufgeweicht. Jeder schlürfte wortlos seinen Kaffee, und es regnete immer noch.

In diesem „cats-and-dogs"-Regen machten wir uns auf nach Achill Island. Wir durchfuhren Irland von Ost nach West, ließen Zelt Zelt sein und entschieden uns dort am fast westlichsten Zipfel Irlands für die winzige Pension „Monish Guest House", wo uns eine dicke, herzensgute Missis für einen Spottpreis bewirtete.

Man mußte so ein reichhaltiges Frühstück bei Misses Monish erlebt haben. Ein Traum von einem Frühstück mit Orangensaft und Cornflakes in Milch am Anfang. Dann selbstgebackenes Brot mit Wurst, Käse, Marmelade und anschließend Eier auf Würstchen oder Speck, heiß aus der Pfanne. Dazu gab es wahlweise Kaffee oder Tee. Den Abschluß bildete Obst oder Pudding oder süßes Gebäck. Als Absacker ein irischer Malt-Whiskey.

So eine Hauptmahlzeit hielt dann bis abends vor. Abends brutzelten wir uns dann selbst die frische Fischbeute des Tages auf dem Gaskocher. Eine komplette Campingausrüstung hatten wir ja mit.

Von unserem Vierbettzimmer fiel der Blick auf eine seichte, windgeschützte Bucht, aus der eine Felseninsel ragte. Die Insel ließ sich bei Ebbe trockenen Fußes erreichen. Muscheln, Schnecken, Krebse und Weichtiere blieben in den Gesteinshöhlen zurück, bis die nächste Flut sie dort erlöste.

Bald waren sämtliche Nischen und Ecken unserer Bude voll mit Angelgerät, mit nasser Wäsche, mit Stiefeln und aufgelesenem Meeresgetier. In der Pfanne brieten wir Forellen. So wurde es erst richtig gemütlich.

Eine Brücke verband die Insel Achill mit dem Festland. Bis zu ihr waren es von unserer Pension, die noch auf dem Festland lag, nur wenige Kilometer. Eine schmale, von dickfälligen Schafen und struppigen Rindern belagerte Straße wand sich durch offenes, einsames Inselland. Meilenweit Moor, mit Heide und Moos überzogene Hügel, teils felsig und von steinigen Rinnen durchsetzt. Nirgends ein Baum. Kein Haus. Grenzenlos.

Leuchtend aus dem Atlantik stiegen die Klippen, steil, unnahbar, mächtig wie Bastionen gegen das Meer. Die schneeweiße Gischt hatte Höhlen und Tunnel genagt, Kathedralen, in denen die Flut brauste und donnerte und brüllte. Der Himmel. Das Meer. Das Licht. Fast erdrückend die Einsamkeit.

Vom Kai des winzigen Achill-Hafens pilken wir vergeblich. Gegenüber liegen Inseln, die gleich Gipfeln über den Wolken aus dem Meer ragen, die dem Silber der Flut entsteigen, als wären sie gerade erst gezeugt, gerade erst hervorgepreßt aus dem Inneren der Erde wie ein vulkanisches Eiland.

Andere Inseln tragen Kappen aus dem Grün der Algen, Moose und Gräser. Helle Klekse sind darauf die Schafe, deren Robinson-Dasein jetzt endet, die jetzt bald, noch bevor die Herbststürme toben, heimgeschifft werden.

Wo die Klippen sanft abfallen, wo das Meer hinter einer Felsnase an Gewalt verliert, dort zappeln tatsächlich zwei, drei Makrelen am Pilker und am Federpaternoster. Frische, wirklich frische Makrele schmeckt fast besser als Lachs!

Nach dem köstlichen Mahl „zu Hause“ kommen wir unten im Pub

schnell ins Gespräch. Der irische Whiskey mit dem Aroma des Torfrauchs, das Guiness mit der Schwärze des irischen Moores lösen die Zunge.

Früher oder später holt Dermot die Mundharmonika aus der Tasche. Seine Lieder sind traurig und voller Schwermut. Wir lauschen. Es lauschen alle. Das Wasserglas kreist zum Verfeinern des Whiskeys. Die Gläser sind frisch gefüllt mit „Paddy" und „Jamison" (Whiskeymarken). Wie glücklich wir sind!

Vom Ufer einer der Inselseen blinkerten wir Bachforellen (brown trouts) und Regenbogenforellen, keine großen, aber maßige, kampfstarke Fische. Neidisch schauten wir zu dem langsam auf dem See schleppenden Boot, das eine lange, mit Fliegen beköderte Schnur hinter sich herzog, was man dort „dapping" nannte, und viel erfolgreicher war als wir vom Ufer.

Beim Versuch, entlegene, verschwiegene Buchten des Sees zu erreichen, die kapitale, bisher nie überlistete Forelle als Wunschtraum vor Augen, gerieten wir in ein böses, tückisches Moor. Von Grasbülte zu Grasbülte hüpfend, drei Zuflüsse des Sees bis zu den Hüften durchwatend und bis auf die Haut nach einem Wolkenbruch pitschnaß, umrundeten wir schließlich den See ohne irgendeine Beute, da ein schwappender, bodenloser Schilfgürtel die vielversprechendsten Seewinkel schützte.

Als wir endlich wieder festen Boden unter den Füßen hatten, spannte sich – so nah und plastisch, als wäre er zum Anfassen – einer der vielen Regenbogen übers tückische Moor.

An einem der folgenden Tage besichtigten wir die Lachszuchtstation in Furnace. Viel mehr als Bassins voller winziger, brauner, hin und her flitzender Fischchen, die natürlich nicht im entferntesten an einen breitrückigen, silbernen Shannonlachs erinnerten, mehr gab es dort nicht zu bewundern.

Beeindruckender waren da schon die mit der Fliege im See weiter unten gefangenen See- und Regenbogenforellen von drei bis sechs Pfund. Auch experimentierte man hier mit Forellen, die nur in Irland zu finden waren wie die Sonaghan, Dollaghan und die Gillaroo.

Zu einem stolzen Tagespreis von umgerechnet 150 DM konnte man mit einem Bootsmann hinausfahren. Wir besahen uns das aus der Ferne.

Es war ein einmaliges Bild, als die Sonne hinter der davonziehenden Regenfront hervorkam. Der spiegelblanke, silberne See mit der Silhouette von Boot und Angler im Gegenlicht. Die mächtigen Schwünge der beidhändigen Fliegenrute wie eine Peitsche, daß die Tropfen sprühten und im Sonnenlicht blitzten.

Wenig später überfiel uns der nächste Regenguß, wie wir das täglich erlebten: Sonne, Regen, Sturm, Sonne, Regen und wieder die Sonne. Wie im deutschen April wechselte das Wetter dauernd. Doch war dies hier ein anderer Regen, weich und erfrischend. Ein Regen, der das Grün noch grüner, der das durch die Wolken schimmernde Blau erst blau machte.

Schatten und Sonnenflecken huschten über die Flanken der Hügel. Regen hüllte sie ein. Wenig später leuchteten sie naßglänzend in der Sonne. Im Wechsel von Licht und Schatten veränderte die Landschaft chamäleonhaft ihre Farbe und Stimmung. Wolken, Wind, Sonne und Regen wurden ein Teil von ihr.

Den großen Fang erhofften wir uns von einem Lachsfluß, dem Owengard-River zwischen Newport und Achill Island. Während das „coarse-fishing", was den Fang aller Süßwasserfische außer Lachs und Meerforelle meinte, frei war, mußten wir hier eine Lizenz lösen und rund dreißig Mark an den Besitzer des Flußabschnittes entrichten.

Mit seinen wechselnd schnellfließenden und weiten, ruhigen Passagen, mit seinen schwarzen, tiefen Gumpen und den Fuchsienhecken längs der Ufer sah der Fluß vielversprechend aus. Es herrschte Westwind. Und der Himmel war fast ganz bedeckt.

Am heimischen Gewässer an der Alme bei Paderborn mit dem Flugangeln vertraut und so manches Mal auf Äschen erfolgreich, hatte ich mir hier eine 11 Fuß lange Rute geliehen. Graue Naßfliegen mit Silberstreifen am Doppelhaken (1/0), ein Zwei-Meter-Vorfach (0,35) und eine große Rolle mit 50 Meter doppelt verjüngter Schnur waren weitere Requisiten. Doch es biß kein Lachs, wobei der späte September ja bestimmt auch keine gute Lachszeit war. Auch sagte man uns, daß die Lachsfänge der Binnengewässer in den vergangenen Jahren auf ein Viertel geschrumpft seien, da die Aufsteiger vor der Küste und in den Flußmündungen mit Driftnetzen abgefangen würden. Pad wiederum, ein kleiner Bauer und Lachsschwarzfischer, machte die Lachskrankheit (Salmon Decay) dafür verantwortlich.

Wo der Owengard sich zum Meer wand, er jeglichen Bewuchs verlor und nur noch saftgrüne Wiesen, ein einzelnes Haus und graue Steinmauern ihn begleiteten, dort wo das schwarze Gerippe eines Fischerbootes verrottete und das Wasser des Flusses schon salzig war und nach Meer schmeckte, dort fuhr mir ein heftiger Schlag in die Rute, und silbern blinkte die Breitseite des sich in den Strudeln krümmenden Fisches.

Eine zweipfündige prächtige Meerforelle konnte ich Minuten später keschern, von der Silver Doctor überlistet. Was war ich stolz!

Wenig später holte ich eine zweite, noch schwerere, temperamentvoll springende Forelle aus der Strömung, wo der Fluß sich durch die Eckpfeiler einer längst verfallenen Brücke preßte. In dieser reißenden Strömung hatte sie gestanden. Die dritte, bei weitem stärkste, verlor ich kurz vor dem Keschern. Mit einem letzten mächtigen Schwanzschlag sprengte sie das Vorfach, das wohl überfordert war bei meinem zu hastigen Drill. Ich hatte den Fisch unterschätzt. Das Fleisch der Meerforellen war rot wie Lachs.

Im Pub am Achill-Sund erfuhren wir zufällig, daß am folgenden Wochenende eine internationale Shark-Safari, also ein Wettangeln auf Haie, stattfinden sollte. Die beiden letzten freien Plätze konnten wir uns sichern. Wir bekamen in Svenys Supermarkt Hochseeruten geliehen und wurden am Vorabend bei einem Treffen über Ablauf, Bewertung und vorkommende Fische des zweitägigen Wettkampfes informiert.

An besagtem Morgen fanden sich drei Dutzend Angler am Kai: einige Engländer, je zwei Schotten und Franzosen, die übrigen Iren und unsere Wenigkeit als deutsche Repräsentanten. Sieben „Nußschalen" dümpelten im Schutz der Hafenmauer.

Draußen die See war zornig. Gischtkrone an Gischtkrone. Und die Brandung brüllte. Steifer, böiger Nordost schlug uns ins Gesicht. Regenböen peitschten und verdunkelten den Himmel. Für Momente einmal die Sonne in einer Wolkenlücke, nur ein Huschen. Dann wieder Düsternis, Sturm und Unwetter.

Es hieß, heute morgen sei bereits ein Fischerboot im Orkan vor den Klippen zerschellt. Also Warten auf ein Abflauen des Windes, vielleicht in zwei, vielleicht in vier Stunden sei Ausfahrt, vielleicht heute gar nicht.

In Ted Lavelles Pinte wärmte uns der „Hot Whiskey" mit Nelken, Zitrone und Kandis. Später fuhren wir das Sträßchen hinaus nach

Achill-Head, dem Westzipfel Irlands, die letzten Kilometer Europas, dann nur noch Wasser, Wasser, Wasser bis Amerika.

Gegen Mittag wagten zwei Bootsführer die Fahrt in die bewegte See. Ein Teil der Angler war schon fortgeblieben. Durch hohe, blitzende Wellenkämme stampfte unser Boot in den kochenden Atlantik.

Auf Federhaken wurden rasch Makrelen gefangen. Sechs Fische hingen manchmal gleichzeitig: Makrelen, Pollacks, Köhler, Wittlinge und Dorsche. Das „Rubby-Dubby" (stinkende, zerquetschte Fische in einem Sack) hing außenbords, sollte eine Duftspur legen und die Haie zu den leckeren Makrelen führen, die in zwölf Meter Tiefe mit aufgeschlitzten Bäuchen an einem „Fleischerhaken" weit, weit hinaustrieben.

Ein Luftballon diente als Schwimmer. Drei Meter Stahlvorfach. Die Rolle behielt ich im Auge. So mochten die Haie ruhig kommen, dachte ich mir.

Das Gefühl der Stärke wischte die Urkraft des Meeres hinweg. Maßloses Elend überfiel mich plötzlich. Jede Bewegung wurde zur Qual. Hoffentlich beißt kein Hai an meiner Angel. Ich hätte nicht einmal die Kraft gehabt, eine Makrele aus dem Wasser zu ziehen, so elend seekrank war ich.

Brecher fegten über Deck. Trotz der ›Friesennerze‹ und Stiefel bis zur Haut naß, ging ich mit weichen Knien an Land. Die einzige und ungewöhnliche Beute des Tages war ein Kormoran, der den Makrelenköder aus der Luft entdeckt hatte, danach tauchte und an Bord geholt wurde, wo man ihm den Haken vorsichtig aus dem Schlund zog und den Vogel unverletzt freiließ.

Nachtüber flaute der Sturm ab. Fast glatt, harmlos und zahm lag die See. Kaum ein Wölkchen trübte den Himmel. Obendrein war es warm. Ein ungewöhnlicher Septembertag.

Als nah an meinem Schwimmer eine Haiflosse durchs Wasser schnitt – noch nie hatte ich das vorher gesehen – und ich die Rute aufnahm, tauchte in dem Moment der Luftballon weg. Zweimal schlug ich mit aller Kraft an und spürte Widerstand. Der Haken hatte gepackt. John legte mir rasch den Harness an.

Das Dümpeln des Bootes nutzend, pumpte ich, gewann Meter für Meter, doch nah am Boot – ich wollte ihn endlich sehen – sauste der Fisch mit unbändiger Kraft zurück in die Tiefe oder hinaus ins Meer.

Nach langen fünfzig Minuten lag er längsseits. Das Gaff flog hinaus. Ein letztes Mal kochte das Wasser. Noch einmal tauchte er weg, doch nicht tief hinab, dann wand sich ein 70-Kilo-Blauhai auf den Planken, den ich mit mehr Big-Game-Erfahrung sicher rascher bezwungen hätte. Denn Blauhaie sind nicht die beeindruckendsten Kämpfer.

Dieser Hai blieb der einzige unseres Bootes. Die Safari fiel mager aus. Der Spätsommer sei zu kalt gewesen, die meisten Haie bereits in wärmere Gefilde abgewandert wie bei uns die Zugvögel. Das meinten die Fischer.

Ein schnellströmendes, quicklebendiges Flüßchen auf der Curream-Halbinsel, nur einen Steinwurf von unserer Pension entfernt, führte hinauf in die Berge. Rotblühende Fuchsien, Oleanderdickicht und Agavenwildnis säumten seinen Lauf.

Mit der Fliege ließ sich hier nicht hantieren. Doch in Gumpen, die wohl noch nie vorher einen Köder gesehen hatten, gingen Schlag auf Schlag „brown trouts“ an den goldroten Mepps. Erreichte ich den nächsthöheren Abschnitt, hing bei jedem der ersten Würfe eine Forelle.

Hier am tosenden Bach, der gurgelte und brauste, an Steinen zerspritzte, der keine Antwort verlangte, sondern selbst erzählte, wenn er murmelnd den Berg hinabsprang, hier am Bach war es wunderbar still. Daß Geräusche so still sein konnten! Oder machten sie die Stille erst bewußt?

Dem Zwergtaucher schaute ich zu, wie er in den Strudeln verschwand, und dem Reiher, wie er bewegungslos ins Wasser starrte. Ihnen stahl ich nicht viel, denn von den sechzig gelandeten Fischen nahm ich nur drei mit nach Hause. Fast allen saß der Blinker gottlob vorne im Maul.

Irland wird gute Erinnerung bleiben, diese Insel der Seen, der Flüsse, der unberührten Bäche und der grünen Hügel. Dieses Land mit der rauhen Atlantikküste und dem weichen erfrischenden Regen, voller Weite und Einsamkeit. Diese Insel der Regenbögen nach den flüchtigen Schauern, von Seen blinzelnd und voller Melancholie.

Irland läßt zu sich selbst finden, ist spröde und reich zugleich. Sind denn Menschen nicht reich, die Zeit haben, dem Gast ein Freund zu sein? Menschen, die Lieder singen und dichten, so schwermütig, tief und alt wie das ewig brausende Meer. Gesänge, die mitten ins Herz gehen.

Und während ich dies schreibe, erinnere ich mich an ein Gedicht des Iren McDuncan:

Träum mich wieder,
Irlandpfad.
Einmal mehr der Raubmöwe Kreis
schließt die Augen das Meer,
will gehört sein
Schattenleiter des Fischs,
schuppengelotet sein Schrei
hoch zu den Klippen.

Die Fledermaus summt,
wenn die Nacht schwirrt
ins kältere Rot,
das der Eulennelke
den Kopf dreht.

Doch welches Gedächtnis
hält stand
dem Heer dieser Nächte,
dem wiederkehrenden Auge des Tags,
der hinaufglimmt den Kriegen
des Abends, dem alten Gestein,
das erzählt wie ein Schwert
ohne Herkunft, grün und vergrast
und vergessen . . .

Spätsommertage auf Island

Eine Reise nach Island ist wie eine Rückkehr zum Wesentlichen. Man lernt wieder sehen und die Dinge auf sich wirken lassen.

Das silberne Band eines Flusses, das sich durchs Tal schlängelt. Von Wind und Wasser blankgewetzte Bergkuppen. Der Kegel eines Vulkans. Die Stille eines einsamen Bergsees. Schroffe, steil aus dem Nordmeer steigende Vogelfelsen. Alles Unwichtige verblaßt.

Diese Landschaft blieb uns am ersten Morgen allerdings noch verschlossen. Warme, wasserdichte Kleidung war wichtig. Fluddrige Wolkenfetzen fegten wie Spukgestalten heran, berührten mit ihren

Regenfahnen fast den triefnassen Boden, bis der böige Wind sie weitertrieb. Dann nieselte es eine Weile, um danach um so heftiger auf uns niederzuprasseln. Ein unfreundlicher Beginn unseres Fließwasserangelns in Island.

Ja, das ganze Land strotzte vor Nässe. Es hatte in diesem Jahr keinen rechten Sommer auf der Insel gegeben, kaum einen Sonnentag. Dabei war es bei uns in Deutschland fast ein Jahrhundertsommer gewesen, in dem alles nach Wasser schrie. Hier in Island versanken das Getreide und die späte Mahd in Nässe und Feuchtigkeit.

Freund Hans und ich waren seit sechs Uhr früh auf den Beinen und hatten den Hereatsvötn befischt, der gespeist und gebildet aus kleinen Flüssen und Bächen des Hochlands ein riesiges Urstromtal formte, der sich auf seinem Weg zum Meer weitete, in viele, viele Arme und Rinnen spaltete und in kleine Seenkomplexe verzweigte, um schließlich zu einem einzigen Fluß vereinigt nahe des Städtchens Sauderkrokur in den Skagafjord zu münden; ein Fjord der sogenannten atlantischen Dänemarkstraße zwischen Island und Grönland. Wir befanden uns also im Nordwesten der Insel.

Hans hatte es bisher vergeblich mit Streamern und großen Naßfliegen versucht, dort wo der Hereatsvötn ein Labyrinth aus flachen Altarmen und reißenden Rinnen bildete. Zwischen den Wasseradern Kiesbänke und unzählige verheidete Inseln. Die Inseln besaßen Mulden und vom Flußsystem abgeschnittene Tümpel.

Der gesamte Biotop war ein Paradies für Wasserwild. Tausende von Wildgänsen und Enten hatten hier gebrütet. Scharen der pfeilschnellen Regenpfeifer, Uferschnepfen und Bekassinen stoben davon, wenn wir mit unseren Watstiefeln in ihr Reich eindrangen.

Aber wir ließen sie ja in Frieden. Sie fielen auch bald flußauf oder flußab wieder ein und trippelten, nach Nahrung stochernd, über den Ufersand.

Eine Stelle gefiel mir besonders. Da waren die Kiesel alle ganz groß und blank und rundgewaschen. Da wurde der Hauptarm des Flusses eingepfercht in eine zehn Meter breite, reißende Rinne, die hindurchschoß unter einer betagten Holzbrücke. Und dahinter weitete sich ein tiefer, glasklarer Kolk.

Das war schon ein malerisches Bild, wenn über die dunkle, wettergegerbte Brücke ein blondes Islandpony samt Reiter galoppiert kam, dort oben Halt machte für einen kleinen Plausch mit meinem Gillie Sigmarsson.

Und dann weiter im zügigen Tölk, wie die besondere, nur diesen Islandpferden eigene, raumgreifende und den Reiter schonende Gangart genannt wird. Bis sich Pferd und Reiter, kleiner und kleiner werdend, in den tiefhängenden Wolken verloren.

Unter die Brücke hatte ich meine Utensilien geschafft; und während ich noch die Angel montierte – der Köder war noch nicht ein einziges Mal im Wasser – spritzte ein Schwarm kleiner Fische über die Wellen. Der dunkle, breite Rücken einer großen Forelle folgte ihm, pflügte durchs Wasser, daß mir einen Moment lang der Atem stockte. Ja, das war mein Fisch! Dem sollte es gelten!

Diese starke, raubende Forelle stand am Beginn des Kolks über den großen, glatten Kieseln, dort wo nach der engen, gischtsprühenden Passage die Strömung wieder nachließ, wo der Fluß sich wieder zahm und behäbig gab. Die spritzenden, hüpfenden Wellenkämme wurden bereits zu sanften, aus der Tiefe quellenden Strudeln.

Hier stand die Forelle und ließ sich die Nahrung vor das breite Fischmaul treiben. Ein idealer Platz! Hier stieg sie nach Insekten, und hier stieß sie in die arglosen Schwärme der Jungfische.

Als ich das gesehen hatte, montierte ich mit zitternden Händen einen kupferfarbenen 14-g-Blitz-Spinner an die 30er Schnur. Der Köder sauste bis weit hinter den Fisch. Möglichst rasch und ohne Zaudern begann ich einzuholen.

Denn der Spinner sollte flach bleiben. Er sollte hin und wieder aus dem Wasser hüpfen und kleine Sprünge machen. Das ahmte am ehesten flüchtende Fischchen nach und würde die große Forelle zur Verfolgung und zum Anbiß reizen. Vielleicht?

Nach jedem Wurf, bei jedem Einrollen waren meine Sinne aufs äußerste gespannt. Ich war voll konzentriert und „stand unter Strom", jeden Moment auf den Biß der Großen gefaßt.

Dann endlich! Ein Schlag in die Rute. Von der weich gestellten Rolle wurden 30 Meter Schnur mit einem Rutsch genommen. Der Fisch floh flußab. Außer ein paar größeren Kieseln gab es da kein Hindernis zu fürchten. Schnur hatte ich genug auf der Spule. Also ließ ich ihn ziehen.

Die Forelle verharrte schließlich am Auslauf des Kolks, dort wo der Gumpen sich vor einer neuen Flußenge staute, bevor das Wasser wieder reißend und stark wurde. Dort hinein durfte ich den Fisch nicht mehr lassen. Diese Strudel waren mir zu riskant. Der Kampf mußte im Kolk entschieden werden.

Ich ging dem Fisch deshalb entgegen, hielt ihn dabei kurz und die Schnur stramm. Er machte zwei, drei Ausfälle in die Richtung der Stromschnelle, wohin ich ihn nicht kommen ließ. Durch Heben und Senken der Rutenspitze wurde er müde.

Ein einziges Mal sprang er sogar. Sein silberner Leib schnellte aus dem schwarzen, glatten Wasser des Kolks. Das Schütteln des tropfenversprühenden Hauptes für den Bruchteil einer Sekunde, faszinierend, ein herrlicher Fight! – bevor er zurückfiel ins Wasser.

Ich beherrschte den Fisch längst, hatte die Bremse härter gestellt und dirigierte ihn in den Kescher.

Fast sieben Pfund wog diese Meerforellenschönheit. Sechs Forellen und einige Saiblinge fing ich in knapp drei Stunden, die anderen Fische allerdings schwächer. Und mein Kollege holte aus den selben Gumpen und aus den selben Rinnen anderntags ein ganzes Dutzend mit der Fliege. Soviel gab dieser kurze Abschnitt her. Oder waren das frische Fische, die aus dem Meer nachstiegen?

Über ein Zurücksetzen wäre mein Gillie, dessen Eltern dieses Flußstück besaßen, sehr ärgerlich gewesen. Was wir erbeuteten, war selbstverständliche Nutzung. Geräucherte Forellenfilets gehörten im Hause Karis Sigmarsson auf den Tisch wie Brot und Butter.

Der Hundert-Seelen-Ort Bakkaflöt, wo wir wohnten, lag zu beiden Seiten des Flusses. Er bestand aus einer Handvoll Höfen, jeder mit einem eigenen Treibhaus für Tomaten und Gurken. Es gab ein Schwimmbad mit verschieden temperierten Pools. Alles beheizt von warmen Quellen, wie ja auch die Hauptstadt Reykjavik nur von solcher Energie gespeist wird.

Eine einzige Zapfsäule gab es im Ort. Und nicht zuletzt war da unsere kleine Pension, die neben Hotel und Restaurant auch noch als Autowerkstatt, als Ersatzteillager, Tante-Emma-Laden und Post fungierte. Die einfach alles in einem war, somit eine Art Zentrum der kleinen Gemeinde.

Daß man hier auch die Lizenz für den Lachsfluß ein Tal weiter bekam, versteht sich von selbst.

Islands berühmte Lachse werden innerhalb der Hoheitsgewässer der Insel nicht dezimiert durch die Fangflotten der Grönländer, Norweger und Faröer. Islands Flüsse sind klar und unverschmutzt, so daß der Lachsaufstieg nicht gefährdet wird. Die Isländer haben Zuchtstationen errichtet und Aussetzprogramme entwickelt, wodurch man die Zahl der erbeuteten Lachse im letzten Jahrzehnt verdoppelte.

Neben großen Forellen ist der „Salmo salar“ DER Sportfisch Islands. An guten Flüssen hat man eine tägliche Lachsfanggarantie. Der einzige Wermutstropfen, daß die Lizenzen hierfür sündhaft teuer sind und bis über tausend Mark Tageskosten betragen.

Erlaubt ist meist nur die Fliege, empfehlenswert oder obligat ein gewässerkundiger „Gillie“ (Führer). Die Saison im Südwesten umfaßt die Monate Juni, Juli und August. Im Nordosten kann man bis in den September hinein gut den Lachs beangeln. Interessant, daß man jeden Tag in zwei Angelperioden einteilt, nämlich morgens von sieben bis um eins und nachmittags von vier bis zehn Uhr abends.

Ein Nebenarm des Hereatsvötn war ein Lachsfluß. Die Tageslizenz von rund 200 DM war für isländische Verhältnisse nicht zu teuer.

Meine Mühen mit der „Blue Charm“, mit der „Black Doctor“ und der „Silver Wilkinson“ brachten keinen Biß. Ich probierte und studierte zwei erfolglose Tage lang. Da der Abschnitt unserem Pensionswirt gehörte, drückte er ein Auge zu und lieh mir augenzwinkernd zwei seiner selbstgeschmiedeten rotgoldenen Wobbler, womit ich meinen Islandlachs, einen fünfpfündigen Milchner bekam.

Und da zum Abendessen von anderen Gästen Lachs gewünscht war, legte der Wirt rasch Stellnetze, in denen wenig später drei ganz ansehnliche, rund zehn Pfund schwere Fische zappelten.

Wir erkundeten andere Stellen auf der Suche nach großen Forellen, hatten hierfür meist nur die Erlaubnis des in der Nähe wohnenden Landeigners einzuholen, dann und wann auch einen geringen Obolus zu entrichten.

Voller immer neuer, berauschender Eindrücke war das Land, wenn sich beispielsweise im Laufe eines Morgens der regenschwangere, dunkle Himmel lichtete. Unwirklich schön wirkte dann der weißgetünchte Hof, auf den ein schmaler Schimmer Sonne aus den Wolken fiel. Der Hof strahlte dann weiß und leuchtete, während ringsherum noch Düsternis und Nebel herrschte.

Oder wenn abends die Sonne tief aus dem Tal die Hänge hinauf auf die Bergkuppen floh, wenn das letzte Licht die Gipfel nochmal erglühen ließ, bevor Schatten kamen und Dämmerung und mit ihnen die Kühle.

Zur See hin das warme, ins Grau glimmende Abendrot, stieg die Mondsichel hinter dem gezackten Grat des Hnjukar empor. Kein

Wind ging. Nur das Rauschen des Flusses, sonst Friede und Stille.

Bis weit am Horizont über den Bergen die erste Zeile der Wildgänse erschien, die zurückkamen von ihren Äsungsplätzen im Hochland, um hier am Fluß zu nächtigen. Winzige, fast auf der Stelle rudernde Punkte. Dann ein zweiter Flug, der sich gegen das Abendrot abhob. Und ein dritter in unserem Rücken. Herrliches, ursprüngliches Island!

Hans und ich fingen noch jeder drei oder vier gute Bachforellen an verschiedenen Plätzen. Doch was soll ich mich in Einzelheiten ihrer Erbeutung ergehen. Genauso aufregend war die Landschaft, waren die Wolkengebirge darüber, war die Stimmung, die Island vermittelte und waren die Menschen, die hier lebten und gelebt hatten.

Kari nahm uns mit zum Hof seiner Eltern, und von dort ging es tiefer in ein Seitental, das weite Matten und versumpfte Senken besaß. Wo über dem Teppich der Gräser die weißen Büschel des Wollgrases zitterten.

Die Bergwiesen, auf denen hier und da Vieh graste, die man teils abgeheut hatte und wo sogar etwas Hafer wuchs, fielen abrupt und geradezu beängstigend steil hinab in einen Wildbach, an manchen Stellen fünfzig Meter steil hinab zum Bach, der dort unten tobte und brauste, drohend und gurgelnd.

In Jahrtausenden hatte sich dieser Gebirgsbach auf seinem Weg zum Hereatsvötn ein grandioses Canyon ins Vulkangestein gegraben. So grandios, daß woanders sich Touristenströme hierhin bewegt hätten. Doch dieses Naturwunder lag gottverlassen da, als wäre es gerade erschaffen, jungfräulich und unberührt. Außer dem ewigen Wind, der um die Felsnasen pfiff, war alles ringsherum still.

Hoch über dem Canyon mit dem Blick auf eine Bergwiese verfiel einer dieser typischen isländischen Höfe: Seine Wände aus Torfsoden. Das Dach von einem Grasteppich vollkommen bewachsen, Giebel für Giebel. Dadurch in die Landschaft eingebettet, harmonisch integriert und mit ihr verschmolzen.

Dabei war dies hier einmal ein großer und stolzer Hof gewesen, für unsere Begriffe ein Gutshof, der aus acht miteinander verbundenen Gebäuden bestand.

Noch lag der Komplex so, als wäre er gerade erst verlassen. In den Stallungen mit den Pferdeboxen war alles noch an seinem Platz. Die Melkschemel mit den eingeschnitzten Initialen der Besitzer hingen aufgereiht auf dem Sims. Über der aus dem Fels gehauenen Feuerstelle baumelte noch der große, rußige Kessel. Und die Sitzbank aus Fels gab es noch und das winzige Fenster schräg dahinter, das nur eine Aussparung im Fels war.

Viele solcher Höfe liegen heute verlassen. Sie verfallen in solch abgelegenen Tälern. Sie verfallen im Hochland, auf Inseln und Halbinseln oder im Windschatten der Küste, wohin dann keine rechte Straße mehr führt, wo technische Annehmlichkeiten und die soziale Anbindung fehlen. Deshalb wurden Hunderte solcher alter, gewachsener Anwesen aufgegeben. Hier will, so wildromantisch das auf den ersten Blick aussieht, niemand mehr wohnen.

Auf dem Nachhause-Weg lädt man uns zum Kaffee ein in Karis Elternhaus.

Die Menschen leben hier bescheiden. Sie leben von dem, was sie ernten, was sie an Vieh halten, erjagen und angeln. Man tischt Most aus Moosbeeren auf. Es gibt köstlich geräucherte Forellen aus dem Fluß unten im Tal. Auf der Wäscheleine baumelt ein halbes Dutzend Gänse im Wind, sicher schon viele Tage lang. „Wir lassen Gänse mindestens zehn Tage abhängen, bei kühler Witterung sogar drei Wochen. Erst dann sind die alten Gänse zart und mürbe“, erläutert Kari.

Wir mußten Abschied nehmen. Schwere, durchhängende Wattebäuche aus Regen hatten die Wolken an unserem letzten Abend am Fluß. Noch hingen die Wolken hoch. Vielleicht über Nacht, vielleicht erst morgen früh, würden sie ihre Last zur Erde lassen.

Schottische Impressionen

Wiedergekommen war ich, um Schottland noch einmal zu erleben und zu genießen. Schottland mit seinen einsamen, weiten Highlands, seinen reißenden Forellenbächen und glasklaren Lachsflüssen, den alten Schlössern und den idyllischen Städtchen. Dazu immer wieder ganz in der Nähe das Meer.

Im Herbst das schwermütige Rufen ziehender Wildgänse hoch am Himmel. In den sturmgezausten Highlands die Brunft der Hirsche und die Jagd mit der Flinte auf pfeilschnelle Moorhühner. Auch deshalb war ich wiedergekommen. Und ich wußte auch um das gute Angeln auf Lachs und Forellen.

Nach der Abfahrt vom Highway umfing mich gleich das alte, liebenswerte Schottland. Betagte Platanenalleen, Eichen und Linden flankierten die kurvenreichen Sträßchen. Man fuhr wie durch Tunnel. Die Wiesen waren von Mauern aus Stein eingefriedet. Auch sie schmückten Gruppen ehrwürdiger, schöner Bäume. Hier und da schaute das Gemäuer eines Schlosses oder einer Burgruine aus dem Parkwald.

Auf Bogenbrücken aus Naturstein überquerten wir die Flüsse Forth und Teith, bis wir nördlich von Edinburg das mittelschottische Städtchen Callander erreichten, dort auch gleich unsere Pension oben im Wald am Berghang fanden. Der Blick ging hinunter zum River Teith, den die dicken Kugeln der Laubbäume säumten.

Eine parkartige Landschaft mit kleinen Wäldern, Hügeln und Seen. In unserem Rücken stiegen die Highlands bis über die Baumgrenze hinaus an, von wo abends und nachtüber bis zum frühen Morgen das Schreien der Hirsche zu uns hinabdrang. Ein faszinierendes, aufwühlendes Konzert, das mich nicht schlafen ließ.

Der River Teith floß mitten durch den Ort und sollte ein guter Lachsfluß sein, Er beschrieb viele Windungen, bildete tiefe Pools (= Gumpen) und besaß verwachsene Altarme. Ein romantischer, naturbelassener Fluß. Das zum Lachsangeln notwendige Gerät hatte ich bei mir.

Mitten in der Stadt katapultierten sich meterlange, prächtige Fische aus dem Wasser. In einem Pool ganz in der Nähe des Gymnasiums geschah das jede Minute, daß einem das Herz fast stehen blieb, wenn so ein Kapitaler nach eleganten Pirouetten zurück in den Fluß platschte.

Diese Lachse bestachen aber alle nicht mehr durch den Silberglanz der frisch aus dem Meer aufsteigenden Fische. Sie waren, da seit Wochen durch Niedrigwasser in den Kolken eingeschlossen, dunkler und dunkler geworden und hatten ihr silbernes Schuppenkleid verloren.

Kein Köder konnte sie mehr zum Anbiß verleiten. Nichts, aber auch gar nichts reizte sie, was die vielen Angler rund um den Lachspool bewiesen. Erst mit den nächsten ergiebigen Regenfällen würden neue Lachse aufsteigen, die sich dann hungrig und ohne Bedenken auf jeden Köder stürzten.

Neben zwei Lachsflüssen konnte der Gastangler eine Erlaubnis für den nahen Loch Venechar erwerben (wobei „loch" das schottische Wort für See ist).

In einem dunklen, verwunschenen Tante-Emma-Laden bekam man die Lizenz. Der fensterlose, niedrige, von Holzdielen knarrende Raum war vollgestopft mit Ruten, mit Wetterkleidung, mit Keschern und Angelkörben. Längs den Wänden dicht an dicht Stiefel und die Wände hinauf Pappkartons, in denen Rollen, Fliegenschnüre, Blinker und vieles mehr schlummerte und bei Nachfrage ausgepackt wurde.

Der Ladenbesitzer schlurfte in Pantoffeln herein und nahm sich viel Zeit. Ausführlich beriet er uns über die gängigen Spinner und Fliegen, von denen wir einige erwarben. Von den Lachspools riet er uns aus oben genannten Gründen ab. Im Loch Venechar sei die Chance besser, wenn schon keinen Lachs, so doch eine gute Forelle an den Haken zu bekommen. Ohne Boot, wir wir es vorhatten, prophezeite er auch am See kaum einen Erfolg.

Wir verließen Callander in westlicher Richtung und bogen ab in ein Sträßchen, das sich auf seiner Berg- und Talfahrt in engen Serpentinen durch Laub- und Farnwald wand. Hier und da am Hang ein bescheidener Kotten inmitten von Wiesen, auf denen die typischen braunzotteligen Hochlandrinder weideten. Manche mit imponierenden, weit ausladenden Hörnern.

Nach einigen Kilometern begann linker Hand der langgezogene Loch, der wie ein in der Sonne flirrender Lindwurm unter uns lag, während auf der anderen Seeseite bewaldete Berge steil anstiegen. Über ihnen nistete Regen.

Der Straße folgten wir bis zum Ende des Lochs, den wir nur vom diesseitigen Ufer beangeln durften. Wir hatten uns einige Zufahrten gemerkt, von denen wir auf der Rückfahrt eine x-beliebige zum See hinunter wählten; es war bei einem Gehöft namens Lendrick. Irgendwo mußten wir ja unser Glück versuchen.

Das Ufer säumte grobkiesiger Strand. Dahinter krallten sich zwergwüchsige Eichen mit wie Schlangen gewundenen, knorrigen Ästen in den Fels: richtige Bonsai-Eichen. Die regennassen, wie Münzen glänzenden, hellgrünen Blätter konstrastierten zu den dunklen, schieferschwarzen Stämmen. Als nach dem heftigen Regenguß die Sonne hervorkam, wirkten die Farben noch intensiver.

Die Sonne, die sich durch die verfliegenden Regenschleier rang, schuf ein Panorama von besonderer räumlicher Tiefe. Boote, von denen einige näher, einige weiter fort auf dem See dümpelten, wurden dadurch plastisch. Sie wurden zu schwarzen Nußschalen, die sich im Gegenlicht wie auf einer goldenen Scheibe bewegten.

Der golden schimmernde Spiegel des Sees. Die Silhouetten der Boote darauf. Die schwarzen Berge dahinter und die vom Regen glänzenden Eichen in unserem Rücken bildeten ein malerisches, typisch schottisches Ambiente.

Dort wo ein „burn", also ein Bach in den See floß, flitzten die Schwärme der Jungfische vor unseren Watstiefeln davon. Fast bis zu den Hüften standen mein Vater und ich schließlich im Wasser, dem man durch die Stiefel hindurch anmerkte, wie kalt es schon war.

Aber wir kamen aus den Krautbeeten vor dem Ufer nicht heraus. Unsere Trutta-Löffel und Blitzspinner brachten bei jedem Wurf nur Grünzeug an Land. Es machte einfach keinen Spaß. Die Anglerkollegen am Einlauf des sogenannten „Blackwater", das den drei Kilometer entfernten Loch Achray mit unserem See verband, diese Angler fischten mit Posen.

Doch auch die Szene dort drüben blieb statisch und ohne Aktion. Niemand, der einen Fisch drillte oder gar kescherte. Die langsam schleppenden Boote aber verzeichneten jetzt am späten Nachmittag etliche Bisse. So manches Mal verneigte sich eine der Ruten, und wenig später beugte sich jemand mit dem Fangnetz zum Fisch hinunter über den Bootsrand.

Wir organisierten uns ein Boot mit Führer für den nächsten Nachmittag. Das sollte für vier Stunden rund 80 Mark kosten. Die Chance auf Lachs wurde als gering, die auf „sea und brown trouts" in kiloschweren Exemplaren als weit besser eingeschätzt. Saison war hier vom 1. Februar bis zum 31. Oktober, die der Brown Trouts (Unterart der Bachforelle) um fünf Wochen kürzer.

Auf alle Details der Angelbestimmungen an den drei Gewässern (River Forth u. River Teith sowie Loch Venechar) einzugehen würde zu weit führen. Die Broschüre enthielt neben exakten Karten unmißverständliche Einschränkungen, beispielsweise von wo bis wo nicht gefischt werden durfte, welcher Köder zu welcher Jahreszeit verboten war und so weiter, und so weiter.

Alles in allem recht komplizierte Bestimmungen, die bewiesen, wie sehr die Angelei hier gepflegt und überwacht wurde. Die Forellen- und Lachsfischerei hat in Schottland eine lange Tradition.

Tags darauf war das Wetter noch durchwachsener. Die Nebel- und Regenfahnen berührten das Wasser. Sturmböen fegten über den See und ließen die Wellenkämme blitzen. Nur für wenige Augenblicke schaute eine verhangene Sonne durch die Wolken. Auch in Schottland war endgültig Herbst.

Unser 10-PS-Boot stampfte wacker durch die unruhige See. Zwei Multirollen mit 50er-Schnur und eine mit 30-lbs-Dacron. Als Köder kleinfingerlange Rapala-Wobbler in Orange und Gold, z. T. mit einem blauen oder schwarzen Rücken, die je schneller wir fuhren, um so tiefer tauchten. Als Angeln drei- bis dreieinhalb Meter lange Raubfischruten mit kräftigem Rückgrat. Das war unser Gerät.

Bootsführer Jan Finch wollte offenbar auch für einen stärkeren Lachsbiß gerüstet sein. Dabei lohnte es sich, diesen Mann zu studieren. Mit seinen klaren, blauen Augen unter der Schirmmütze, den scharfen Gesichtszügen mit ausgeprägter Nase und Kinn, den breiten, kräftigen Schultern, die in einer Jacke aus Tweed steckten und den Knickerbocker über den Gummistiefeln verkörperte er den angelnden und jagenden Schotten, den „outdoorman", wie ihn die Amerikaner nennen würden.

Jan sprach wenig, sagte nie etwas Überflüssiges und dämpfte jede Euphorie, wie ich das vorher schon mehrfach bei schottischen Jagdführern erlebt hatte.

Lachsbisse seien so gut wie ausgeschlossen. Mit viel Glück gehe eine maßige Forelle an den Wobbler. Wahrscheinlich sei gar kein Biß bei diesem Wetter zu erwarten. Lachse fange man vom Boot viel aussichtsreicher im Loch Tay, einem großen, tiefen See im Hochland von Perthshire, wo man regelmäßig beim Schleppen im Februar und März Zwanzig- und Dreißigpfünder lande.

Das waren die wenig ermutigenden Worte des Mister Finch.

Seinen Unkenrufen zum Trotz tuckerten wir also hinaus. Über den warmen Rollkragenpullis hatten wir knielange Goretexjacken und wasserdichte Überhosen. So eingemummt ließen wir uns den Regen und den Wind ins Gesicht blasen. Doch nach zwei Stunden war uns kalt, zumal kein einziger Biß, nicht einmal ein Zupfer unser Blut in Wallung brachte.

Die Rapalas ließen wir bei ganz langsamer Fahrt flach und nah am Ufer laufen. Manchmal schwenkte Jan zur Seemitte, wo tief unten Höhenrücken entlangführten. Auch ohne Echolot schien er das Gelände unter Wasser genau zu kennen. Lachse und starke Forellen bevorzugten über Fischgenerationen immer dieselben Standorte in derselben Tiefe und über demselben Grund.

Um die Wobber bis dort unten hinabtauchen zu lassen, beschleunigten wir unsere Fahrt.

Plötzlich schnellte eine der Rutenspitzen nach unten. Schnur schoß davon mit jenem wunderbaren Geräusch, das eine weich eingestellte Rolle machte, die auf den Biß wartete. Das unwirtliche Wetter war mit einem Schlag vergessen. Fünf Minuten später lag eine schwarzgefleckte Seeforelle im Boot.

Bis zu Dämmerung gab es sechs weitere Bisse, wovon wir zwei Fische verloren. Aber mit fünf Forellen zwischen zwei und vier Pfund kamen wir zurück.

Somit hatte sich das Frieren und Warten auf dem heute so windigen und abweisenden Loch Venechar gelohnt. „Zu Hause" schlüpften wir aus den nassen, kalten Sachen und wärmten uns von innen mit einem heißen Whisky. Da war die Welt rasch wieder in Ordnung und unsere Tour längst unvergeßliche Erinnerung geworden.

Auf Horla – einer norwegischen Insel am Polarkreis

Es war ein verwunschenes Eiland, dieses Horla, vier Stunden weit mit dem Boot, im Nordatlantik gelegen und nicht sehr weit vom Polarkreis; ein Wirrwarr, ein Labyrinth aus fast vierhundert Inseln und Inselchen, gar nicht zu zählenden Schären, Gesteinsbuckeln, Holmen und riffartigen Felsbändern, oft nur gerade übers Meer ragend.

Immer und immer heulte darüber der Wind wie eine ewige Orgel, und brauste die See wie ein fener, nie enden wollender Donner.

Doch auf Horla war Frühling, auf unserer Insel war wirklich Frühling. Die bunten Alke balzten und die Eiderenten. „Uhu-uhu" von überall her der tiefe, weit schallende Ruf der Erpel, den Hals dabei hochgereckt und den Kopf in den Nacken.

War das ein Gewurrle, Raufen, Zanken, Tauchen und Beißen rings, wo die hellen, schwarzweiß befrackten Erpel inmitten der dunklen, unscheinbaren Enten balzten und turnierten.

Gelebt hatten hier rund hundert Menschen, Fischer und Jäger bis 1965. Dann verließen sie ihre Heimat, von der norwegischen Regierung mit Prämien aufs Festland gelockt, die damit auf Dauer eine wirtschaftliche und soziale Versorgung sichern wollte.

Bis auf einen gingen sie alle. Dieser eine war Reider Berg, ein Fischer Mitte sechzig, der die Vergünstigungen nicht in Anspruch nahm, lieber das Haus seiner Großeltern, wo er geboren war, wo seine Wiege stand in Form der untersten Schublade einer alten Kommode, der dieses Haus und den kleinen Kai mit seinen Schuppen drumherum in Ordnung hielt, der deshalb als einziger hier noch wohnen durfte und das sicher auch wollte.

Ich glaube, er hing an seiner Insel mit all seinem Herzen.

Die See zwischen den Schären ringsherum zu beangeln war wegen der vielen Robben zwecklos. Sie hielten das Gebiet fischfrei, begnügten sich sogar schon mit Krebsen, Mollusken und Seeigeln, wonach sie die unter Wasser liegenden Felswände systematisch absuchten.

Aber direkt vor der Haustür, von unserem Kai aus bemerkte ich etwas, das mich gleich in seinen Bann zog und fesselte.

Zurück von der Ausfahrt war es an diesem Nachmittag windstill geworden. Hier in der lagunenartig vor der offenen See geschützten Bucht lag das Wasser nun glatt und blank wie ein Spiegel.

Vom Kai in das glasklare, von keinem Windhauch gekräuselte Wasser hinab, da unten in drei bis vier Meter Tiefe zogen einige Steinbutts auf Raub aus. Prächtige Burschen; fast nur auszumachen, wenn sie sich bewegten, so sehr verschmolz ihre graubraune Marmelfleckung mit dem jeweiligen Untergrund. Ein Fisch über Sand wirkte viel heller als der auf dem dunklen Schlick der tieferen Rinnen.

Mich packte gleich die Passion. Ruckzuck war eine Grundangel mit Bleioliven und Gleitpose gerichtet; die Pose war wichtig, weil dann und wann eine Bö übers Wasser strich, immer dann verlor man den jeweiligen Butt sofort aus den Augen, immer dann sollte die Pose helfen.

In Windeseile filetierte ich einen Köhler. Sein helles Fleisch mit der silbrig weißen Bauchhaut würde auch unten am Grund gut zu sehen sein. Verschwand dieses leuchtende Signal, dann hatte der Butt den Köder genommen.

So einen Fischfetzen ließ ich also hinabtaumeln. Und er war noch nicht ganz unten, als der erste Butt sich schon in Bewegung setzte. Es war gar nicht mal der Fisch, dem ich den Happen gelegentlich präsentieren wollte, dessen Platz ich mir deshalb gemerkt hatte. Nein, ein ganz anderer, woher immer er plötzlich kam wie hergezaubert, dieser Butt strebte flott auf den Köder zu.

Auch der andere längst rege, stürzten sich beide fast gleichzeitig auf den Bissen. Und der verschwand jetzt im Maul eines Fisches.

Im Moment des Anschlags, genau dann spuckte der Butt ihn wieder aus, glitt zurück zum Grund und verlor sich. Der zweite aber, der den Haken noch nicht gespürt hatte, der war weiterhin interessiert.

Ich reizte den Räuber, hob den Fetzen kurz an, ruckte und ruckte, ließ ihn abwärts gaukeln wieder und wieder, bis der Fisch ihm folgte wie ein Esel dem Bündel Heu.

Er blieb dicht am Köder; auch als ich ihn höher zog, steil zum Kai hoch, schwamm er ihm nach bis zur Oberfläche. Kurz vor dem Herausheben endlich schnappte er zu in einem gierigen Stoß, genau im Moment des Zurücktauchens, wobei er sich fast überschlug, so daß ich die weiße, farblose Bauchseite sah. Dieser Butt hing.

Das Buttfieber hatte mich nun richtig gepackt. Eine außerordentlich spannende Fischwaid. Nervenkitzel vom ersten bis zum letzten Augenblick.

Aber ich zahlte Lehrgeld. Zwei Fische verlor ich kurz vor dem Landen. Andere spieen den Köder im Augenblick des Anhiebs noch aus. Sie schienen sehr feinfühlig sofort zu merken, daß sich im leckeren Fleisch ein Eisen verbarg. Bruchteile von Sekunden zwischen Einschlürfen und Ausstoßen des Köders. Reaktion des Anglers, Reaktion des Fischs. Die Chancen fifty-fifty.

So langte ich schließlich zum kleinsten 14er-Drilling, den ich mithatte, umwickelte den Fetzen zusätzlich mit feinem Zwirn, versteckte den Haken darin ganz tief. Und damit lief es.

Jeweils kurz vor Mittag und ab dem späten Nachmittag, wenn die Schatten schon lang und länger wurden, dann fraßen die Butts, dann waren sie unterwegs und kontrollierten ihr Revier. Die übrige

Zeit aber war Funkstille. Sie hatten sich dann eingegraben und ruhten. Nur ihre lebhaft funkelnden Augen schauten dann wohl noch aus dem Sand.

Das Zusammenfallen ihrer Freßzeiten mit glatter, ruhiger See war selten. Nur dann ließ sich ja unter Sicht angeln, was viel aufregender und erfolgreicher war, als der Pose zu vertrauen; genau deshalb blieben zwei Angeln einmal nachts draußen.

Anderntags liefen die Schnüre jeweils unter Felsbrocken am Meeresgrund in verschiedene Richtungen. Darunter schienen sie unverrückbar verankert. Da war gar nichts zu machen. Die Leinen mußte ich sprengen.

Irgendwelche riesigen Stein- oder gar Heilbutts, falls es die hier im Flachen überhaupt gab, oder gar Conger werden sich da verkeilt haben, hoffte und glaubte ich. Bis sich das Rätsel löste.

Als ich nämlich eine Angel während des Abendessens im Wasser ließ und zurückkam, da straffte sich die Leine auf eine armlange Eternitplatte zu. Darunter hatte sich „der Fisch" in Sicherheit gebracht.

Wie ich nun vorsichtig zog und zog, hob sich die Platte, ließ sich sogar behutsam heranbringen. Tatsächlich hatte ein Seeigel den Köder samt Haken genommen, sich damit ins Versteck begeben und dort festgesogen, ohne den Haken wieder auszustoßen, was vielleicht gar nicht mehr möglich war. Eine kuriose Beute.

Ein Nachmittag auf See, unterwegs bei auflaufendem Wasser. Mittelschweres Gerät, Multirollen, 60er Leinen, Pilker bis 200 g waren an Bord. Das 30-PS-Boot Reiders pflügte in den Atlantik, der unruhig war, sehr bewegt, wie eine Schiffschaukel.

Erst blieben die blitzschnellen Flüge der Gryllteisten (Alkenart) zurück, dann auch die dunklen Scharen der Krähenscharben und Kormorane, aufgereiht auf den Schären, an denen die Brandung emporklomm und die jetzt kleiner und kleiner wurden. Schließlich noch dann und wann Eisenten weiter draußen im offenen Wasser und dann nur noch Möwen, die unserem Kutter erwartungsvoll folgten.

Reider drosselt die Fahrt, hat jetzt nur noch Augen für das Echolot, für seinen nervös zuckenden Zeiger, der das Profil des Meeresbodens zeichnet. Er sucht offensichtlich ganz bestimmte Abbruchkanten und Rinnen, wo Fische bevorzugt stehen. Diese „Riffe" in der Weite der See scheint der Fischer genau zu kennen und findet sie auch.

Die Pilker sausen hinab, sind noch nicht unten, da spannt sich die Leine, die Rutenspitze neigt sich, und wir haben zu pumpen. Ganz in Ruhe machen wir das, lassen uns Zeit. Auf unser Gerät ist Verlaß. Es würde auch Dorschmonstern standhalten.

Dann gibt dieser oder jener Platz schlagartig nichts mehr her, immer wenn unser Schiff über den Fangplatz hinweggetrieben ist. Ganz begrenzte, oft nur schmale Korridore kleiner als ein Fußballfeld, wo die Räuber lauern. Und Reider meint dann jedes Mal: „Versuchen wir's woanders?"

So landen etliche Wittlinge auf den Planken. Drei hängen manchmal gleichzeitig an den Paternosterhaken. Aus 80 bis 90 Meter Tiefe holen wir mehrere Dutzend fünf- bis zehnpfündige Dorsche und viele Köhler, die vehementer reißen, nach rechts, mal nach links schießen und in der Tiefe bohren. Sie von dort unten nach oben zu holen, ist Knochenarbeit.

Bunt macht die Strecke ein Blaumaul, eine Rotbarschart mit riesigen Augen, stachelbewehrt, seine Zunge blauschwarz, deshalb der Name. Hinzu kommen ein Leng mit dem langgestreckten, aalförmigen Körper, seinem langen, flachen Kopf eine unverwechselbare Erscheinung und schließlich ein kleiner Grundhai.

Ein abwechslungsreiches, nie langweiliges Angeln, auch wenn keine Monsterfische hingen. Reider allerdings war niemals zufrieden: „Hier brachten oft wenige Angler an einem halben Tag eine Tonne Fisch ins Boot." Und er schimpfte einmal mehr auf die vielen Robben, die längst zur Plage geworden seien für die Fischer, ja sogar zur Existenzfrage.

Denn schätzungsweise eine halbe Million Sattelrobben überwintern an Norwegens Küsten, vor dem Packeis Grönlands und dem arktischen Winter geflohen. Und die Rudel der Kegelrobben bleiben hier immer, sie sind Standwild. Aus einer Tiefe von bis zu vierhundert Meter sollen sie sich ihren Fisch holen, so tief können sie tauchen.

Mein Vater und ich allerdings waren vom Angeln hier begeistert, auch ohne eine Tonne Fisch zu landen. In ihren Bann zog uns die Stimmung der Insel.

Neben verfallenden Wohnhäusern, Vorrats- und Geräteschuppen und Gestellen, wo damals Fische und Netze trockneten, finde ich auf einem Erkundungsgang das ehemalige Wirtshaus. Sein Dach ist dicht mit Gras bewachsen. Drinnen noch das Harmonium, dahinter ein wunderschöner, gußeiserner Ofen. Stühle, Tische, ein Webstuhl, eine handbetriebene Nähmaschine, wenig Inventar wie etwa die ganz liebevoll bemalte Vase, zwar zerbrochen, aber eine Rarität der späten vierziger Jahre.

Das alles ist noch da, längst dem Verfall preisgegeben, eine Hauswand eingestürzt, nagt an allem der Wind, der Regen, die Zeit.

„Hier haben wir viele Feste gefeiert, oft getanzt, Schnaps getrunken und gelacht", sinniert Reider, dem man ansieht, wie gern er zurückdenkt.

Auf die Schule angesprochen, in der heute noch Landkarten, Bücher, das Pult und die Schulbänke stehen, wo alles noch an seinem Platz ist, meint er: „Schulzeit war nur von September bis Mai, den Sommer hindurch war frei. Dann fischten und jagten wir oder sammelten Eier.

Der Lehrer kam täglich vom Festland, von wo im Winter und Herbst wegen der Stürme die Überfahrt oft unmöglich war. Wir Kinder freuten uns dann, vielleicht auch der Lehrer", erinnert er sich.

Welche Schwermut von allem ausging, welche Melancholie. Dieses Verfallen ringsherum mit dem Wachsein der Vergangenheit. Die Kargheit der Insel. Von hier Richtung Westen nur die Weite des Meeres, zum Festland hin die weißen Grate des Hochfjells. Das alles ein Panorama von kalter, unnahbarer klarer Schönheit.

Ein verträumtes, malerisches Bild ganz zuletzt, kurz vor der Heimfahrt. Es ist windstill. Nahe dem Kai balzen zwei Dutzend Eiderenten wie all die Tage zuvor; eine aufgeregte, quirlig bunte Schar.

Vor dem Hintergrund der schneebedeckten Berge des Festlands, wo der Winter noch nistet, zur Insel hin sieht man den weißen Leuchtturm in der Sonne. Zwischen den Schären ganz nahe jetzt ein Fischerboot auf dem Heimweg. Sein rotes Segel, das leuchtet. Und auf Horla ist Frühling: warm, behäbig und dösend. Der Wind schweigt. Und die See liegt ganz still.

Am Wasserfall des Bären in Schwedisch-Lappland

Schon die Anfahrt war ein Erlebnis und ein Genuß: die Fahrt von Göteborg, wo uns die aus Kiel kommende Fähre ausgeladen hatte, bis nach Björna rund 1 000 Kilometer nördlich. Eine Reise durch lohende, herbstbunte Birkenwälder, über die weiten Hochmoore der Fjälle, vorbei an stillen, verträumten Seen.

Tags darauf erwartete uns ein herrlicher Morgen. Als wir aus dem Blockhaus ins Freie traten, lag das sanfte Tal weiß überreift. Über den Wiesen wehten wie hingehaucht die Frühnebelfahnen. Dahinter stieg aus dem Kessel die dunkle, noch konturlose Wand des Nadelwaldes empor. Und über allem spannte sich ein strahlend blauer Himmel.

Wir erwanderten uns dieses Land, waren von morgens bis zum Dunkelwerden mit zwei Deutsch-Drahthaarrüden unterwegs, hinter denen wir Auer-, Schnee- und Birkhühner jagten. Pfeilschnelle Wildhühner, die scheu blieben und blitzschnell wie Geschosse aus den Beerkräutern purrten.

Wir erlebten eine grandiose Natur, folgten den Hunden oft leicht und beschwingt auf einem Teppich aus Moosen, Flechten und niedrigen Sträuchern. Dann wieder tasteten wir uns konzentriert über glitschigen Fels. Oder wir wateten durch ein Moor, das die Stiefel zäh festhielt.

Einmal lag unter uns ein See mit Lappenzelten am Ufer. Wie ein dunkles, verschlossenes Rätsel wirkte der See. Kein Vogel, kein Laut, kein Windhauch verletzte seine Haut. Dieser stille, einsame See zog mich in seinen Bann. Ich wollte ihn kennenlernen und dort angeln. Mein Gastgeber sollte mir das ermöglichen.

Ulf kannte die Lappensippe. Sie hatte die Renherde schon vom Hochfjäll hinabgetrieben, da sich dort oben bereits der Winter ankündigte, und hier am See ihr Winterquartier bezogen. Man lieh uns gern ein Ruderboot.

Am Einlauf eines Baches zappelten auf dem Senknetz kleine Lauben und Stinte. Einer einzelnen Made am 14er Haken konnten zwei Dutzend fingerlange Bärschlein nicht widerstehen. Sie alle sollten mir als Köder dienen für große Barsche.

Es gab im See Barschberge, die aber alle nicht übers Wasser hinausragten. Doch reichten einige bis dicht unter die Oberfläche. Auf den Kuppen hatten sich Wasserpflanzen angesiedelt, die Krautinseln bildeten. Die fand man sogar noch im Herbst und sah sie von weitem.

Nach fast windstillen Tagen blies der Wind an diesem verhangenen Vormittag erstmals stramm aus Nord-Nordost. Die Strömung trieb das Plankton vor die Bergseiten. Dem Plankton folgten die Stinte und Lauben, den Futterfischen wiederum die Barsche.

Der Barsch kam also mit dem Wind, da sich das Futter vor dem Hindernis staute. Wir ankerten deshalb vor dem Berg auf seiner Luvseite.

Unsere Überlegung ging auf. Die Lauben und kleinen Barsche fanden rasch Interesse. Bis um zehn Uhr vormittags waren sechs bis drei Pfund schwere Kretzer (volkstümlicher Name des Barsches) im Setzkescher. Um die Mittagszeit Flaute. Spätnachmittags bis um vier gab es nochmals einen Ansturm auf die Köder, so daß wir leicht das Dutzend an starken Barschen vollenden konnten. Die letzte Stunde bis zur Dunkelheit gab es nichts mehr. Auch an zwei anderen Bergen nicht ein einziger Zupfer. Ein Versuch mit dem Twister und dem Zocker schlug ebenfalls fehl.

Als wir durchgefroren, vom langen Sitzen steif und klamm aus dem Kahn kletterten und ihn ans Ufer zogen, überraschten wir einen Biber bei seinem abendlichen Landgang. Mit lautem Klatschen der Schwanzkelle auf das Wasser verabschiedete er sich, so daß die Kringel am Ufer nippten. Dann war alles ringsherum wieder still und sank in die Nacht.

Eine Weile schimmerte noch von der gegenüberliegenden Seeseite der Schein des Lappenfeuers herüber. Es wurde rasch schwächer und schwächer, um schließlich ganz zu verlöschen.

Kein Stern, kein Mond leuchtete heute herab. Es war ganz bedeckt. Der Wind hatte ordentlich zugelegt. Der nordische Winter kündigte sich an. Ich spürte den Winter mit jeder Faser meines Körpers. Mein Herz fühlte schon seine Kälte.

Es folgten Tage mit Sturm, mit Nebel und Regen. Doch einen letzten kaltklaren Frosttag durften wir noch erleben. An diesem Abend kämpften wir uns den steilen, verwachsenen Pfad zum Gideälven hinunter durch Gestrüpp und zweimannshohes Ried bis zum

„Wasserfall des Bären", der ein haushoher Überfall war, so breit wie ein Fußballfeld.

Die Kulisse war einmalig. Über den Fluß neigten sich die glühend roten Trauben der Ebereschen. Dahinter das weiße Strichmuster der Birken. Die glitzernde Abendsonne ruhte auf der brodelnden Gischt. Der Wildbach wie ein Vulkan, tosend und brausend, Licht und Sonne versprühend. Wenige bunte Blätter hingestreut auf dem Fels. Blank und vom Wasser poliert lag er da.

Auf diesem schwarzen Granit landete mein Vater jetzt einen Hecht. „Petri Heil!" Esox hatte den Effzett genommen, dort, wo die brodelnde, weiße Gischt sich ausgetobt hatte und zu quirlenden, aus der Tiefe aufsteigenden Strudeln wurde. Wir schliefen gut in dieser Nacht, tief wie ein Dachs, wie all die Nächte zuvor. Eindrücke gab es, die nahmen die Seele mit, die wirbelten das Herz in die Ferne. Ich wünschte, ich wäre jetzt dort.

Seewolf, Butt und Grönlandsaibling

Im winzigen Abfertigungsgebäude des Sonderburger Flughafens in Dänemark erkannten wir unschwer unsere angel- und rucksackbepackten Reisegefährten: vier Angler und Günther, unseren Begleiter und Grönlandkenner. Verschlafen sahen alle aus, genau wie wir. Doch alle waren gutgelaunt. Es wurde viel gelacht. Die Spannung und die Erwartung des Abenteuers steckte in uns.

In Kopenhagen stießen drei Meeresbiologen dazu. Sie wollten den Mageninhalt der gefangenen Grönlandsaiblinge auf Glasaale untersuchen, um dadurch Kenntnisse über die Saiblingswanderungen zu gewinnen.

Nach geduldigem Warten begann schließlich der vierstündige Flug, hinweg über den ewigen Eispanzer Grönlands zur Westküste der Insel, wo wir in Sondre-Strömfjord, einem an der Eis-Grünlandgrenze gelegenen Militärstützpunkt, landeten.

Dann kam meine bisher einzige Hubschrauberpassage. Der sommerliche Gründgürtel glitt unter uns dahin. Kein Baum, kein Strauch; soweit von hier oben zu sehen, überhaupt keine mehr als kniehohe Vegetation. Eingestreut in die felsendurchsetzte Landschaft waren unzählige Seen, Tümpel und Fjorde.

Hier und da in den von der Sonne vernachlässigten Schluchten noch Schneezungen wie Wächter über dem Geröll. Die an diesem Tag sehr tiefhängenden, dunklen Wolken mochten den Eindruck der Trostlosigkeit und der Eintönigkeit noch verstärken.

Wir gingen zu Boden im Dreitausend-Seelen-Ort Holsteinborg, der zweitgrößten Siedlung Grönlands. Verstreut auf den Felsen lagen die bunten Holzhäuser, jedes von Schlittenhunden umlagert. Ebenfalls aus Holz, in Blau und in Rot leuchtend, waren die beiden Kirchen und das Krankenhaus. Die Farbe tat dem Auge gut vor dem Braungrau des Hintergrunds.

Neben ein paar Hochhäusern aus Beton gab es Supermärkte und eine plärrende Disko. Um jedes Haus verstreut lagen Walwirbel, Rengeweihe, Dosen, Papier, Flaschen und ausgediente Bootsmotoren, kurz Müll. Überfahrene Schlittenhunde verrotteten mit aufgetriebenem Leib im Straßengraben. Total verbeulte Autos, knatternd mit kaputtem Auspuff, und chromblitzende Krads rasten bergauf und bergab auf der einzigen Asphaltstraße.

Es war eben die Zeit der Mitternachtssonne. Alle Menschen schienen nach der dunklen, tristen Winterzeit wie aufgedreht. Das Städtchen pulsierte rund um die Uhr.

Doch empfand ich diese Welt trotz ihrer eigenwilligen Auffassung von Sauberkeit und Hygiene nicht als abstoßend. Sie war für mich durch ihre Andersartigkeit faszinierend und anziehend.

Im Hafen liefen morgens wie abends die dorsch- und buttbeladenen Kutter ein. Walfänger versorgten ihre Beute, schnitten sich ein Stück Belugawalhaut in Streifen und kauten unablässig darauf während der Arbeit. Mit kleinen, von Außenbordern betriebenen Booten kamen erfolgreiche Robbenjäger heim. In der Fischfabrik nahebei leisteten Kinder Schwerstarbeit.

Am folgenden Tag sollte es die Westküste entlang nach Norden gehen. An einer Flußmündung, wo noch kein Mensch vorher geangelt hatte, wollten wir ein Camp errichten. Aber das Wetter verhinderte durch Nebel und Sturm unseren Aufbruch.

Warten hieß es, vielleicht läßt der Wind in einigen Stunden nach, vielleicht reißt der Nebel auf. Aber beim Hoffen auf besseres Wetter blieb es an diesem Dienstag.

Genauso trübe war der Blick aus dem Fenster des Soemandshjemmet tags darauf. Das hinter dem Ort aufragende Gebirge schluckte der Nebel. Übers Wasser fegte ein böiger Wind. Also auch heute keine Ausfahrt?

Wir vertrieben uns die Zeit mit den überall herumwatschelnden Hundewelpen. Einige von uns lungerten am Hafen herum oder schlürften in der Kantine des Hotels einen heißen Kaffee mit Aquavit. Es war schon sehr deprimierend.

Plötzlich hieß es, wir fahren doch in einer Stunde. Ein Bootsführer war gefunden, der uns trotz schlechter Sicht und trotz der bewegten See schiffen wollte.

Eine steife Brise rötete unsere Gesichter, als wir nach dem Einladen auf Deck standen mit Kurs Richtung Norden, entlang den unzähligen, kahlen Schären, von denen Lummen und Papageientaucher aufflogen, über die Alke, Enten und Sturmvögel ihren einsamen Flug lenkten.

Wie verloren jedes Lebewesen in diesem unwirtlichen Lebensraum wirkte! Als wäre die Welt gerade erst erschaffen und doch schon uralt, unverändert und zeitlos. Aber so war es ja auch. Dieser Fleck der Welt war seit Jahrtausenden so und nicht anders. Seit Jahrtausenden flogen diese Vögel über die selben Schären. Sie nisteten dort, fischten und zogen auf diesen Felsen ihren Nachwuchs auf. Und seit Tausenden von Jahren war dieses eiskalte Wasser die Heimat der Robben und Wale.

Unser Bootsführer mußte den Weg durch die Schären genau kennen, denn die meisten lagen nur knapp unter der Wasseroberfläche verborgen. Manche warfen Wellen und Gischtkämme; allein dadurch verrieten sie sich.

Einmal fuhr uns der Schreck in die Glieder, als es plötzlich krachte und wir über einen Felsen schlitterten. Aber es war nichts passiert. Unsere „Nußschale“ ackerte unbeirrt weiter durch die blitzenden Wellen und gelangte schließlich ans Ziel.

Den Fluß hinauf konnte uns das Schiff wegen seines Tiefgangs nicht bringen. Also schafften wir in mehreren Fuhren die gesamte Ausrüstung im Beiboot ans Festland. Das Beiboot behielten wir. Der Kutter tuckerte zurück nach Holsteinborg.

Mit den schweren Rucksäcken ging es über Stock und Stein bergauf und bergab bis zu jener Stelle, die unser Führer für das Lager vorher ausgekundschaftet hatte. Abgekämpft und verschwitzt erreichten wir den über dem Ufer gelegenen Zeltplatz, der ein bemooster, moorig durchsetzter Streifen Erde war, zwischen dem Fluß und den felsigen Hügeln in unserem Rücken. Hier suchte sich jeweils ein Duo ein Fleckchen, wo es sein Zelt aufschlug.

Die Umgebung war grandios. In einer Breite von fast 300 Metern drängte der Fluß im sanften Bogen zum Meer, umschlug dabei eine vorgelagerte Landzunge, wodurch die See nicht zu sehen war. Sie verriet sich nur durch ihr Rauschen. Bei Ebbe gab das Flußbett mächtige Felsbrocken frei. Dann war es an manchen Stellen möglich, trockenen Fußes die Gegenseite zu erreichen.

Schließlich scharten sich fünf blaue Kuppelzelte um das Küchenzelt, das unser Campzentrum war. Hier drängten wir uns Schulter an Schulter bei den Mahlzeiten zusammen, unsere Rücken in die Zeltwände gestemmt, und bewahrten so bei Sturm, den es oft gab, das Zelt davor, abzuheben.

Dann wurde es drinnen so richtig gemütlich. Auf dem Kocher brodelte eine heiße Suppe oder brutzelte ein Saibling. Innen wars mollig warm und draußen so kalt, daß die Klarsichtfenster beschlugen. Geschichten wurden zum besten gegeben, viel Angler- und Jägerlatein erzählt.

An milden, von der Mitternachtssonne durchglühten Abenden legten wir Renfleisch auf das niedergebrannte Feuer unter eine Schicht Flechten, so daß die Glut das Fleisch garte. Wir blieben dann draußen, bis der Himmel sich zur Sonnenwende trübte und Mitternacht längst vorbei war.

In zwei Stunden würde die Sonne des neuen Tages unbarmherzig über die Hügel blinzeln und aufs Zelt niederbrennen, daß an ein Schlafen nicht mehr zu denken war. Das Zelt wurde zur Sauna, und Mückenschwärme zwängten sich durch das Fliegengitter bis ins Innenzelt. Ihr Sirren am Ohr war oft unser Morgengruß, leider kein angenehmer.

Aber ich habe vorgegriffen. Nach dem Aufbau des Lagers brachen alle gleich auf, den Fluß hinauf ins Gebirge. Träge strömende, seichte Passagen wechselten ab mit reißender, gischtbrodelnder Strömung. Dort drängte der Fluß durch Felsengen, laut und tosend. Er brach sich an Findlingen und fiel dann in tiefe, weite Gumpen.

Glasklar war das Wasser und eiskalt. Gletscherwasser. Höher und höher folgten wir dem Gebirgsfluß, bis er sich in weitausholenden Bögen durch Moor und Geröll wand. Bevor er diese Moränenlandschaft hinter sich ließ und wieder hinaufklomm ins eigentliche Hochgebirge, machten wir kehrt. Den Abschnitt wollten wir später erkunden.

Gleich grauen, jagenden Schatten wechselten die scheuen, ruhelosen Fische ihren Standort, wenn ich am Wasser erschien. Den goldroten Mepps und den 16-g-Effzett warf ich weit hinter die Saiblinge. Den Köder ließ ich zum Grund sinken und holte ihn dann ruckweise ein. Während des Zubodensinkens, wenn der Blinker zum Grund taumelte, gingen die meisten Fische an den Haken.

Aber ein gehakter Saibling war noch nicht gelandet. Seine Vitalität und die starke Strömung standen einer extrem beanspruchten Rute, einer durch Felskanten gefährdeten Schnur und der Taktik des Anglers gegenüber. Man mußte höllisch aufpassen, daß der Fisch nicht zwischen die Findlinge kam, die Schnur sich daran rieb und riß. Gelangte er gar bis in die reißenden Stromschnellen, wurde seine Zugkraft vervielfacht, und er war kaum noch zu halten. Ein Schnurnachlassen wiederum konnte ihn außer Sicht bringen. Vom Haken bis zur Landung war das jeden Augenblick Nervenkitzel. Jeder Drill eine Geschichte für sich, immer anders. Und oft verlor der Angler. Herrliche Kämpfer waren sie alle, diese in der Wildnis abgewachsenen Saiblinge, die man auch Grönlandlachse nannte.

Und wie sie prahlten! Was waren sie prächtig, die Saiblinge im Hochzeitskleid! Bunt wie Schmetterlinge. Die Oberseite braun, die Flanken gelborange mit umrandeten Tupfen und einem Anflug von Blauviolett.

Die noch nicht verfärbten Fische zeigten sich schlichter. Sie waren noch silberblank. Fast ausschließlich die frischen Aufsteiger gingen an den Haken. Die Hochzeiter hatten anderes im Sinn und blieben beißfaul. Bis zu acht, im Schnitt drei bis vier Pfund wogen die Fische.

Die Beute bereiteten wir abends im Lager zu. Was nicht verbraucht wurde, vergruben wir in einer Schneelagune, die unser Naturkühlschrank war. Manchmal buddelte sich ein Polarfuchs einen Fisch aus. Aber wir hatten ja reichlich und gönnten es dem schmucken, gar nicht scheuen Pelzträger, der bestimmt nie vorher einem Menschen begegnet war.

Einige Male wanderten wir flußab zur Mündung, wo die See rauschte. Kolkraben begleiteten uns mit ihrem sonoren „korrk-

korrk". Übers Meer, das hier zwischen dem Insel- und Schärenlabyrinth zur Ruhe kam, strichen Lummen. Ein Schneehuhn ließ uns fast bis zum Anfassen heran. Es hatte wohl auch noch keine Erfahrung mit Zweibeinern.

Wo sich Süß- und Meerwasser mischten, waren auf einen kleinen 3-g-Spinner Polarknurrhähne (Ulks) zu fangen. Fische, die fast nur aus einem riesigen Maul bestanden, deren Leib sich kegelspitz verjüngte. Ihr Körper fast nur ein Anhängsel am bombastischen Kopf.

Sie waren spannend zu fangen. Zwei oder drei folgten dem Eisen unter Sicht, bis einer kurz vor dem Aus-dem-Wasser-Heben des Köders doch noch zuschnappte.

Auf den Felsen nahe der Flußmündung mit dem Blick auf den Atlantik ließ es sich träumen. In dieser Wildnis aus Fels und Moor und Tundra, aus Gebirge, Tälern und Wasser wurde die Einsamkeit greifbar, und im Angesicht des Grandiosen bekam das Kleine, das eher Unscheinbare Gewicht: Die gelben Kelche des Polarmohns, der auf zerbrechlichen Stengeln im Wind zitterte. Der dicht verwobene Teppich aus Binsen, Moosen und Flechten. Das zierliche Odinshühnchen auf einem der unzähligen Tümpel, wie das Männchen kopfnickend das im Ried verborgene Nest umschwamm, auf dem sein Weibchen noch brütete.

Es öffnete sich eine Welt im Kleinen, unerschöpflich in ihren Variationen, vielgestaltig und nirgends wiederholt. Jedes Fleckchen war einmalig und ein Kosmos für sich.

Mehrmals gab es Sturm. Dann türmte sich über einem schnurgeraden, hellen Streifen Himmel, unter dem noch soeben die Sonne hervorblinzelte, eine schwarze Wolkenwand. Beinahe hätte uns solch ein Orkan auf See erwischt, als wir in unserer „Nußschale" vor den Schären im offenen Meer auf Butt, Seewolf und Dorsch pilkten.

Nach dem Fang einiger kleiner Plattfische bog sich die Rutenspitze diesmal energisch in Richtung Wasser. Ich mußte Schnur nachgeben, immer mehr. Das Ungetüm da unten war nicht zu bremsen. Die Rolle drehte leer. Das Dümpeln des Bootes nutzend pumpte und pumpte ich, bis sich der Fisch schließlich vom Grund löste und zur Oberfläche kam.

Doch bevor wir das Monster von Heilbutt sahen, begann das Spektakel von neuem. Mit unbändiger, nicht erlahmender Kraft zog der

Plattfisch wieder und wieder schräg unter das Boot in die Tiefe. Er bohrte dort unten, saugte sich am Boden fest, wobei meine notgedrungen sitzende Position sicherlich nicht ideal war, einen großen Butt zu bezwingen. Und ein Harness half mir auch nicht.

Mittlerweile hatte sich die Schnur eines Mitanglers mit meiner verheddert. Wir pumpten nun gemeinsam, was keine Erleichterung brachte, nur die Gefahr, daß die Leine riß. Schließlich war es glücklich geschafft. Mit zwei Gaffs zogen wir einen sechzigpfündigen Heilbutt ins Boot. Kein Kapitaler, denn die Fische werden groß wie Tischplatten und bis zu 400 Kilo schwer. Aber einer, der seine Haut teuer verkauft und mir einiges abverlangt hatte.

Es hatte längst zu nieseln begonnen. Daraus wurde ein Landregen. Von den Friesennerzen lief das Wasser in unsere Schöße und von dort durch die Hosen. Gemütlich war es schon längst nicht mehr.

„Nimm Du mal die Rute. Mir sind die Hände zu kalt geworden." Und meine Frau pilkte geduldig.

„Das geht aber schwer. Wohl schon wieder ›Grönland‹ an der Angel" – wie wir einen Hänger umschrieben –, meinte sie irgendwann.

Das Angebot, ihr zu helfen, lehnte sie energisch ab. Und so pumpte sie ganz allein einen Gefleckten Seewolf, einen Seeleopard zur Oberfläche, einen siebzehn Kilo schweren Burschen mit furchterregendem, zähnestarrendem Maul. An den kurzen, häßlichen Kopf schloß sich ein abgeplatteter, großfleckiger Leib an.

Im Boot schnappte das Gebiß, das mit Leichtigkeit dicke Venusmuscheln knackte, um sich. Wir hielten, so gut es ging, Abstand, zogen im engen Boot die Beine ein und schoben dem Wüterich ein Ruder ins Maul. Darin biß er sich fest, daß das Holz knirschte und krachte. Der offizielle, internationale Vergleich ergab später Jahresrekord für diese Spezies.

Bei aller Aufregung waren wir unbemerkt weit ins offene Meer abgedriftet. Das ablandige Wasser hatte uns hinausgetrieben. Höchste Zeit, in die Geborgenheit der Schären zurückzukehren. Denn im Westen braute sich ein Orkan zusammen. Noch war es still, gefährlich still, die Ruhe vor dem Sturm. Gleichmäßig fiel der Regen.

Da sprang der Motor nicht an. Wieder und wieder rissen wir an der Zugleine, wechselten uns dabei ab. Aber mehr als ein rasch verebbendes, kurzes Blubbern konnten wir dem Maschinchen nicht entlocken. Mir – ich glaube, allen – wurde sehr mulmig.

Mit den Rudern allein kamen wir nicht zurück. Die Flut zog uns rascher und rascher hinaus. Im bedrohlicher werdenden Seegang würden wir kentern. Eine Frage der Zeit, wann der Orkan loslegte.

Schließlich kam doch das erlösende Aufbrausen des Motors, und schon ging es los über die jetzt schon sehr bewegte See zum Camp. Wie vertraut uns die vor die Felsen geschmiegten, blauen Zeltchen jetzt erschienen. Wir waren zurück und konnten aufatmen!

Beute und Boot an Land, die nassen Klamotten vom Leib, in aller Eile noch ein paar Kiesel auf die Heringe gepackt und dann alle Mann ins Küchenzelt, um es von innen zu halten. Denn der Orkan hob an. Und was für einer!

Manchmal glaubten wir abzuheben. Das Zelt war schließlich nicht mehr zu halten. Unter die eine Plane faßte der Sturm, fegte machtvoll in unsere „gute Stube", riß die Heringe aus dem Boden, daß die Steine beiseite kullerten und brach die Zeltstangen, als wäre das nichts.

Wir begruben die Lebensmittel, das Geschirr, all das Inventar unter uns. Was irgend möglich war, beschwerten wir mit unseren Körpern. Bis das Toben und Brausen ein Ende hatte, plötzlich, unvermutet, in wenigen Minuten. Als wäre nichts gewesen.

Die Tüten mit Suppen, die Marmeladengläser, die Butter und die Konservendosen lasen wir zwischen den Felsen auf. Manches fanden wir nicht mehr. Es war verschwunden, vielleicht bis ins Meer geweht. Das Zeltgestänge ersetzten wir durch angeschwemmte Latten; gewachsenes Holz gab es ja nicht. Mit Angelschnur flickten wir notdürftig die zerrissenen Planen. Besser als das steilwandige Küchenzelt hatten unsere geduckten Zweimannsbehausungen den Orkan überstanden. Ihnen war nichts passiert.

Nie werde ich vergessen, wie nach dem Sturm drei Rentiere den Fluß durchschwammen. Sie mußten ganz nahe bei den Zelten im Schutz der Felsen gestanden und dort Zuflucht gesucht haben. In einen Talschnitt tauchten sie jetzt zwischen zwei Kegelberge, über die sich ein prächtiger Regenbogen spannte. Herrliche Wildnis!

Sogar mein Traum von einem kapitalen Saibling ging noch in Erfüllung.

Auf dem Meßtischblatt hatte ich rund acht Kilometer nördlich des Camps einen Gebirgsbach ausgemacht. Wenn ich mich an den parallel zur Küste verlaufenden Höhenzug hielt, mußte ich früher oder später darauf stoßen. Das Gebirge sollte meine Landmarke sein. Vorsichtshalber steckte ich den Kompaß ein.

Allein der Marsch dorthin war ein Erlebnis. Ich überquerte mit riesigen Kieseln gespickte Geröllfelder unterhalb aufragender Steilwände. Tümpel mit den verschiedensten Sumpf- und Watvögeln lagen am Weg und ein Fuchsbau, dessen ringsum verstreute Knochen und Fellreste verrieten, daß hier ein ganzes Geheck mit Jungfüchsen hauste. Aus einer Senke leuchteten mir die Abwurfstangen eines Rentieres entgegen.

Ich fand einen jungfräulichen Bach, der vehement aus dem steilen Berg hinunter zum Meer schoß. Bevor er sich in die See ergoß, sprang er über eine Steilstufe in einen tosenden Gumpen. Darin standen starke, armlange Fische im sauerstoffsprudelnden Wasser, unfähig, die Felswand zu überwinden und aufzusteigen.

Diesmal verhielt ich mich äußerst vorsichtig. Ich hatte ja erfahren, wie empfindlich Saiblinge auf meinen Anblick reagierten, und pirschte mich wie ein Fuchs an.

Gleich beim ersten Wurf mit dem rotierenden, perlmuttfarbenen Löffel hing ein Kapitaler von fast zehn Pfund. Sein Drill erforderte höchste Konzentration und verlangte dem Gerät alles ab. Nachdem ich mich gezwungenermaßen dabei am Wasser hatte sehen lassen, biß tatsächlich kein weiterer Fisch mehr in dem kleinen Kolk.

Dann der lange Rückmarsch mit der schweren, unhandlichen Beute. Aber ich war unheimlich stolz auf den schönen Fisch und hütete ihn wie meinen Augapfel.

Der Abschied rückte unaufhaltsam näher. Wir gruben die gefrorenen „Lachse" – es waren über zweihundert – aus dem Schnee, spannten zwischen die roten Bauchseiten Hölzchen und verstauten die Fische mit dazwischengelegtem Eis in Plastikbehältern. Ein paar wollten wir geräuchert mit nach Deutschland nehmen, den Rest einem Kinderheim in Holsteinborg schenken.

Nach dem Lagerabbau kam der beschwerliche Weg zurück zur Landzunge, wo wir in der Sonne dösend viele Stunden auf das Boot aus Holsteinborg warteten. Kommt es vielleicht heute gar nicht? Hat man uns vergessen oder sich im Datum geirrt? Aber es kam! Als kleiner Punkt am Horizont, der größer wurde und größer, um schließlich vom offenen Meer in unsere Bucht zu schwenken. Und dort ging es vor Anker.

Fuhre nach Fuhre wurde mit unserem Minikahn zum Kutter geschafft, das Gepäck jetzt noch viel umfangreicher durch unsere Fischbeute. Die Fahrt zurück durch die Schären genossen wir diesmal bei Sonne. Alle waren gut gelaunt. Wir hatten Freundschaft geschlossen und erlebnisreiche Tage hinter uns.

Jeder brannte auf ein Bad im Soemandshjemmet. Und dort war die Dusche dann auch die nächsten Stunden besetzt.

Der Dreck war endlich ab. Ich schlenderte zum Hafen, wo Grönländer mit über Hand gezogenen Pilkern Dorsche aus dem Hafenbekken zogen, Dorsche bis zu fünfzehn Pfund schwer: Hundefutter.

Abends machte ich mich mit schweren Pilkern zum Hafen. In kurzer Zeit fing ich ein Dutzend Dorsche und Ulks in dem schmutzigen, öligen Wasser. Ich setzte alle zurück. Was sollte ich damit anfangen?

Unsere letzte Nacht in Grönland war lang und feucht mit den neu gewonnenen Freunden und spontanen Bekanntschaften aus dem Ort. Die Grönländer sind gastfreundlich und aufgeschlossen. Man trank hier liebend gern starken Kaffee, legte eine Silbermünze auf den Grund der Tasse und füllte mit Aquavit soweit auf, bis man die Münze wieder blinken sah.

Nie werde ich an diesem letzten Morgen vergessen, wie beim Sonnenwechsel kurz nach Mitternacht alle Hunde des Ortes, und das waren mehr als viertausend, das neue Tagesgestirn anheulten. Erst einzelne Hunde, dann stimmten andere ein und schließlich das ganze, riesige Rudel. Ein Geheul wie das von Wölfen, eine Melodie, die unter die Haut ging.

Nach einem kurzen Nickerchen wurden in aller Eile die Sachen gepackt, denn ich hatte obendrein verschlafen. Der Hubschrauberflug zurück ging über Berge, Täler und Seen, die jetzt viel lieblicher unter uns dahinglitten, die jetzt die Sonne beschien. Wir hatten das Polarland liebgewonnen, es war uns nun vertraut.

Dann der Flug mit der DC 8 noch einmal über gleißende Gletscher und über Eisberge hinweg in die Wolken und in die Nacht. Wir erreichten Dänemark spät, eigentlich zu spät. Aber die Maschine nach Sonderburg hatte auf uns gewartet.

Unversehrt stand mein geliebter Mercedes-Oldy dort am Sund, sprang sogar erstaunlich schnell an. Und da wir zu aufgekratzt waren, um Schlaf zu finden, machten wir uns gleich in Richtung deutsch-dänische Grenze auf den Weg.

Was meine Frau und ich erlebt hatten, sollte uns erst später richtig bewußt und unvergeßliche Erinnerung werden.

Haie der Algarve

Die Fahrt durch Frankreich und Spanien bis zum südwestlichen Zipfel Portugals blieb uns durch den Flug nach Faro erspart. Mit dem geliehenen Mini erreichten wir das Fischernest Sagres nahe dem Cabo de S. Vicente.

Doch ein Fischerdorf war Sagres einmal gewesen. Es hatte sich längst zu einem Touristentreff gemausert, mit einem ausgebuchten Vier-Sterne-Hotel, mit Straßencafes an jeder Ecke und mit Discos, die bis tief in die Nacht hinein lärmten. Das Publikum war laut, extrovertiert und aufdringlich.

Die Umgebung von Sagres war aber ein schönes Fleckchen geblieben. Spektakulär, immer wieder ergreifend die Sonnenauf- und Sonnenuntergänge über der Bucht. Von Gischt und Brandung brüllte und brauste das Meer unter der Steilküste. Darüber thronte das weitläufige Kastell Heinrich des Seefahrers. Eine Festung, die als uneinnehmbar galt und doch später gestürmt wurde.

Willem Persoon, unser Gastgeber und Skipper, ein gebürtiger Holländer, empfing meine Frau und mich hinter der Theke seines Cafes. Photos kapitaler Fische und ihrer Bezwinger und von Zähnen starrende Haikiefer, manche so groß, daß ein Mensch glatt hineinpaßte, gaben den passenden Rahmen.

„Seid bitte übermorgen um sieben bei mir“, verabschiedete sich der Skipper. Erst übermorgen? Noch zwei lange Tage hieß es zu warten. Am liebsten wäre ich gleich losgebraust.

Auf der allabendlichen Versteigerung in der Fischhalle unten am Hafen wurden tonnenschwere Haie feilgeboten. Sie steigerten meine Ungeduld und Vorfreude. Blau-, Mako- und kapitale Hammerhaie waren dabei, einige mit im Kiefer abgekapselten Hochseehaken.

Oberschenkeldicke Conger (Meeresaale) und Mondfische, schuppen- und schwanzlose Ungetüme, größer als Tischplatten, luden die Fischer aus.

Bizarre Tiefseefische gelangten ebenso unter den Hammer des Versteigerers wie prächtige Rotbarsche und unzählige Kisten silbern blitzender, zwei Meter langer Strumpfbandfische. Langusten und Seezungen und in Tonkrügen gefangene Kraken ließen das Herz des Feinschmeckers schneller schlagen.

Endlich kam die erste, von uns sehnlichst erwartete Ausfahrt. Frische Ködermakrelen und stinkendes ›Rubby-Dubby‹ (Fischabfälle) kamen ins Beiboot, das uns und alles Gerät zur „La Rosa“ brachte.

Zwei Stunden flotte Fahrt bis zu den Haigründen. Delphine begleiteten uns. Die See blieb leicht bewegt, besaß leuchtende Wellenkämme, bis schließlich der tiefe Atlantik unter unseren Planken lag. Wir waren auf hoher See. Willem drosselte den Motor seiner geliebten La Rosa, die ein abgetakelter Fischkutter war, allerdings geräumig und mit einer neuen, starken Maschine ausgerüstet. Der einzige Nachteil war, daß sie keinen Kampfstuhl besaß.

Zwei kleine, eigentlich untermaßige Blauhaie lagen bereits mit eingeschlagenen Schädeln auf Deck. Man hielt hier jeden Hai offenbar für Ungeziefer. Da pflügte nahe bei meinem Schwimmer eine Haiflosse durchs Wasser. Sekunden später war die fußballgroße Plastikkugel weg.

Die Rute aus der Halterung. Den Schulterharness um und warten, warten, warten. Eine kleine Ewigkeit verging. Ich wollte ihn Schnur nehmen lassen, stellte die Bremse jetzt hart und schlug an. Enormer Widerstand! Der Haken hatte gepackt!

Daß mir der Kampfstuhl fehlte, merkte ich bald schmerzlich. Gegen die Kabinenwand gestemmt, pumpte und pumpte ich. Der Harness rutschte immer höher, schnürte die Blutzufuhr zu Armen und Schultern ab. Ein mühsamer Drill. Eine Tortur. Obwohl Blauhaie vergleichsweise träge Kämpfer waren und rasch aufgaben, sich dann wie ein nasser, schwerer Sack zum Boot ziehen ließen.

Als die Gaffe flogen und der 70-Kilo-Fisch schließlich aufs Deck klatschte, war mir von der Anstrengung ganz flau.

Die folgenden Stunden dösten wir an Bord. Wir genossen und spürten den Wind und die Sonne auf der Haut. Hin und wieder blinzelten wir zur Angel und zur Rolle. Doch die Rolle schwieg den ganzen langen Nachmittag. Manchmal besuchten uns Seeschwalben. Woher sie wohl kamen? Wohin sie bloß wollten, hier so weit draußen auf See? Rings um uns bis zum Horizont in alle Himmelsrichtungen nur Stille und glattes Meer.

Der dritte Tag auf See. Sie liegt blank, gehorsam und zahm. Mit dem Fernglas macht Willem weit draußen eine Flosse aus, offenbar eine Schwanzflosse, die über das Wasser ragt. Sonderbar? Wir werden uns aber nicht schlüssig. Auf das dunkle Etwas steuern wir zu, präparieren unterdessen nach Art des „Blue Marlin Rig“ in Windeseile zwei besonders große, schillernde Makrelen, lassen eine in drei bis fünf Meter Tiefe hinab.

Die Flosse ist weg und dann wieder da. Die riesige, gekerbte Schwanzflosse eines beutesuchenden Hammerhais, nun ganz nah am Boot, so daß wir sogar den wuchtigen Hammerkopf erkennen. Eine meterbreite Schaufel, der Fisch selbst wohl drei Meter lang und bestimmt um die zweihundert Pfund schwer.

Wir holen die Makrele noch weiter nach oben, schleppen ihm den Köder direkt vor die Nase. Dreimal umkreist er ihn, dreht sich ein wenig, die hellbraune Unterseite wird dabei sichtbar – und schnappt zu! Der Schwimmer saust ab in die Tiefe.

Meinen Gegner kenne ich ja zum Glück. Ich weiß, mit wem ich's zu tun habe. Willem hat mir diesmal den weit besseren Nierenharness umgelegt. Mit aller Kraft stemme ich mich gegen die Kabinenwand, die Beine dabei gespreizt, um Halt zu haben. Ich schlage nun an, wieder und wieder.

Das tut ihm weh. Ich merke und fühle, wie wütend er ist. In einer langen, nicht zu bremsenden Flucht zieht er hundert, hundertfünfzig, zweihundert, dreihundert Meter Schnur ab. Und noch mehr, immer mehr und noch mehr. Er bleibt dabei tief, geht jetzt sogar weiter nach unten.

Ich verliere viel Schnur, sogar sehr viel, stelle die Bremse härter. Denn die Spule wird zusehends leerer. Hoffentlich hält das Gerät und mein Rücken dem furchtbaren Zug stand.

Der Skipper folgt dem Hai mit dem Boot. Ich hole ein, so schnell ich kann. „Rii-rii-rii“ geht die Rolle schon wieder. Und wieder nimmt er sich Schnur, bestimmt hundert Meter. Und das trotz strammer Bremse.

Aber er rackert sich müde, bleibt dabei nach wie vor tief. Was wäre ein Kampfstuhl jetzt für eine Wohltat! Mein Rücken schmerzt furchtbar, Er scheint wie aus Feuer. Wo der Harness sitzt, ist die Haut fast durchgescheuert. Die Hände brennen und glühen. Trotz der Sonnenbrille tränen die Augen. Dauernd rinnt Schweiß in die Augen.

Nur mit äußerstem Willen halte ich die Spitze der 130-lbs-Rute noch hoch. Welche Kräfte man doch mobil macht, was man doch alles erträgt, wenn man nur will!

Willem hat mir Handschuhe übergezogen, flößt mir lauwarme Limonade ein, gießt Wasser in den Nacken. Welche Wohltat! Und immer wieder diese langen, nicht enden wollenden, schnurgeraden Runs des Fisches weit hinaus ins Meer und schräg in die Tiefe. Ich lasse ihn gewähren. Ich werde ihn kriegen. Ich will ihn haben!

Als schwarzen, gefährlichen Schatten sehe ich ihn jetzt. Er steht nicht mehr tief. Rücken- und Schwanzflosse tauchen schon hin und wieder aus dem Wasser. Ganz behutsam bring' ich ihn näher.

Dann das kitzlige Gaffen. Der Schwachpunkt des Fights. Bei der Landung des Blauhais waren die Gehilfen des Skippers auch nicht die geschicktesten. Der spindelförmige, langgestreckte Fisch liegt ein wenig schräg im Wasser. Seine helle Flanke wird dadurch sichtbar. Auf einer Seite des Hammers sehe ich ganz außen das Auge. Ein großes, kaltes Auge. Der Hai kommt jetzt längsseits.

Ein Gaff fliegt. Gefehlt! Und noch eins. Auch daneben. Wasser spritzt auf, quirlt, brodelt, kocht. Ein Inferno! Und der Hai taucht ab. Er hat uns gesehen, uns und das Boot. Er riecht uns, nimmt die Erschütterungen wahr.

Ich hole ihn wieder, pumpe ihn nochmal nach oben. Die Beute ist ja so nahe, der Sieg so greifbar. Das beflügelt. Da sind alle Strapazen vergessen. Der gemarterte Körper beugt sich dem Willen. Oder handele ich längst instinktiv wie ein instinktgetriebenes Tier, wie ein Raubtier? Bin ich längst eine Maschine?

Ein Brocken von Hammerhai, dieser Fisch, und schwer wie Blei. Seine rauh geriffelte Haut, seine starren Augen zu beiden Seiten des klobigen Hauptes – ein einmaliges Monstrum im Tierreich –, so sehe ich den Hai noch in allen Einzelheiten vor mir.

Und wieder vergebliches Gaffen. Palavern. Emsigkeit. Aufregung. Fast nicht zu ertragende Hektik.

Da muß sich bei all dem Streß eine Schlaufe der Schnur, die ich zuletzt mit der Hand eingeholt habe, die in losen Klängen auf dem Bootsdeck liegt, um einen der quer verlaufenden Schiffssparren gelegt haben. Ich registriere das gar nicht. Niemand an Bord nimmt das wahr. Dafür sind alle zu sehr beschäftigt.

Plötzlich fehlt mir die Spannung. Die Verbindung zum Fisch reißt ab. Die Leine hängt plötzlich durch. Entsetzen steht auf den Gesichtern.

Der Hai trudelt langsam in die Tiefe. Ganz allmählich im Zeitlupentempo dreht er sich. Der Fisch ist total erschöpft. Doch langsam und allmählich sinkt er zurück in die Tiefe der See.

Ein fliegendes Gaff hinterher. Natürlich vorbei und viel zu spät. Die Schnur ist gesprengt, irreparabel. Der Fisch ist längst und endgültig verloren.

Den Leinenrest, der wie Hohn im Wind weht, hole ich ein. Alle sind tief enttäuscht, zucken mit den Schultern, wenden sich ab. Um Wut oder Ärger zu fühlen, bin ich zu erschöpft. Ich bin fix und fertig nach diesem Drill aus dem Stand. Körper und Seele sind gleichermaßen leer und ausgepumpt.

Die letzten Tage unseres Urlaubs gestalten wir geruhsam. Ein mit Krüppelkiefern und rosa blühenden Azaleen bewachsenes Hochplateau entdecken wir. Fast senkrecht stürzen von dort die Felsen in den Atlantik. Tief unten züngeln und blitzen die Wellenkämme. So tief unten, daß die tosende Brandung nur ganz leise nach hier oben hinaufschallt.

Wir sehen einsame, nie betretene Strände. Strände, die für niemanden von der Landseite zugänglich sind. Der Sand dort unten schimmert makellos. Zu einer Bucht hinunter finden wir den Abstieg. Ein Eselspfad, der ganz schmal ist und halsbrecherisch steil, der in engen Serpentinen hinabführt.

Unten ein idyllischer, weißer Strand, wo eine Felsnase weit hinausführt ins Meer. Mulden hat das Wasser in den Fels gewaschen. Dort auf den warmen, roten Steinen unter dem Wind faulenzen wir und sonnen uns, ganz allein und vollkommen ungestört. Paradiesisch!

Wenn die Flut bei Ebbe zurückweicht, umgehen wir die Felsvorsprünge. Uns öffnet sich Bucht nach Bucht. Wir stoßen auf Höhlen, oft riesige, vom Meer ausgewaschene Labyrinthe im schwarzen

Basalt, wo Wildtauben nisten und Sturmvögel. Man darf nur nicht vergessen, rechtzeitig umzukehren, sonst schneidet die Flut uns den Rückweg ab.

Im Streß, in der Hektik und im Ärger des Alltags denke ich manchmal an „unsere" kleine, einsame Bucht zurück. Sie liegt dann wieder vor mir mit ihrem hellen Sand, den leuchtenden, weißen Wellenbergen und dem roten Felsgestein, das der Atlantik umspült. Dann wünsche ich mir, wieder dort zu sein. Und vieles im Alltag wird leichter.

Die „Monster" vom Riba Roja – auf Großwelse in Spanien

Um den Wels ranken sich viele Geschichten und Legenden. Er fasziniert nicht nur Angler seit jeher. Seine Mystifizierung macht ihn als Beute noch attraktiver. In Brehms Tierleben ist beispielsweise zu lesen: „Die Bewohner der Donau fürchten sich vor ihm, da in seinem Magen schon öfter Reste von Knaben gefunden wurden. Der Aberglaube der Fischer meinte früher, daß der sterben mußte, welcher einen Wels fing."

Der Wahrheit entspricht, daß sich der „Waller" gerne eine Ente oder ein Teichhuhn vom Wasser holt. Und ein großer Wels greift aus der Nestmulde heraus auch vehement jeden Taucher und Schwimmer an, der dem behüteten Areal zu nahe kommt.

Daraus sind wohl jene Schauermärchen entstanden, die dem Wels den Raub von Kleinkindern nachsagen. Die Phantasie läßt vielleicht solche Schlüsse zu in Anbetracht der Aggressivität des Fisches in bestimmten Situationen und unter Berücksichtigung der enormen Größe einmaliger Exemplare, die nachweislich mehr als 500 Pfund wogen und über drei Meter maßen.

Es ist auch denkbar, daß irgendwo im weiten, unüberschaubaren Donaudelta ein Kind ertrinkt, dessen Leiche dann ein Waller anschneidet. Denn er verschmäht ja kein Aas. So oder ähnlich mag er in den Ruf eines Mörders gekommen sein.

Ohne Zweifel aber ist er ein guter nächtlicher Räuber, was u. a. sein stromlinienförmiger Körper beweist, der vom breiten, überdimen-

△1

1 Flugangeln an der Alme bei Brenken.

2 Stiller Winkel an der Altmühl.

3 Starke Barbe aus der Altmühl.

4 Gute Edernase

5 Selbstgefertigte Posen für das Nasenstippen.

6 Reusen vor dem Schilf des Neusiedlersees.

7 Westirische Atlantikküste.

8 Spinnangeln am Loch Venechar in Schottland.

9 Verfallener Schuppen auf der norwegischen Insel Horla.

10 Die „Monster“ vom Riba Roja in Spanien: Welsbeute einer Angelnacht.

11 „Alaskakings“: Ein großer Königslachs ist glücklicherweise im Boot.

△2 ▷3

△4 ▽5

△6 ▽7

△ 8

△9 ▽10 ▷11

sionalen Kopf geprägt wird. Ja, das Maul, groß wie ein Scheunentor, reicht fast bis hinter die kleinen, listigen Seher, wodurch der sich rasch verjüngende Körper zu einem Anhängsel des riesenhaften Hauptes wird.

Die wunderbare Tarnfärbung von Bauchseiten und Rücken durch dezente, ineinanderfließende Schlammfarben und die helle, cremeweiße Bauchfärbung schützen bei der Sicht von oben im Versteck und tarnen von unten gegen den hellen Himmel. Alles zusammen läßt den großen Waller zu einer von der Evolution ausgefeilten Freßmaschine werden.

Eine geheimnisvolle Ausstrahlung besitzt er obendrein durch seine nächtliche Lebensweise.

Erst wenn die Schatten lang werden und der Sonnenball versinkt, wenn Fischadler, Reiher und Kormorane mit vollen Kröpfen zu den Schlafplätzen streichen und die ersten Fledermäuse übers Abendrot geistern, wenn die Eule lautlos vorbeischaukelt, um wieder in die Nacht zu tauchen, dann erst verlassen die Welse ihre Verstecke zwischen den alten Uferwurzeln. Sie kommen hervor aus Felsklüften und aus Wallerhöhlen, die ihnen seit vielen Fischgenerationen bekannt sind und ziehen von dort auf Raub aus.

Sie durchstreifen ihr Revier nicht nur am Grund. Nein, Waller schwimmen langsam, nach allen Seiten mit den langen Barteln tastend, die wie zwei Antennen die Beutefische orten, in zwei bis drei Metern Tiefe und verfolgen ihre Opfer bis zur Oberfläche.

Dabei durchbricht der Wels oft das Wasser und schlägt mit dem wuchtigen Schwanz, was sich wie ein plantschendes Wälzen anhört. Solche Geräusche zur nächtlichen Stunde sind typisch für ihn und gaben ihm den Namen Waller. Dadurch unterscheidet er sich von anderen Räubern, beispielsweise vom Hecht.

Wir sollten die aufregenden Geräusche noch oft genug hören während unserer Angelnächte am Embalse de Riba Roja.

Die Anreise führte per Flugzeug von Frankfurt nach Barcelona, mit dem Leihwagen in Richtung Südwesten über Tarragona, entlang der Mittelmeerküste bis zum Delta des Rio Ebro. Dem mächtigen Fluß folgten wir von der Küste weg nach Norden in die Berge bis zum Städtchen Riba Roja. Hier kamen wir in einer kleinen Pension unter.

Riba Roja war ein verschlafener, von keinem Touristenrummel aufgeschreckter Ort. Alles ging seinen alltäglichen, beschaulichen

Gang. Der kleine Gemüsemarkt morgens am „Carrer Camp". Eselskarren, die durch die engen Pflasterstraßen rumpelten. Das endlose Palavern vor der Fischtheke von Mutter Pepito, wenn die Mamas in aller Frühe ihre Sardinen für den Mittagstisch abwiegen ließen.

Von Riba Roja schlängelte sich die Straße einige Kilometer am Ebro entlang bis zur Staumauer. Dahinter begann der langgezogene, nur ein bis anderthalb Kilometer breite See. In gewundenen Tälern erstreckte er sich über fast 40 Kilometer und sollte an manchen Stellen bis zu 50 Meter tief sein.

Ringsum siedelte niemand mehr. Einsame Wildnis umfing uns. Was damals in den Fluten versunken und was von den Olivenhainen und Obstplantagen geblieben war, lag seitdem verlassen. Stumme Zeugen noch früherer Besiedlung waren Ruinen von Klöstern und Burgen auf den Bergkuppen.

In diesem einsamen, durch unzugängliche Felsufer geschützten See hatte sich in den vergangenen drei Jahrzehnten eine enorme, in Europa wohl einmalige Welspopulation entwickelt, von der Außenwelt fast unbemerkt. Denn dort stationierte englische Soldaten brachten damals mit einer Hubschrauberstaffel ein Dutzend Donauwelse in den See, um ihn durch einen Raubfisch zu bereichern.

Die Aktion der angelnden Soldaten geriet in Vergessenheit. Die Spanier interessierte der Wels nicht. Diese Schonung und ein reiches Nahrungsangebot das ganze Jahr über ließen das Welsvorkommen explodieren und Tausende von kapitalen bis hochkapitalen Wallern abwachsen, so daß man von einer kleinen Sensation sprechen konnte, als der Betreiber einer Angelagentur den See vor zwei Jahren für seine Kunden entdeckte und anglerisch erschloß.

Er ließ in einem idyllischen Altarm einen Bootssteg errichten. Für je zwei bis vier Angler standen verschieden große Boote mit Außenbordern zur Verfügung. Den Gästen half mit Rat und Tat Rudi und sein Assistent Ralf, die die Neuankömmlinge vertraut machten mit den fängigen Wallermontagen und den besten Ködern. Die auch meinen Vater und mich darin einwiesen, wo man geeignete Köderfische stippen konnte und in welchem Altarm kapitale Schwarzbarsche raubten. Letztere lieferten neben einem spannenden Drill mit zahlreichen Sprüngen die leckersten Fischfilets der Welt und in einer entsprechenden Größe unwiderstehliche Welsköder.

Rudi und Ralf wußten natürlich todsichere Plätze, wo immer mit einem kapitalen Wels zu rechnen war. Sie halfen bei Pannen am

Boot und sorgten für Ersatz jedes Angelutensils. Kurzum: sie waren „Mädchen für alles", sogar wenn es ums Zubereiten der Fischfilets und die Vorpräparation der Wallertrophäen ging. Und klappte mal der Köderfischfang nicht, so halfen sie auch dabei noch rechtzeitig, bevor die neue Welsnacht anbrach.

Am Riba Roja verließen die Welse bei Sonnenuntergang ihre Verstecke. Wenn gegen neun Uhr abends die Westseite des Sees in den Schatten sank, während sich das rote Licht der Abendsonne noch im Kräuselwasser des Gegenufers spiegelte, dann bissen die ersten Welse schon.

Rudi hatte unsere beiden Angeln zirka 80 Meter weit vom Ufer hinausgebracht, was eine komplizierte Angelegenheit war für jemanden, der das zum ersten Mal machte.

Damit der kräftige drei- bis vierpfündige Köderfisch nicht gleich wieder vor das Ufer schwamm, wurde erst der an einem Stein verankerte Luftballon hinausgebracht. Zwischen diesem „Anker" und der eigentlichen Montage (auf die ich später noch eingehe) hakte man mit zwei Karabinern eine dünne 15er Schnur ein. Dieses Zwischenstück war nur zwei Meter lang und riß ab, sobald ein großer Fisch den Köder packte und mitnahm. Auch wenn man später die Angel einholte, wurde die Verbindungsschnur gesprengt, und der Luftballon blieb draußen. Unter der Sonne des neuen Tages würde er rasch platzen.

Die Schwierigkeit bestand darin, daß sich ein erfahrener Bootsführer möglichst im Rückwärtsgang vorsichtig an den vorher hinausgebrachten Ballonanker herantastete, während sein Begleiter sich im richtigen Moment hinüberbeugte, um den Karabiner einzuhaken und genauso rasch den vorbereiteten Köderfisch samt Pose ins Wasser warf. Das alles mußte bei laufendem Motor und kaum zu berechnender Wind- und Wasserströmung geschehen.

Karpfen und Döbel waren also draußen und Rudi weitergefahren. Er hatte uns mit dem Boot zurückgelassen. Von neun bis um drei in der Früh starrten wir nun auf die beiden Knicklichter, die uns immer dann in Aufregung versetzten, wenn sie ihre Wanderung beschleunigten, wenn der Köder also von einem Raubfisch verfolgt wurde.

Spannung, als einer der Schwimmer mehrmals tauchte, aber immer wieder vor dem Anschlagen hochkam. Der große Karpfen zog offenbar die schwere Korkpose selbst unter Wasser, wenn ihm sein Verfolger zu nah kam. Als das andere Knicklicht mit einem vehementen Ruck verschwand und einige Sekunden unten blieb, schlug ich an und spürte im selben Moment, daß der Wels wieder losließ. Bißspuren bewiesen später eindeutigen Welskontakt.

Nach der Attacke beendete der Döbel seine Wanderbewegungen. Er war zu schwer verletzt. Unsere erste Welsnacht neigte sich dem Ende.

Andere Angler waren erfolgreicher. Dabei gab es hier ausgesprochene „Wallerjäger“, meistens bayrische Spezies, die jeden ihrer Urlaube mit der Jagd auf große Welse verbrachten, irgendwo in Europa, sei das in Deutschland am Regen, im rumänischen Donaudelta oder an einem Fluß in Jugoslawien.

Diese Angler waren süchtig nach Welsen, so wie manche Jäger die Spannung der Hirschbrunft oder den Nervenkitzel der Büffeljagd immer wieder suchten.

Einer von diesen Wallerspezialisten hatte in der Nacht einen Traumwels von knapp 100 Pfund gelandet. Ein Prachtkerl von einem Waller mit riesigem Maul und einen halben Meter langen Barteln. Wunderschön in Ocker, Braun und Grau marmoriert und fast zwei Meter lang!

Das gab Ansporn und war Anreiz. So ein schöner Fisch beflügelte.

Wie lief so ein Angeltag ab? Frühstück gab es in der Pension von neun bis zehn. Danach widmeten wir uns bis zirka um ein Uhr mittags dem Köderfischfang. Abends nochmals zwei bis drei Stunden Stippen auf Döbel, Karpfen und Rotfedern, wobei das Anködern mit lebenden Fischen in Spanien (noch) erlaubt war.

Das Beschaffen geeigneter Köderfische nahm jedenfalls soviel Zeit in Anspruch wie der nächtliche fünf- bis siebenstündige Welsansitz. Das war bis auf ein paar Stunden Schlaf Angeln rund um die Uhr. Angeln, das aber nie langweilig wurde.

Unser Platz zum Stippen heute vormittag sollte der Rio Ebro sein, der sich vor der Staumauer auf Fußballplatzbreite weitete. Hunderte, ja Tausende von Karpfen sonnten sich dort in kleineren und größeren Schulen. Sie schnappten nach Luft und nahmen wohl auch diesen oder jenen Leckerbissen von der Oberfläche.

Die vielen leeren Maisbüchsen am Ufer verrieten, daß sich auch die Einheimischen an diesem Platz ihre Karpfen holten. Hier und da sogar eine verwitterte Platznummer, die auf einen Wettkampf schließen ließ.

Als wir das Ufergebüsch hinunterhangelnd zum Fluß kamen, sonnte sich dort eine große Schlingnatter, verschwand sofort im Wasser und tauchte perfekt. Handbreite Schwalbenschwanzfalter gaukelten vorbei. Und über allem der laute, ohrenbetäubende Gesang der Zikaden.

Wie erwartet, interessierten sich die Karpfen an der Oberfläche nicht für die treibende Brotkruste. Mit der Stachelschweinpose und Mais oder Made am 16er Haken gelang uns der Fang von Rotfedern, Döbeln und einem einzigen Karpfen. Andere verloren wir, da wir keinen Kescher mithatten und beim Herausheben über die steile Böschung der Haken ausriß oder das Vorfach platzte. Sechs Köder waren schließlich im Setzkescher. Die mußten für eine Welsnacht reichen.

Als wir die Fische vom Ebro zum Boot brachten, wo sie bis zur Ausfahrt am Abend frisch gehalten wurden, segelte ein Fischadler in großer Höhe auf der Suche nach Beute über dem See. Aus welcher Entfernung der Vogel Fische entdecken konnte!

Wir selbst flohen vor der Gluthitze des spanischen Sommers in den Schatten und die relative Kühle der Unterkunft. Das taten die Bewohner von Riba Roja auch. Alles machte Siesta, Tiere wie Menschen. Alle schotteten sich ab. Die Straßen lagen verwaist. Im Schatten der Mauern schliefen die Katzen, hinter den Rolläden die Menschen. Nur das gedehnte, quietschende „Iii-aaaah . . .“ eines Esels irgendwo in einem Stall durchbrach die Stille.

Gegen acht Uhr abends fuhren wir hinaus. Auch diesmal vorbei an der senkrecht in den See abfallenden Mauer der Klosterruine. Die Mauer bröckelte. Der bergab kullernden Steine schluckte der See. Vergangenheit, die vor Jahrhunderten ihren Ursprung hatte.

Später lag an unserem Weg der aus dem Wasser ragende Glockenstuhl einer Kirche. Die ehemalige Dorfkirche einer im Stausee versunkenen Gemeinde. Vergangenheit, die erst Jahrzehnte zurücklag.

Weitere Zeugen der Vergangenheit lernten wir ungewollt kennen, als uns nämlich Donnergrollen, die Zickzackmuster der Blitze und kurz darauf Regen wie aus Schleusen an Land flüchten ließen. Eines der seltenen spanischen Sommergewitter.

Hinter der flachen, verkiesten Bucht lag über uns am Hang das ummauerte Rechteck des Friedhofs mit dem reich verzierten Torbogen. Weiter unten in einem langgestreckten Gebäude suchten wir Zuflucht. Es handelte sich um ein Gefängnis. Vergitterte Fenster, große und kleine Zellen, ein großzügiges Treppenhaus. In den Innenhöfen wucherten Bäume, deren Zweige zu den Fenstern hereinschauten.

Aus dem Platzregen wurde ein Dauerregen. Als sich das Blitzen und Donnern nach Süden zum Meer hin verzog und nur noch ein fernes Grollen und Wetterleuchten geblieben war, suchten wir uns einen Platz nicht weit von unserem Zufluchtsort.

Den ersten Köderfisch hatten wir hinausgelassen und fuhren noch etwa 50 Meter, um erst dann zu ankern. Den zweiten Fisch wollten wir beim Boot ins Wasser lassen. So konnten sich die beiden nicht behindern und deckten ein größeres Areal ab.

Noch beim Vorbereiten des zweiten Karpfens war die erste Pose getaucht. Das merkten wir aber erst, als schon Schnur von der weich eingestellten Rolle gezogen wurde. Nach dem Anschlag ein enormer Widerstand. Doch suchte der Gehakte nicht das Weite. Es war gleich von Anfang an mehr ein bohrender Widerstand von ein und derselben Stelle. Man spürte ein Rucken in der Schnur, das sich bis in den Rutengriff übertrug, wenn der Wels mit dem schweren Haupt hin und her schlug.

Ich gewann keinen Zentimeter, obwohl ich das manchmal glaubte oder besser hoffte. Denn nach dem Heben des Ankers drillte ich mich selbst an den Fisch heran. Wir kreisten über dem Wels, der da unten längst in seinem Versteck saß; der sich schon in der Höhle verkeilt hatte, bevor ich den Anhieb setzte. Wir hatten das Abtauchen der Pose leider zu spät bemerkt.

Irgendwann riß die Schnur. Denn ich wollte es mit Gewalt versuchen. Und aus war der Welstraum für diese Nacht. Keine weiteren Bisse.

Wir brachen ab, zumals sich der Dauerregen wieder zu einem Platzregen, mit Hagel vermischt, begleitet von Sturmböen, Blitzen und Donnern gemausert hatte. Kam noch der Fahrtwind hinzu, wurde es im Boot bitterkalt. Tief duckten wir uns hinein, waren bei der Rückkunft trotzdem naß und durchgefroren bis auf die Knochen. Die drückende Schwüle in unserem Quartier, das keine Ventilatoren besaß, empfanden wir zum ersten Mal als wohltuend.

Am nächsten und übernächsten und am darauffolgenden Abend machten wir wieder diese herrliche Ausfahrt, wenn die Sonne schon nicht mehr so heiß brannte, der Gesang der vielen Zikaden aber noch wie eine große, vibrierende Glocke über dem trockenen Land lag.

Wieder passierten wir die historische Klostermauer, später den Friedhof oben am Hang und unten am See das Gefängnis. Wieder brausten wir am alten Glockenstuhl der Kirche vorbei und an der Ruine der Burg auf der Bergkuppe. Wieder ließen wir die verfallenen Mauern um betagte Olivenhaine zurück und die verlassenen Höfe, deren Dächer längst eingefallen waren. Bäume, die sich in den Zimmern gesät hatten, überragten die Dächer.

Wir stippten in unserer bekannten Bucht wie all die Abende zuvor. Ein anheimelndes, stilles Fleckchen, wie jede andere Bucht hier, mit der Jagd der Libellen über dem Ried und schneeweißen Seidenreihern, die im Uferschlamm staksten.

Als uns Rudi gegen acht Uhr auflas, hatten wir genug Köder. Seinem Boot folgten wir weiter in westliche Richtung bis zu seinem speziellen Welsplatz, der ein lagunenartiges Flachwasser war. Stämme und Äste toter Olivenbäume ragten heraus, die wie Fossile wirkten. Und ein Schilfgürtel schützte das Ufer.

Wo das Ried eine Lücke besaß, gingen wir an Land, brachten die Köder dort aus, wo das Flachwasser abfiel ins Tiefe. Das war etwa 100 Meter vor dem Ufer. Rudi hatte seine Freunde Klaus und Peter mitgebracht, so daß insgesamt acht Angeln auf den großen Biß warteten.

Während es sich jeder am Ufer bequem machte, jeder auf seine Weise: Rudi auf seiner Klappliege, seine Freunde mit einer Dose Bier, erkundeten wir das Hinterland. Es bestand aus dem verwucherten Garten eines ehemaligen Anwesens. Oliven-, Pfirsich- und Zitrusfruchtbäume ragten über schnellwüchsige Binsen, Gräser und Ginsterwildnis. Die reifen Tomaten probierten wir und fanden sie köstlich!

Beim Angelplatz zurück hatte Peter schon einen Biß und war mit Rudi im Boot. Minuten später sah man beide mit hängenden Köpfen. Peter fluchte über den fünften Wels, den er in den vergangenen vier Nächten zwischen den „verdammten“ Oliven verlor. Und es waren alles starke Fische gewesen. Wenn die Schnur mit der Rinde in Kontakt kam, war sie sofort durchgerieben. Die Rinde wirkte wie ein Reibeisen.

Mit welcher Montage angelte man nun auf Wels? Zu empfehlen waren drei bis dreieinhalb Meter lange Meeresruten von 300 bis 500 g Wurfgewicht mit starkem Rückgrat. Wir selbst benutzten Pen-International-Multirollen. Häufiger sah man große Stationärrollen mit einem vorderen Trommeldurchmesser von über 70 Millimetern.

An Schnüren kamen 60er und 80er „monofile" in Frage und ein zirka zwei Meter langes Dacronvorfach von 50 lbs (23 kg Tragkraft), wobei die Mitangler fast ausschließlich Dacron auch als Hauptschnur verwendeten.

Zwei 3/0 Drillinge im Abstand von 15 Zentimetern geknüpft, wurden einer im Maulwinkel und der andere an der Rückenflosse eingehakt. Als Pose eignete sich eine große Hechtpose oder ein Luftballon, auf den man das Knicklicht mit Tesafilm klebte, um den Biß auch bei Dunkelheit beobachten zu können.

Doch zurück in die Nacht des letzten Julitages auf den ersten August. Es surrte plötzlich Schnur von meiner Rolle. Das Knicklicht war längst getaucht. In einer einzigen, geraden Flucht zog der Waller fünfzig Meter ab: „rraa – rraa". Und noch einmal: „rraa – rraa – rraa". Welch schöne Musik für mein dösendes Gemüt!

Ich war aufgesprungen, nahm Tuchfühlung auf, stellte die Bremse fester und schlug zwei-, dreimal mit aller Kraft an. Als der Haken gepackt hatte und der Fisch ihn spürte, riß er mir fast die Rute aus der Hand. Ich konnte nur halten, halten, halten. Er mußte ein Riese sein!

Was sich nun abspielt, weiß ich selber nicht ganz genau. Ich habe wohl soviel Adrenalin im Blut, daß ich das Gespür und die Erinnerung für die Zeit und Einzelheiten verliere. Alles geschieht wie in Trance.

Rudi ist gleich im Boot und hat den Motor angelassen. Ich mit der Rute hinterher. Möglichst rasch aus dem von Olivenbaum-Torsen „verseuchten" Flachwasser ins Tiefe. Mit viel Glück gelingt uns das, obwohl der Wels mit Macht zurück zum Ufer will, wo seine Höhle wartet.

Die Rute wie ein Flitzbogen gekrümmt und die Leine wie eine Klavierseite gespannt, tuckern wir langsam aber stetig in Richtung Seemitte. Das Material wird extrem belastet. Uns bleibt aber gar keine andere Wahl.

Hier im Tiefen beginnt der Tanz erst richtig! Rudi hat den Motor ausgestellt und hochgeklappt, um den Drill nicht durch die

Schraube zu gefährden. Der Waller schleppt das Boot glatt hinter sich her und wird dadurch müde. Er kreist ums Boot, schlüpft einige Male unten durch. Sein Rucken und Schlagen erschüttert die Schnur, überträgt sich auf die Rute. Wann wird er sich uns zeigen? Noch zieht er bohrend in Richtung Grund und läßt sich allenfalls bis in halbe Seetiefe hochpumpen.

An Land, wo die andern in die Nacht lauschen, muß sich der Drill genauso dramatisch anhören: „Paß auf, Fritz! Er geht unterm Boot durch! Vorsichtig, gib Schnur nach! Er setzt zuviel Druck drauf!" So und ähnlich schreien wir im Eifer des Drills. Wir schreien uns sogar an. Rudi und ich stehen unter Tausenden Volt Spannung.

Endlich zum ersten Mal das Schlagen des Fisches an der Oberfläche. Noch nicht nah am Boot, weiter draußen. Als Rudi dorthin leuchtet, ist er schon wieder getaucht. Noch einmal reißt er zwanzig Meter von der Rolle. Da läßt sich gar nicht gegensteuern, sonst läuft man Gefahr, daß der Haken ausreißt oder die Schnur platzt.

Dann pumpe ich ihn endlich näher ans Boot, höher und höher. Jetzt endlich bewundern wir ihn in ganzer Länge und Größe, wie er sich an der Oberfläche wälzt, wie er sich dreht und wieder und wieder mit dem wuchtigen Schwanz schlägt. Imponierend das mächtige Haupt, knapp zwei Meter seine Länge und rund hundert Pfund schwer, ist Rudis erste Schätzung. Ich selbst hätte keine Prognose abgeben können.

Noch dreimal taucht der Wels, jeweils wenn er das Boot und die Taschenlampen sieht. Vielleicht wittert er uns auch, oder er nimmt die Erschütterungen des Wassers wahr. Noch dreimal kurbel ich ihn heran, jedes Mal auf einer anderen Seite des Boots, da er entweder unten durchschlüpft, oder wir uns mit dem Kahn gedreht haben. Dann scheint der große Wels reif für die Landung.

Rudi übernimmt die Rute. Mit seinem wackligen Gaff, auf das er so schwört, komme ich ganz und gar nicht klar. Es gleitet zigmal am glitschigen Welskörper ab. Ein allerletztes Mal taucht der Waller, aber nur wenige Meter. Zeit für den Wallergriff! Für mich eine Premiere.

Der Griff unter den Unterkiefer, den ich schon am toten Objekt im Camp geübt hatte, gelingt. Doch ist dieser Wels einfach zu schwer. Oder ich bin zu unerfahren mit solchen Brocken. Kurz entschlossen packe ich mit der anderen Hand ins Maul und schwupps! – landet das „Monstrum" beidhändig im Boot.

Wie sehr ich mir meinen Handrücken an den feinen, scharfen Hechelzähnen aufgerissen habe, sehe ich erst viel später nach der Rückkehr im Hellen. Im Moment spüre ich keinerlei Schmerz. Wir beide stimmen ein Jubelgeheul an, das bis hoch in die Berge schallt. Wir liegen uns in den Armen und tanzen im Boot, daß es droht zu kentern. Mein Traum von einem großen Wels hat sich hier und jetzt in der fünften Angelnacht erfüllt.

Keine Stunde später hatte Peter noch einmal bei einem Kapitalwels das Nachsehen, der wieder die Schnur ruckzuck nach nur fünf Minuten Drill an der Rindenfeile der Oliven durchscheuerte. Schluß für heute.

Da die anderen schnellere Boote besaßen, waren sie bald um die nächste Seebiegung verschwunden. Das Motorengeräusch verebbte und verlor sich hinter den Bergen.

Trotz der hohen Wände rechts und links und der relativ schmalen Wasserstraße dazwischen, die eigentlich Orientierung genug hätte sein sollen, fuhr man in stockdunkler Nacht längst nicht so sicher wie bei Tageslicht. Denn es leuchtete heute kein Stern und kein Mond herab. Es war ganz bedeckt.

Um die engen Abgänge aus den Pools zu finden, drehten wir oft Runde um Runde, bis sich endlich mit einem Seufzer der Erleichterung die Passage auftat. Und weiter ging's!

Im Gefühl des Erfolgs wurde die Rückfahrt trotzdem nicht lang. Mehrmals schallte mein spontanes Jubelgeschrei aus tiefstem Herzen über den dunklen See, bis wir nach knapp zwei Stunden Bootsfahrt anlegten.

Da schlummerte der Steg schon gottverlassen. Irgendwo darunter hatte Rudi mit einem Seil unseren Wels vertäut. Er selbst war in seinem Wohnwagen, die anderen in ihren Zelten oder im Quartier von Riba Roja. Im Osten rührte sich zaghaft die Dämmerung.

Ein schönes Fleckchen Erde, wo wir auf Welse jagten, dachte ich noch, als ich aufgekratzt, aber doch todmüde zu Bett ging, als mich kurz darauf der Schlaf fing und wir das Frühstück total verschliefen.

In der kommenden Nacht noch einmal diese Spannung, dieses einmalige Erleben, wenn lange nach Sonnenuntergang endlich das Knicklicht leuchtete und sich aus dem Zwielicht von Tag, Dämmerung und Nacht als glühender, durch die Wanderung des Köderfisches dauernd wippelnder Pin hervorhob. Das war die Stunde des Welses!

Jetzt konnte die Pose jeden Moment tauchen. Jetzt träumte und rechnete man jeden Augenblick mit dem großen Biß. Jetzt, wo ringsherum ein unermüdliches Platschen, Springen, Rauschen und Rauben anhob von Wallern, Schwarzbarschen, Döbeln, von anderen Räubern und ihren Verfolgten – eine Geräuschkulisse, so laut und so intensiv, wie ich sie an keinem anderen Gewässer bisher erlebt hatte . . .

Jetzt liefen die Phantasie, die Träume, die Vorfreude und das Erleben in dem einzigen Punkt zusammen, daß endlich der große Wels beißen, daß dieser Waller gehakt und auch sicher gelandet würde.

Mein Vater sollte das noch einmal genießen und einen knapp fünfzig Pfund wiegenden Fisch erbeuten.

Als Resümee blieb, daß es meiner Meinung nach kein besseres Gewässer für Grauwelse in ganz Europa gab als diesen Stausee Embalse de Riba Roja. Und daß dieser See nicht nur ein hervorragendes Welsrevier ist, sondern auch exzellente Fischwaid bot für kapitale Schwarzbarsche, Karpfen, Döbel und andere Friedfische.

Nur nutzte man diese Möglichkeit normalerweise nicht, wenn bei einem Aufenthalt von nur einer Woche der große Wels das anglerische Ziel blieb.

Natürlich wuchsen auch hier die Bäume nicht in den Himmel. Es kam zwar vor, daß ein Boot in einer einzigen Nacht vier Kapitale landete. Doch blieb das die Ausnahme. Mit anglerischem Können, mit Ausdauer und dem Quentchen Glück fing fast jeder „den Wels seines Lebens" in einer Angelwoche, wobei ein guter Fisch bei zirka 50 Pfund begann. Nach oben gab es ohnehin kaum eine Grenze, allenfalls durch das Material.

Denn obwohl im See bewiesenermaßen bis 300 Pfund schwere Wallerriesen hausten, scheiterten Drill und Landung der Welse über 100 Pfund an der Belastbarkeit von Schnur, Rolle und Rute.

Karl Andree, der – wie eingangs erwähnt – den See für Welsangler erschloß, hatte eine Prämie von 1 000 DM für den ersten Hundertpfünder ausgesetzt. Und der Gewinn stand noch aus. Mein Fisch brachte es auf 94 Pfund. Der durchschnittliche Trophäenwels wog 60 Pfund, wobei man auf einen von dieser Güte rund vier bis fünf Halbstarke, also 10- bis 30-Pfünder rechnen konnte.

Morgens um fünf vor der Rückfahrt noch einmal Schwitzen und Schuften im stickig schwülen Quartier beim Verpacken der tiefgefrorenen Welstrophäen. Dagegen wehte draußen ein erfrischend kühles Lüftchen. Im Osten glomm das Morgenrot und trieb die Dämmerung aus den Tälern. Als wir dem Urstromtal des Rio Ebro folgend hinunterrollten zur Küste, der wir dann entlang der Costa Daurada bis Barcelona treu blieben, ging über den einsamen Bergen die Sonne auf.

Doch spätestens in der Großstadt hatten uns die Hektik, der Lärm und der Mensch, das laute Lebewesen, wieder eingeholt. An die stillen Tage auf dem Welssee dachten wir mit Wehmut. Sie waren für uns endgültig Erinnerung geworden.

Sardische Muränen

Auf dem Hof meiner Mutter im sauerländischen Meerhof wuchs ich auf: Ein Dreh- und Angelpunkt meiner Kindheit war Tante Luzi, die körperlich stark behinderte jüngste Schwester meiner Mutter.

Tante Luzi wohnte mit auf dem Hof. Sie nahm sich für uns Kinder immer viel Zeit. Ich kannte sie nur lustig und guter Dinge. Sie besaß Humor und war ein herzensguter Mensch. Natürlich wurden wir Kinder von ihr sehr verwöhnt.

Mein gleichaltriger Vetter Walter und ich waren nun volljährig geworden. Die taufrischen Führerscheine in der Tasche schmiedeten wir allerlei Pläne.

Da traf uns wie ein Schlag die Nachricht vom plötzlichen Tod der Tante. Sie war nur fünfundvierzig Jahre alt geworden.

Nach den Tagen der Betroffenheit und Trauer, die wie eine schwere, bleierne Glocke über dem Hof und auf uns allen lastete, flohen Vetter Walter und ich an einem strahlenden Augustmorgen und nahmen Kurs gen Süden. Der Melancholie und dem Bedrücktsein kehrten wir den Rücken.

Wir wollten und würden Tante Luzi in guter Erinnerung behalten, doch sehnten wir uns jetzt nach der frischen Brise des Meeres und nach der Sonne des Südens. Unser Ziel war der südwestliche Zipfel Sardiniens. Dort hofften wir Freunde zu treffen, die vorausgereist waren. Künstlerkollegen waren das, Maler und Bildhauer. Wir selbst träumten damals auch von einer steilen Künstlerkarriere und steckten voller Illusionen.

An diesem Morgen Mitte August beluden wir also den Ford Escort. Es war der erste Wagen meines Vetters Walter.

Von der Anfahrt war mir der Hafen Genuas noch in Erinnerung geblieben. Ein von Menschen, Autos, Krads und Schiffen überquellender Hafen: schrill, laut, hektisch. Nach Öl, Fisch, Schweiß und Benzin stinkend. Drückend heiß, sogar jetzt noch nach Sonnenuntergang.

Dahinter im Glast der untergegangenen Sonne, umhüllt von einer Glocke aus wabernder Hitze und Dunst, stieg die pulsierende, ineinander verschachtelte Stadt wie ein Krebsgeschwür die Hänge und Hügel hinauf. Dieser Moloch von Stadt und der Hafen bildeten eine Arena. Dort oben die Mauern, unten der Hexenkessel des Hafens, schwitzend und brodelnd.

In Deutschland gab es damals noch keine Sommerzeit, weshalb wir durch die Zeitverschiebung um ein Haar die Fähre verpaßten. An Tauen hob man unseren Wagen als allerletzten an Bord. Ein Schlepper zog das Schiff ins offene Meer. Die Dämmerung brachte endlich Kühle und erfrischenden Wind. Die Schiffssirene heulte auf. Ein letzter Gruß an die Winkenden. Unsere Seefahrt und das Abenteuer Sardinien hatte begonnen.

Wie lange, ob gut oder ob ich überhaupt richtig schlief auf dem zugigen Deck, eng aneinandergekauert zwischen sardischen Bauern und italienischen Händlern, wußte ich nicht mehr. Doch erinnere ich mich noch genau an die erste, wärmende Sonne. Wie wohlig sie die kalten, steifen Glieder durchströmte! Als tauchte man in eine Wanne angenehm warmen Badewassers.

Die ersten Inselmöwen segelten heran und erreichten unsere Fähre. Delphine begleiteten uns. Viel zu langsam kam Sardinien näher. Unsere Ungeduld wuchs. Bis unser Wagen wieder an Seilen als allerletzter von Deck kam, sollten noch Stunden vergehen.

Die geschäftige Hafenstadt Porto Torres blieb zurück. Es ging hinaus aufs Land.

Hecken aus meterhohen Kakteen, dann wieder grobe Steinwälle friedeten Weiden und Felder ein. Gelb, verdorrt, leidend unter der Sonne, lag das Land da.

Und immer wieder Esel. Manche mit Reiter, zogen sie obendrein einen Karren oder waren mit Holz oder Stroh beladen. Die Lasten zu beiden Seiten so tief herabhängend, daß sie über den Boden schleiften. Andere mit Körben voller Gemüse, daß man fürchtete, die grauen Langohren brächen zusammen; daß man sich wunderte, wie so schlanke Fesseln überhaupt solche Lasten tragen und die Balance halten konnten.

Und weiter gen Süden. Ein ganz bestimmter Eindruck, der sich in meine Erinnerung grub: Mittagshitze, flirrend, brütend, schwer wie flüssiges Blei und so still, daß man eine Feder hätte fallen hören. Es war Mittag in einem winzigen Dorf irgendwo im heißen Südwesten der Insel.

Um den weiten, schmucklosen Dorfplatz blendende, weiße Fassaden. Alle Fenster, sämtliche Türen waren verschlossen. Sie waren für mein Empfinden verrammelt. In der Mitte des Platzes ragte dunkel der Brunnen auf: ehern, unverrückbar, zeitlos wie eine Nuraghe (die sardischen Wehrtürme der Bronzezeit).

Ein schwarzvermummtes Wesen, eine Frau, überquerte grußlos und eilig die Leere des Platzes. Tauben klapperten davon. Ihr Schwingenschlagen gab ein Echo, ein lautes, klapperndes Echo, das sich fing in der Enge der Gassen. Dieser Ort wies uns ab.

Der späte Nachmittag versöhnte uns wieder. Die Hitze wich den Schatten des sich neigenden Tages. Die Abendsonne ruhte mild und rot auf den Korkeichen. Die Sonne machte ihre Rinde plastisch und runzlig. Sie modellierte durch das Spiel von Licht und Schatten die Oberfläche und formte daraus Skulpturen.

Dann Gebirgszüge mit dichtester Macchia, die ganz dunkel wirkten. Hier und da hineingetupft die hellen Vließe verwilderter Ziegen. Auf oft halsbrecherischen Pfaden quälten wir uns durch den Campidane.

Das Ziel entschädigte für alle Mühen. Der Ort Buggerru lag auf der Sohle einer Schlucht, die sich zum Meer hin öffnete. Buggerru schmiegte sich in die Felsen, geschützt wie ein Schwalbennest. Die Häuser klommen die Hänge hinauf, so hoch, wie es eben noch ging. Bis die Felsen zu steil wurden. Die Häuser klebten am Berg.

Jedes Anwesen war umwachsen von den Ranken der Reben, von Sträuchern und Zwerggewächsen. Auf jedem kleinsten Vorsprung sproß Grün. Idylle im sonneatmenden Fels. Tagsüber ein Ofen. Erst die Nacht brachte Kühlung. Das Meer war hier schweigsam und still.

Dann der erste dicke Wermutstropfen. Wie sehr hatten wir uns auf das Wiedersehen mit den vorausgereisten Freunden gefreut! Jetzt sagte man uns, sie seien schon abgereist, angeblich wegen der Hitze.

Wir waren zutiefst enttäuscht und zerschlagen, spürten erst jetzt die Überanstrengung und die Strapazen der Anreise.

In der einzigen Pension des Dreihundert-Seelen-Dorfes gab es für uns nur ein einziges, winziges Zimmer, in dem die Dielen bei jedem Schritt knarrten. Zum Abendbrot reichte man Weißbrot, Thunfisch und Wein.

Mit dem Einbruch der Nacht saßen alle vor den Häusern an der breiten und einzigen Straße, die zum Meer und zum Strand hinunterführte. Dort unten plärrten Radios. Dort wurde getanzt. Man flirtete, trank, sang und lachte viel. Die See dahinter lag ruhig, windstill und blank. Der Abend war sehr lau und immer noch warm. Wir beide waren viel zu aufgekratzt, um Schlaf zu finden.

Frühmorgens weckte uns vom Berg herabpolterndes Erzgestein, das man auf einer eisernen Rutsche zu Tal ließ. Lauwarm war das Wasser zum Waschen. Denn auf der Leitung stand längst die unbarmherzig brennende Sonne.

Kühlung brachte erst die Brise am Meer außerhalb des entsetzlich heißen Dorfes. Doch der sanfte, die Haut streichelnde Wind täuschte Linderung vor und war tückisch. Nachts bekamen wir Fieber. Ich wußte nicht wohin mit meinem geschundenen Rücken, fand überhaupt keinen Schlaf. Walter phantasierte und hütete die nächsten Tage das Bett. Ihm war richtig elend, er war sterbenskrank.

Ich erkundete deshalb allein die unbewohnte, rauh bizarre Küste nördlich von Buggerru. Flammend rot stieg der Gallurafels aus dem Mittelmeer. Oben auf der Hochfläche war die Erde verdorrt, steinig und rissig. Spärliches Dornicht krallte sich darin fest. Eidechsen huschten davon. Schnarrend erhoben sich rotgeflügelte Heuschrecken.

Ein Eselspfad führte hinunter zur See. Dort unten Geröllfelder blanker, riesiger Kiesel. Hier und da von der zurückweichenden Flut gefüllte Gumpen, in denen Krebse wimmelten und silbern blitzende Fischchen. Die Steine waren übersät von Seeigeln in allen Größen.

Zwei etwa sechzehnjährige Jungs treffe ich dort unten. Es sind Muränentaucher, die mir zeigen, wie man Seeigel vor Ort genießt. Sie brechen die Igel auf, wischen die an der Innenseite haftenden Eier mit Weißbrot heraus – ein Geschmack wie gesalzenes Brot – und spülen mit Rotwein nach.

Man leiht mir Schnorchel, Maske und Flossen, lädt mich ein mitzukommen, raus zu den Höhlen, wo die Muränen hausen. Ich habe Angst, wirkliche Angst, kraule trotzdem hinterher. Denn mich lockt wie so oft „das Abenteuer um die nächste Ecke". Mit Leinen, an denen Ballons sind, sichern wir uns. Doch bleibt niemand zurück, der uns notfalls hilft.

Höllisch laut knallt die Brandung gegen die Felsen. Umberto, so heißt einer der beiden neuen Freunde, kennt einen Weg zu dem unter Wasser liegenden Felsband, eine Art Riff. Dort hat die See zur Landseite hin keine Kraft mehr. Dorthin schwimmen wir und beginnen systematisch zu suchen. Jede Nische, jede Höhle, jedes dunkel gähnende Loch wird inspiziert.

Und Umberto findet eine Muräne. Sie steht nicht sehr tief in einer Felsspalte, lauernd, unbeweglich, starr wie aus Stein.

Der kräftige, schlangenförmige Körper ist im Dunkel der Höhle nur zu ahnen. Die kleinen Kiemen und die hellen, winzigen Augen fallen mir auf. Ihr Maul ist groß und reicht bis hinter die Augen. Es besitzt Reihen langer, sehr spitzer Zähne, die man allesamt sieht, da das Maul geöffnet bleibt.

Ich halte Abstand von ihrem Versteck. Umberto taucht allein hinab, hält in einer Hand den Stecken mit der Schlinge vorne. Dieses Fanggerät dient auch als Waffe, falls der Fisch angreift.

Umberto reizt das Tier. Die Muräne schnellt hervor, blitzschnell. Im Bruchteil einer Sekunde ist die Schlinge über dem Kopf und der Fisch gefangen. Die starke, fast anderthalb Meter lange Muräne windet sich, schlägt mit dem Haupt. Erst jetzt sehe ich ihre wirkliche Größe. Ich habe Angst, daß der Stecken bricht oder Umberto sie nicht halten kann.

Aber er beherrscht den zornigen Fisch, bringt ihn sogar nach oben und schafft ihn an Land, so schnell, daß ich Mühe habe, hinterher zu paddeln. Später studiere ich respektvoll die nach rückwärts geneigten Zähne.

Umberto meint, sie verbeißen sich manchmal derart, daß man sie nicht mehr abschütteln kann. Ein Sekret aus Gaumendrüsen, das in die Wunde gelangt, läßt den Biß dann schlecht heilen und oft vereitern. Umberto hat da selbst schlechte Erfahrungen gemacht und verweist auf tiefe Narben an seinem Unterarm. Giftdrüsen besitzen Muränen allerdings nicht.

In den folgenden Tagen begleite ich die beiden noch zweimal bei erfolgreicher Muränenjagd. Jeder Ausflug ist aufregend und spannend. Jeder Trip zu den Höhlen bringt Nervenkitzel.

Das Fleisch der Muränen ist nur zweite Wahl, zu bestimmten Jahreszeiten sogar giftig.

Walter hat sich wieder erholt. Wir gewinnen neue Freunde. Daß unsere Bekannten vor uns abgereist sind, ist längst vergessen und im nachhinein sogar gut. Man bleibt nicht unter sich, sondern öffnet sich und geht auf die Menschen zu. Auch mein gemarterter Rücken ist genesen. Wir beide haben uns akklimatisiert und genießen den Urlaub.

Ein älterer Mann lädt uns ein zum selbstgekelterten Wein. Sein niedriges Haus schmiegt sich in den Fels. Die groben Mauern aus Naturstein sind berankt von Efeu und Wein. Ganz verwunschen dieses Anwesen.

Im Blätterdach der Pergola hängen Käfige mit Stieglitz und Zeisig. Aus dem Berg dahinter plätschert eine Quelle hinab über Steine und Klippen und gelangt bis ins Haus, wo sich ein Teich befindet und das Wasser auffängt.

Haus und Natur sind hier miteinander verwoben und bilden eine Einheit. Pflanze und Tier, das Element Wasser, der Mensch, sein Haus und der Berg sind eine harmonische Symbiose eingegangen.

Wir haben uns viel an diesem Abend zu sagen. Wir erzählen von unserer Heimat und lauschen dem alten Mann. Der Wein ist süffig und erfrischend. Sternenklar wölbt sich der Nachthimmel über uns. Die Nacht bleibt lau und warm. Weit und zufrieden wird dabei das Herz.

Angeln in Masuren, Südnorwegen und in der Türkei

Wir verlassen Europa. Nach einer Stippvisite in Masuren und an norwegischen Fjorden geht's zur Galatabrücke mitten ins laute, pulsierende Istanbul, wo Orient und Okzident sich berühren und miteinander verschmelzen. Wo die Grenze zwischen Europa und Asien mitten durch die Stadt verläuft, mischte ich mich unter die dicht an dicht stehenden Angler und versuchte mein Glück auf

Brassen und Grundeln. Doch davon später. Folgen Sie mir erst einmal ins sommerliche Masuren.

Ich war Student der Humanmedizin. Meine sechswöchige Famulatur an der Uniklinik von Bialystok lag hinter mir. Es war eine ereignisreiche Zeit gewesen. Viele Freunde hatte ich gewonnen, eine faszinierende Stadt Ostpolens mit weitläufigen Grünanlagen und einer schönen ländlichen Umgebung kennengelernt.

Zigmal hatten wir im Studentenwohnheim abends auf dieser oder jener Bude gehockt. Da war ein ständiges Kommen und Gehen gewesen. Die obligatorische Wodkaflasche hatte auf dem Tisch gestanden (man kaufte ja Wodka hier nicht als einzelne Flasche wie bei uns, sondern gleich in Kisten) und die Kerze ihr anheimelndes, warmes Licht verbreitet. Unvergessene Abende!

Ja, es war eine einmalige Zeit gewesen, in der ich viel von der Lebensart eines anderen Volkes lernte, von seiner Geschichte erfuhr und der aktuellen politischen Lage. Nur von der Medizin hatte ich in diesen Wochen kaum etwas mitbekommen, was nicht nur seine Gründe hatte in der viel angenehmeren, abwechslungsreichen Ablenkung.

Nein, es gab für mich als Famulanten ganz und gar nichts zu tun. Denn zwei bis drei Patienten stand ein ganzer Arzt zur Verfügung, der sogar selbst die Blutentnahmen machte und natürlich jeden weitergehenden Eingriff, der jede Befunderhebung, jede Krankengeschichte und jeden Arztbrief selbst diktierte. Wobei mir viele Aufgaben wegen der Sprachschwierigkeiten ohnehin nicht zu übertragen waren.

Nein, es fiel für mich überhaupt keine Arbeit ab. Sogar die Ärzte langweilten sich zu Tode. Die Tee- und Kaffeepausen frühmorgens, vormittags, mittags und dann wieder am frühen und nochmal am späten Nachmittag dehnten und dehnten sich. Sie waren weit zeitaufwendiger als die achtstündige Arbeitszeit, und sie waren ein Teil dieser Zeit.

Über die miserable Motivation der Ärzte und die Gründe hierfür ließe sich noch einiges sagen. Doch führte das an dieser Stelle zu weit.

In Erinnerung habe ich eigentlich nur noch das schlechte Kantinenessen, das meistens aus Steckrübensuppe und gekochten, ungesalzenen Kartoffeln bestand.

Auch werde ich nie vergessen, welches Ereignis die erste Magenspiegelung in der Klinik war. Zu diesem „Eingriff“ hatten sich alle 30 Ärzte der Abteilung versammelt. Der bedauernswerte Patient auf seiner schmalen Liege im engen, stickigen Raum war umringt von Medizinern, die in Dreierreihen ihre Hälse reckten, um wenigstens etwas mitzubekommen. Und dann klappte die Sache nicht!

Gegen Ende der Famulatur wollte mir Oberarzt Dr. Jan Mislewitsch die Schönheit der Umgebung zeigen. Eine Autostunde nördlich der Stadt, nachdem wir durch Dörfer aus lauter Holzhäusern gefahren waren und viele Pferdefuhrwerke passiert hatten, als uns längst Föhren- und Laubwald umfing, wurde die Straße zu einem Sträßchen, das schmal und staubig war.

Verborgen im Unterwuchs schmiegten sich kleine Blockhütten an einen Hang. Hier im Feriencamp hatte mir Jan eine Unterkunft besorgt.

Wo die hohe, steile Wand des Hochwaldes endete, begannen versumpfte Brachwiesen und von Birken schütter durchsetztes Moor. Birkwild balzte hier noch. Das klagende „Qui-ä“ der Weihe hing über den Binsen und die Melodie des Brachvogels. „Tlaüh-traüih“ klang sein Flöten im Flug. Sein Balzruf begann mit „wüi-wüi“ ganz weich und zart, um dann immer schneller und rascher ins Rollen zu kommen.

Aus Klang geborene Perlen waren das, die sich formten, die im morgendämmernden, stillen Raum tief, rund und voll wurden, um mit einem Nachhall zu verlöschen. Die aber lange, lange noch im Ohr blieben. Längst wieder zuhause, sogar jetzt noch, wo ich dies schreibe, klingt mir die Melodie im Gedächtnis.

Durch diese einmalige Landschaft wand sich der Fluß Suprasl. Kristallklar das Wasser. Wie das lange Haar einer Meerjungfrau bewegte seine Strömung die Algen. Hier in den verkrauteten Nebenarmen und Winkeln mußten Hechte, Barsche und Zander lauern und in der Strömung Forellen. So hoffte ich nach dem ersten Eindruck am späten Nachmittag, an dem die Fische stiegen.

Noch am selben Abend ein Versuch mit der Fliege. Obwohl ich drei Ruten mithatte (zwei Spinn- und eine Fliegenrute und einige Blinker und Effzett), vermißte ich meine Fliegenkollektion, die ich offenbar zu Hause vergessen hatte.

Nachdem feststand, daß ich am Suprasl ein paar Tage angeln sollte, hatte ich leider vergeblich versucht, in ganz Bialystok ein paar gescheite Fliegen aufzutreiben. In der riesigen Stadt gab es nur einen einzigen, winzigen Laden mit Angelbedarf (und das, obwohl die Polen begeisterte Angler sind). Und dort standen nur zwei Trockenfliegenmuster zur Verfügung: eine Art Silbersegge und ein Rotspinnermodell, beides sehr kleine Ausführungen mit feinen Haken und mit Goldzwirn umwickelt.

Vor dem Beet der Sumpfdotterblumen stieg danach ein Ukelei, ein handlanges, intensiv silbernes Fischchen, das vorsichtig zupfend biß, ehe der Haken im kleinen Maul endlich hing. Die beiden nächsten Lauben (Laube = Ukelei) verlor ich.

Aber der Schwarm blieb dort, stand sehr niedrig in der warmen Spätnachmittagssonne des Augusttags. Die winzige Fliege reizte. Das Rotspinnermuster schien genau richtig (Körper: schlank, rote Wolle goldgerippt; Hechel: rotbraun vom Hahn; Flügel: graue Hechelspitzen oder Schwungfeder vom Star, möglichst licht; Schwanzfäden: zwei pechbraune Hechelfibern).

Über einem Algenbeet hingen weitere Fische. So ging das weiter und weiter. Einige der Männchen prahlten mit ihrem Laichausschlag. Für mich blieb es eigentlich nur eine Übung mit der Fliege, denn der kleine, grätenreiche Fisch war wertlos. Alle kamen zurück.

Interessant, daß man die Schuppen der Laube, die ja auffallend silbern blinkt und das Sonnenlicht unglaublich intensiv reflektiert, daß man ihre Schuppen damals zur Herstellung von Perlessenz (Essence d'Orient) für künstliche Perlen verwendete.

Der Silberglanz der Fische entsteht nämlich nicht durch Farbstoffe. Es sind Guaninkristalle in sog. Glanzzellen, die das Licht reflektieren. Eine besonders kräftige Schicht dieser Glanzzellen besitzen die kleinen Lauben. Somit ist dieser auf den ersten Blick unscheinbare Fisch etwas ganz Besonderes.

Ganz früh, lange vor Tau und Tag, pirschte ich heute zum Fluß. Eine entfernte Flußschleife, dort, wo ein Altarm einfloß, wo sich die Beete der Seerosen aus dem stillen, ruhigen Wasser fast bis zur Strömung des Hauptbettes vorwagten, hier wollte ich möglichst früh sein. Der Einstand schien mir ideal für jeden Raub-, Fried- und Edelfisch. Und natürlich spukten mir im Kopf armlange Zander und kapitale Hechte herum.

Als ich meine bescheidene Hütte verlassen und den sandigen Hauptweg erreicht hatte, stieg vor mir mit seinem typisch schnurrenden

Gesang ein Ziegenmelker auf. Ich erschrak mich zu Tode! Später im versumpften Ried rätschten Bekassinen vor mir davon. Näher zum Fluß klang aus dem Schilf weithin schallend das tiefdunkle „U-prump“ des Rohrdommelmännchens, das man im Volksmund ja deshalb „Moorochse“ nennt.

Ich war schließlich froh, als die Dämmerung einsetzte, und ihr Licht mir Orientierung gab. Zu fremd und unheimlich waren mir die Landschaft und ihre Geräusche. Als ich nahe am Ufer das erste helle Signal eines Weißstorchs ausmachte, wurde mir wohler. Das behäbig stolzierende, aufmerksam suchende, hier und da zuschnappende Langbein bedeutete: es wird endlich Tag!

Köderfische besaß ich keine, lediglich zwei Effzett und zwei Heintz-Blinker in Gold und Silber. Die fängigsten Stellen dort am Einlauf des Altarms waren aber so verkrautet und die Kiesel am Boden überzog ein so dicker Filz von Algen, daß ich in ganz kurzer Zeit drei meiner „Schätze“ verlor.

Mit dem letzten Blinker, einem 12 g leichten Heintz, fing ich einen einzigen Barsch. Ich hätte aus dieser Schule bestimmt mehrere der stacheligen Gesellen überlistet, wenn mir nicht beim nächsten Wurf auch der letzte Köder verloren gegangen wäre.

Nun ja, eigentlich hatte ich mit dieser Angelmöglichkeit in Masuren gar nicht gerechnet und deshalb nur halbherzig diese letztlich unzureichende Ausrüstung eingepackt. Den Augustmorgen in der Wildnis am Fluß hätte ich allerdings auch ohne den Fischen nachzustellen noch gerne genossen.

Denn dies war das ursprüngliche Masuren mit seinen schier unermeßlichen, stillen Föhrenwäldern, mit den Frühnebeln über den Mooren und seinen unregulierten, in weiten Windungen dahinströmenden Flüssen. Aber das ging nicht. Die Moskitos waren erwacht und trieben mich genau wie am gestrigen Abend in die Flucht, zurück in meine bescheidene Unterkunft.

Den Tag über erkundete ich die weitere Umgebung. Über Sandwege erreichte ich den Ort Suprasl, gleichnamig mit dem Fluß. Vor dem Städtchen lag ein wunderschönes gotisches Kloster, das leider dabei war zu verfallen.

Obwohl es Sonntag war, plagten sich Kolonnen von Jugendlichen beim Unkrautjäten und Ausbessern der Bürgersteige. Das war eine „freiwillige“ Arbeit, wie man sie einmal im Monat für das Regime zu verrichten hatte. Wir schrieben das Jahr 1975.

Man sah der Truppe an, wie ungern sie diese Arbeit an ihrem freien, für die streng katholischen Polen eigentlich heiligen Sonntag taten.

Um die Stadt herum hatte man das Moor entwässert, die Heide abgeholzt, die Wiesen und Felder nach Planquadraten ausgerichtet. Hier balzte der Spielhahn nicht mehr. Weder der Triel noch der Regenpfeifer und auch nicht der Brachvogel flöteten hier noch ihr Lied. Nur Elstern schäckerten aus den Gärten, die Krähen krächzten, und der Bussard miaute über der Feldflur.

Bei späteren Besuchen im Masuren, fünf und zehn Jahre danach, sah ich das alte Masuren weiter und weiter sterben!

Meine Stippvisite im Land des masurischen Dichters Ernst Wiechert ging zu Ende. Am selben Abend zurück in Bialystok packte ich „meine sieben Sachen" in den Kadett, durchfuhr am nächsten Morgen Polen 820 Kilometer von Ost nach West bis nach Swinemünde, wo ich spätnachmittags eintraf.

Am Hafen erkundigte ich mich nach den Fähren in Richtung Schweden. Ich sah den ein- und auslaufenden Pötten eine Weile zu und gesellte mich zu den Anglern auf der Kaimauer. Die Hotels am Ort waren mir armen Studenten viel zu teuer, weshalb ich mich bald wieder draußen im Wald wiederfand auf einem einsamen Waldweg vor den Toren der Hafenstadt.

Dort lümmelte ich mich auf den Rücksitz, das Fenster nur einen Spaltbreit geöffnet, obwohl es innen extrem schwül und stickig blieb. Die Moskitos zwangen mich dazu. Denn sogar durch den engen Spalt fanden so viele den Weg ins Innere, daß ich am Morgen zerstochen war.

Ich schiffte mich nach Schweden ein. Auf der Fähre nach Ystad lernte ich einen „verrückten" Polen kennen, der seinen Genesungsurlaub zu einem Skandinavientrip nutzte. Sein Fahrrad blieb im schwedischen Hafen zurück. Gemeinsam ging es Richtung Norden, unserem Ziel entgegen, das Norwegen hieß.

Die erste, sündhaft teure Übernachtung in einer Pension nahe Malmö schockte den Polen so sehr, daß er baldmöglichst umkehren wollte. Um Geld zu sparen, verschmausten wir auf dem Zimmer seine hausgemachten Würste und das mitgebrachte Brot. Auch fürchtete Norbert, mit seinem Paß nicht nach Norwegen einreisen zu dürfen.

Seine Sorge war unberechtigt. Nur ein unscheinbarer Stein markierte die Landesgrenze. Kein Schlagbaum, kein Grenzerhäuschen und erst recht keine Paßkontrolle.

Die Landschaft wurde immer grandioser und einsamer, je weiter wir nach Norden kamen. Wasserfälle rauschten über Felskanten. Weite, einsame Tundra auf den Fjällen wechselte mit steilem Hochwald in den Tälern ab. In engen Serpentinen wanden sich die Straßen.

Einmal wechselte eine Elchkuh mit Kalb über den Weg. Rings um einen See waren alle Bäume in Kniehöhe von Bibern gefällt. Hier und dort Dämme und die Burgen der Nager. Einmal strich ein großer, dunkler Vogel eine Weile parallel der Straße, um schließlich wieder in der Wildnis zu verschwinden: ein Auerhahn!

Südlich von Oslo nahm ich Quartier in der Jugendherberge des Städtchens Moss. Das Gebäude lag weit außerhalb am Seitenarm eines Fjordes. Im Ort ergänzte ich meine Angelutensilien, was in Polen ja nicht möglich war.

Angler suchen und finden rasch Freunde, wo auch immer auf dieser Welt. So tat ich mich mit einem Petrijünger aus Bremen zusammen, mit dem ich fortan meine Exkursionen unternahm.

Im Hafen von Moss gab es unser erstes Petriheil. Auf Fischfetzen hingen etliche Köhler, die spannend unter Sicht zu fangen waren. Man mußte im genau richtigen Moment den Anhieb setzen, nicht zu früh und nicht zu spät.

Die handlangen Fische transportierten wir lebend zu unserer Herberge, wo ein Steinwurf weit das schönste Hechtgewässer unbeangelt schlummerte. Einen verwachseneren, idyllischeren Altarm mit seinen bemoosten Ufern, den Felsklippen ringsherum und dem hellen Schilfsaum um die Gumpen, ein schöneres Fleckchen konnte man sich kaum vorstellen. Das alles unter hohen, schlanken Föhren gelegen.

Den jungen Köhler plazierte ich vor der Schilfkante. Dort hatte ich einen Hecht rauben gesehen, und genau dort hing er am selben Abend. Ein zweiter Esox konnte dem Effzett nicht widerstehen und biß mir zur Erinnerung kräftig in den Finger, als ich mich beim Lösen des Eisens etwas ungeschickt anstellte. Denn ich wollte ihn ja zurücksetzen.

Wir versuchten unser Glück noch an anderen Stellen, beispielsweise vom Strand der Insel Jelöy. Ein wunderschöner, grobkiesiger Strand war das, und wie überall waren wir wieder ganz allein in vollkommener Einsamkeit.

Viel zu schnell ging auch diese Stippvisite vorbei. Nach Hause trieb mich der schmaler werdende Geldbeutel, denn der Umweg über Norwegen war ja eigentlich nicht geplant und sogar die Jugendherberge nicht gerade billig gewesen. Doch nahm ich mir vor, wiederzukommen ins Land der Fjorde, Elche und Biber. Und ich machte mein Versprechen später wahr.

Wir verlassen Europa. Die nächste Stippvisite führt uns nach Istanbul, wo zwischen Galatabrücke und Bahnhof Europa endet.

Schillernd, pulsierend und brodelnd ist diese Stadt. Aber ich will nicht erzählen vom faszinierenden Basar, der das Auge mit seinen Eindrücken, das Ohr mit seinem Lärm und die Nase mit seinen Gerüchen verwirrt und betäubt. Ich will nicht den märchenhaften Topkapipalast beschreiben, nicht die Hagia Sophia, nicht die vielen Gaukler und Zauberer erwähnen und auch nicht die ewig verstopften Straßen, nicht den emsigen Hafen oder die unzähligen Moscheen... frühmorgens und abends klang von ihren fragilen, weißen Minaretts der Ruf des Muezzin in die kühle, morgendämmernde Frische eines neuen Tages. Wir hatten März Mitte der siebziger Jahre.

Nein, ich möchte berichten vom heimlichen Mittelpunkt der Stadt, von der Galatabrücke, die das „Goldene Horn" überspannt und das alte Stambul mit den jüngeren Stadtteilen Beyoglu und Galata verbindet. Obwohl es diese Sehenswürdigkeit wahrscheinlich schon zum Zeitpunkt der Veröffentlichung dieses Buches nicht mehr gibt. Denn die alte Brücke wird gerade (1991) durch eine Betonkonstruktion ersetzt.

Fast 500 Meter mißt die alte, auf zweiundzwanzig Pontons schwimmende Brücke. Man bemerkt ein Schwanken beim Hinübergehen. Ein eigenartiges Gefühl, so als würde man schweben. Den mittleren Teil klappt man nachts hoch, um die „dicken Pötte" in den Hafen zu lassen. Tagsüber aber zwängt sich vom Hell- bis zum Dunkelwerden ein Bandwurm von Fußgängern über die Brücke. Eine unendlich scheinende Schlange hupender Autos schiebt sich darüber. In den drei Etagen der Brücke sind Cafes, Teestuben und Marktstände untergebracht. Bettler, Musikanten und Zauberer finden hier ihr Publikum.

Unten, dem Wasser am nächsten, stehen dicht an dicht die Angler. Zwischen ihren Leinen drängen sich die schwimmenden Fischbratküchen. Boote, wo in Riesenpfannen über offenem Feuer Fischfilets in siedendem Öl bruzzeln. Der köstliche Duft panierter Makrelen- und Meeräschenfilets liegt über allem.

Die Angler beobachte ich jetzt schon den zweiten Tag. Ich sehe, wie sich ihre Plastikschüsseln bis zum Mittag mit Brassen, Striemen und Grungeln füllen. Hin und wieder ist sogar eine Makrele oder ein Plattfisch dabei. Meist kleine, eigentlich untermaßige Fische. Aber mein Jagdtrieb war geweckt!

Warum sollte ich es nicht selbst versuchen? Die nötigen Utensilien hatte ich natürlich nicht mit, denn die Reise galt den historischen Stätten Ephesus, Troja, Milet, Pergamon und vielem mehr. Doch alles, was ich brauchte, verkaufte man in den Läden der Galatabrücke.

Ich erstand eine achtziger Leine, wie sie beim Angeln über Hand hier üblich war. Dazu Haken der Größen eins und zwei. Beim Erwerb der gängigsten Köder, nämlich Fischfetzen, Rotwürmer, Muscheln und Schneckenfleisch haute mich ein kleiner Junge kräftig übers Ohr. Diese Kinder tauchten nach den Ködern im Schmuddelwasser des Bosporus.

Als eine gewisse Hemmschwelle überwunden war, reihte ich mich endlich mit meiner Handleine unter die Angler, kam sogar rasch ins Gespräch. Etliche hatten in Deutschland gearbeitet oder dort doch wenigstens Verwandte.

Das Angeln selbst gestaltete sich, wie erwartet, wenig dramatisch. Man ließ drei bis vier Meter Schnur bis zum Grund, hob den Köder etwas an und ließ ihn wieder hinabtaumeln, ähnlich dem Pilken. Wurde die Leine schwerer, hing ein Fisch. Meine Beute verschenkte ich. Hätte ich die Fische zurückgesetzt, wäre der Ärger vorprogrammiert gewesen. Man angelte hier nicht nur zum Vergnügen, sondern auch um der täglichen Ernährung wegen.

Ein kleiner Wermutstropfen war, daß sich die Leinen so oft verhaspelten, da von oben und von ganz oben auch allerlei Schnüre hinabhingen. Dies war wohl mit ein Grund, warum man mit so kräftigen achtziger Schnüren so kleinen Höppern nachstellte.

Aber das Verhaspeln wurde nach einer Weile selbstverständlich. Man fühlte sich zu den Anglern gehörend. Man wurde dadurch ein Bestandteil dieses „Hexenkessels“ von Stadt. Denn Angeln verband. Nicht nur hier im Orient.

Nordamerika

Alaskakings

In Alaska zu jagen, mag ein Jägertraum sein. In Alaska zu angeln, ist der Traum eines jeden Anglers – vor allem wegen der Lachse.

In der Tat werden pro Jahr dort durch Berufs- und Sportfischer fast 130 Millionen Lachse gefangen. Das Land ist der größte Produzent und Exporteur von Lachsfleisch. Dieses hat ihm mehr Geld eingebracht als alles bisher dort gewonnene Gold zusammen.

Ich erfüllte mir mit Freund Hans diesen Traum. Und wir bereiteten uns gewissenhaft vor. Wir kauften uns je zwei Hechtruten von Zweimetersiebzig mit 50 bis 80 Gramm Wurfgewicht. Wir besorgten uns die besten 50er und 60er Schnüre und entsprechend große und robuste Rollen mit einem Fassungsvermögen von 100 bis 150 Metern. Wir färbten große, 50 Gramm schwere Effzett-Blinker einseitig rot, da diese Farbe besonders ziehen sollte. Und wir erkundigten uns bei Leuten, die genau im selben Fluß vom selben Camp aus und zur gleichen Zeit die Jahre zuvor dort Kings erfolgreich beangelt hatten.

Richtig heiß auf den Trip machte uns schließlich ein Video, das spannende Lachsdrills und die grandiose Wildnis Alaskas in unser Haus brachte.

Aber noch waren wir nicht da. Erster Dämpfer war ein langer Stop wegen Verspätung der Anschlußmaschine in Brüssel. Dann folgte ein nicht-enden-wollender Flug nach Anchorage. Das Flugzeug voll mit Lachsanglern aus Deutschland, Österreich, der Schweiz, den Beneluxländern und Italien.

In Anchorage warteten dann auch schon die Kontaktpersonen der verschiedenen Lodgen, um die Gäste in Empfang zu nehmen und hinüberzuleiten zu einem See direkt gegenüber dem International Airport, wo Wasserflugzeuge, kleine vier- bis sechssitzige Piper und Beaver bereitstanden, um Gruppe nach Gruppe mit allem Gepäck auszufliegen in die Wildnis.

Mit Vollgas donnert auch unser Vogel, eine betagte, klapprige

Beaver, schließlich über den See und steigt, eine Schaumstraße hinter sich lassend, ohne den geringsten Rumpler steil nach oben in den blauen Himmel. Das Abenteuer hat begonnen.

Den Fjord von Anchorage lassen wir bald hinter uns. Unter uns flache, endlos scheinende Tundra mit unzähligen Seen, mäandernden Flüssen und vielen Sümpfen, aus denen die Skelette toter Bäume ragen. Hier und da lichte Ansammlungen von Sprucefichten, hagere, niedrige Nadelbäume, die auf dem moorig feuchten Boden um ihr Dasein ringen.

Später, so nach 150 Flugkilometern in Richtung Nordnordost kommen die eisgepanzerten Bergriesen der Alaska-Range, unter ihnen der Mount McKinley in Sicht. Und während ich noch überwältigt bin von der imposanten Kulisse und staune, senkt sich das Maschinchen hinab auf den schmutzig gelben Strom, dessen Wasser sich breit und mächtig wie die Elbe dahinwälzt.

Im Zeitraffer flitzen beim Landeanflug Boote an uns vorbei, dann vereinzelte Hütten am Ufer, dann Inseln und Inselchen. Aus dem Wasser ragende tote Baumriesen nehme ich wahr, bis wir schließlich auf den Wellen schaukeln, in einen kleinen Nebenarm tuckern, wo das Wasser ruhig ist und klar, wo Boote eins neben dem anderen auf dem Kies liegen und warten. Unsere Boote, mit denen wir hoffentlich bald schon zum Lachsfang starten.

Noch ist das nicht soweit. Herzlicher Empfang durch Heidi, dem guten, hilfreichen Geist der Cottonwood-Lodge, die viele Angler aus früheren Jahren kennt. Man gelangt auf einem verwachsenen, schmalen Pfad zum Camp, das vom Strom aus unsichtbar in einem Pappelwald versteckt liegt.

Um das im Blockhausstil errichtete Haupthaus hat man halbkreisförmig die Hütten für jeweils 2 bis 7 Angler gebaut. Die Räume sind groß, die Betten mit Moskitonetzen versehen. Es gibt extra Häuschen mit dem bekannten Herzchen und einen Dusch- und Baderaum.

Fast hätte ich den Schlachtplatz vergessen, wo die Fische gesäubert und filetiert werden, bevor sie in die Tiefkühltruhe wandern. Aber das war ebenso noch Zukunftsmusik wie die Benutzung der Waage und des Gestells, woran sich die Beute zum Photographieren aufhängen ließ.

Ja, und dann gab es da noch einen überdachten Grillplatz, wo man um ein zentrales Feuer herum auf Bänken saß und egal bei welchem

Wetter grillen konnte. Es gab sogar einen Garten mit Gemüse, einigen Gewürzen und knackigen, nun gerade reifen Erdbeeren.

Der Begrüßungstrunk an der Bar und der köstliche Graved-Lachs, leuchtend rot und hauchzart mit dünnen, großen Zwiebelringen garniert, stimmten uns ein. Und obwohl in der Heimat jetzt schon früher Morgen des kommenden Tages war, und alle die Nacht vorher nicht geschlafen hatten, müde fühlte sich niemand. Dafür war alles zu neu und zu aufregend. Dafür war jeder zu überdreht und voller Erwartung.

Unsere Cottonwood-Lodge lag am Yentna und mit ihr einige andere Camps in der Wildnis ringsum verstreut. Dieser ungebändigte, trübe, gelbe Strom führte aus der Alaska-Range ungeheure Mengen an Schmelzwasser ins Meer.

In den Yentna mündeten Klarwasserflüsse. Wo sich ihr dunkel wirkendes klares Wasser mit dem hellbraunen des großen Stromes mischte, da wo ein Wassergemisch entstand, farblich in etwa so, als gösse man Milch in schwarzen Tee, genau dort waren die besten Fangplätze für Lachse.

Denn die sammelten dort in der Tiefe der Pools neue Kräfte. Sie reinigten im Klarwasser ihre Kiemen, bevor sie die Laichflüsse hinaufstiegen, was all ihre Reserven in Anspruch nahm, um am Ende der Reise nach dem Laichen oben in den Gumpen derselben Flüsse, wo sie vor Jahren geschlüpft waren, zu verenden.

Ihre verwesenden Leiber würden dann schließlich das Wasser düngen und hierdurch die Lebensgrundlage schaffen für die neu heranwachsenden Junglachse.

So schloß sich ihr Lebenskreis da, wo er begonnen hatte. Es kehrte keiner der pazifischen Altlachse ins Meer zurück. Das unterschied sie grundsätzlich von den atlantischen Lachsen Europas.

Der Aufstieg, der sog. „Run“ der fünf pazifischen Lachsarten war zeitlich gestaffelt und überschnitt sich in der Endphase. Er begann mit den größten, den bis 100 Pfund wiegenden Königslachsen, vom Amerikaner kurz „King“ genannt. Das war etwa Ende Mai, und ihr Run dauerte bis in den August.

Dann hatte bereits die Wanderung der quirligen, kompakten Silberlachse begonnen. DER Sportfisch Nummer eins Nordamerikas. Mit ihnen kamen Buckellachse, hochrückig die Männchen mit schnabelförmigen Schnauzen, dicht an dicht von immer länger werdenden Zähnen bewehrt. Grotesk in ihrer endgültigen Laichgestalt.

Schon vorher waren purpur-zinnoberfarbene Rotlachse aufgestiegen. Ihre Köpfe grün schimmernd, längst nicht so beißfreudig wie Silber- und Buckellachs, war der Rote etwas für Filigranangler oder den Fliegenfischer. Er wollte erst zum Anbiß mit Geduld und Köpfchen verleitet werden.

Mit dem Rotlachs stieg der Hundslachs auf, bizarr lila gestreift. Ein prächtiger Kämpfer, der seinen Namen noch aus der Zeit hatte, da Eskimos und Indianer ihre Hunde vornehmlich mit ihm fütterten. Denn er hat das fetteste Fleisch aller Lachse. Mehr Fett. Mehr Kalorien. Mehr Leistung der Hunde.

Zur Zeit des Hauptaufstiegs der kleineren Lachsarten war dann kaum mehr ein King zu fangen. Die hatten größtenteils ihr Laichgeschäft schon beendet und füllten mit ihren verwesenden, zum Himmel stinkenden Leibern die Gumpen der oft hoch im Gebirge gelegenen Laichflüsse.

Da dieser Aufstieg der Kings im Yentna zeitlich so begrenzt war und nur einmal jährlich stattfand – es gab allerdings neben dem Hauptrun noch einen viel schwächeren späteren Aufstieg – und wegen der Tatsache, daß es auch im unermeßlich weit scheinenden Alaska nur wenige gute Laich- und Klarwasserflüsse gab, wo es sich zu angeln lohnte, gab es hier eine enorme Konzentration von Anglern aus aller Welt an eben diesen bevorzugten Plätzen, die zur richtigen Zeit auch immer eine Lachsfanggarantie (speziell auf große Kings) ermöglichten. Und so ein Platz war beispielsweise die erwähnte Mündung des klaren Lake-Creek in den „dreckigen" Yentna.

Entsprechend dicht an dicht parkten dort die Boote. Am Auslauf der Pools oft Bootswand an Bootswand, daß man fast trockenen Fußes wie auf einer Brücke von Kahn zu Kahn den Fluß hätte überqueren können. Vor der Phalanx der ersten lauernden Bootsparade schaukelte einen Steinwurf weit die nächste auf den Wellen des Yentna. Die seichten Stellen wurden obendrein von Anglern in Wathosen belagert.

Mit diesem Gedränge und Geschiebe, dieser Hektik und dem Streß, dem ich ja bei einem Angelurlaub in der Wildnis gerade entfliehen wollte, wurde man gleich am ersten Abend konfrontiert, als uns der einzige Guide der Lodge – er hieß Bruno – in die Fangplätze einwies.

Da brauchte man schon „Ellenbogen", genauer gesagt, die Frechheit, sich trotz schrill quietschender, aneinanderreibender Schiffsplanken und unter den Flüchen und Beschimpfungen der anderen Angler zwischen zwei Boote zu schieben, die Boje auszuwerfen, den Anker zu setzen und „seelenruhig" mit dem Angeln zu beginnen.

Andernfalls konnte man neben den guten Pools und Rinnen tagelang seinen Köder baden, ohne einen einzigen Zupfer zu bekommen, während direkt vor der Nase von den Nachbarn Fisch nach Fisch gedrillt und gelandet wurde.

Diese rücksichtslose Praxis lernten Hans und ich gleich bei der Einweisung kennen. Der Freizeitguide Bruno, ein Schweizer, der diesen Job „schwarz" während eines verlängerten Urlaubs machte, kannte alle Tricks und natürlich auch die besten Fanggründe.

Er verankerte das Boot heute abend an einem aus dem Fluß ragenden Baumtorso, ließ die Boje heraus, um im Falle eines Drills, wenn wir deshalb den Platz verlassen mußten, den anderen Booten zu signalisieren: diese Stelle ist besetzt! Was in der Regel auch respektiert wurde.

Hans hatte gleich beim ersten Wurf einen guten Fisch am Effzett, einen Riesen, wie wir dem Widerstand nach und der Kraft am Ende der Schnur nach zu urteilen, zunächst glaubten. Dabei war es „bloß" ein Fünfundzwanzigpfünder, also guter Durchschnitt, der erst richtig schwer wurde, weil er an der Schwanzwurzel gehakt war.

Wenn nämlich wieder einmal ein Pulk Lachse unsere Rinne erreicht hatte, was so alle zwei bis vier Stunden in einem vagen Rhythmus und natürlich abhängig von der Tageszeit und entsprechend den Gezeiten weitweg unten im Pazifik geschah, wenn so ein Schwarm Lachse ankam, konnte es leicht passieren, einen Fisch rein zufällig ans Eisen zu bekommen. Übrigens ist das das Prinzip des in Amerika praktizierten sog. „Snaging". Dabei wird ein bleibeschwerter Drilling ruckartig durch einen mit Lachsen gefüllten Pool geführt und den Fischen der Haken an irgendeiner Stelle in den Leib getrieben. Erlaubt war das nur den eingeborenen Eskimos und Indianern.

Unseren ersten Lachs hätten wir trotzdem gerne entnommen, mußten uns das aber verkneifen. Denn nach solchem unwaidmännischen Haken war das einem Weißen streng verboten. Und ein Aufseher kreuzte heute am Samstag, an dem der Fluß wegen der Wochenendausflügler aus Anchorage ohnehin gerappelt voll war, ständig zwischen den Booten.

Er ließ sich auch hier und da die gefangenen Lachse und die Lizenzen zeigen, um Tageslimit und Maße zu überprüfen.

Die Bestimmungen waren nämlich so streng, daß täglich nur ein King über 72 Zentimeter entnommen werden durfte und pro Angler in der Saison insgesamt nur fünf. Jeder getötete Fisch mußte mit Datum und Fangplatz sofort in die Lizenz eingetragen werden, zurückzusetzende waren noch im Wasser vom Haken zu lösen, durften also gar nicht erst ins Boot.

Nicht in ganz Alaska waren die Bestimmungen so streng und die Entnahme so limitiert. Aber hier im Yentna, den man für die Angelei erst vor vier Jahren wieder geöffnet hatte, da er jahrzehntelang überfischt war, hier galten so strenge Vorschriften.

Ich fing heute auch noch meinen ersten Yentna-Lachs, einen gerade maßigen, silbernen Kämpfer, meinen ersten King überhaupt. Deshalb behielt ich ihn.

Heute war vor allem wichtig, von Bruno die einzelnen Fanggründe gezeigt zu bekommen, nicht nur im Yentna. Es gab da noch den erwähnten Lake-Creek und den Fish-Creek und den Little-Lake-Creek und einige Nebenarme und Zuflüsse mehr, die allesamt rasch vom Camp aus mit dem Boot zu erreichen waren, natürlich ebenso für andere Angler.

Wie überhaupt das Wasser die einzige Straße, also sinngemäß ein Wasserweg war. Denn in die Wildnis hinein führte kein Fußpfad. Diese Wildnis begann gleich hinter der Lodge: dichter, verwachsener, moskitoschwangerer Urwald.

Wir lernten außerdem die Bedienung des Bootes kennen, für das wir gegenzeichnen mußten, falls beispielsweise die Bootsschraube durch unser Verschulden zu Bruch ging. Bruno warnte uns auch vor bestimmten Stellen, vor flachen Kiesbänken und im Fluß verborgenen Baumriesen, die uns hätten zur Falle werden können.

Und er wies uns nicht zuletzt in die gängigste und erfolgreichste Fangmethode auf Kings ein. Was weiß Gott nicht das Spinnfischen, das Streamern oder Fliegenfischen war. Nein, die in ganz Nordamerika erfolgreichste Praxis war der sog. Spin-o-glo, ein grellgelber, sich in der Strömung rasend schnell drehender Propeller, von dem eine Unterarmlänge entfernt an einem Einzelhaken Lachseier hingen.

Damit die Eier fest wurden und schließlich am Haken hielten, mußten sie mit Salz und Alaun behandelt erst zwei Tage trocknen. In all dies wies uns Bruno ein.

Danach waren wir beide auf uns allein gestellt. Wir konnten angeln, wo wir wollten und wann wir wollten, die ganze Nacht hindurch. Es wurde ja gar nicht mehr dunkel. Wir konnten schlafen und essen, wann uns danach war. Neben den festen Mahlzeiten standen immer ein Imbiß und ein erfrischendes Bier im Kühlschrank. Und war der Bootstank leer, füllten wir beim Camp einfach wieder nach. Wir fühlten uns herrlich frei und ungebunden.

Es empfahl sich allerdings, die Exkursionen nie allein zu machen, im Falle, daß das Boot kenterte oder irgendwo auflief oder einen Motorschaden erlitt. Ich selbst trug vorsorglich auch immer ein Survivalkit und einen .38er Revolver bei mir. Die Wildnis ringsherum war kein Park und die nächste Werkstatt nicht um die nächste Ecke.

Auch der Strom, an manchen Stellen sicher einen Kilometer breit, wirkte bedrohlich und ungezähmt, wenn er sich in mächtigen Strudeln dahinwälzte, ganze Bäume und mitgerissenes Strauchwerk flußab Richtung Meer trieb mit einer Kraft und Leichtigkeit, als wäre das nichts.

Doch vom Hauptstrom weg begann gleich die Idylle, beispielsweise dort, wo der Fish-Creek in den Yentna mündete, da lag das Wasser gleich um die Biegung herum schwarz und geheimnisvoll und absolut still. Der Creek weitete sich hier und da zu schilfbewachsenen Gumpen, fast waren das kleine Seen.

Mal spritzte ein Schwarm kleiner Fische über das Wasser hinweg. Und einmal machte es „platsch". Das war schon ein ideales Raubfischrevier. Aber unsere Köder wollte vorerst kein Räuber nehmen.

Flußauf wurde der Creek so flach, daß die Bootsschraube Steine faßte. Wir schoben und hoben das Boot immer wieder über Stromschnellen hinweg. Später saß Hans dann vorne im Bug und starrte ins Wasser, um mich, der ich im Heck den Motor bediente, einzuweisen: „Mehr nach links. Jetzt rechts halten. Paß auf den Fels dort auf." So ähnlich klang das.

Als Lohn der Anstrengung erreichten wir vier hintereinander gestaffelte Seen, jeder höher als der vorherige liegend. Alle waren sie sehr verkrautet und ried-verwachsen. Ihr Wasser war klar und voller Seerosen. Ganze Teppiche von Seerosen. Darunter lauerten Hechte.

Wir sahen sie sogar durch die Polaroidbrillen dort stehen. Sie schossen hervor und packten die vorbeischaukelnden Effzett. Vier dieser kleinen, drahtigen Kettenhechte, eine Zwergform des Northern Pike, landeten und setzten wir wieder zurück.

Nein, langweilig wurde uns nicht. Ein Sägerpaar führte seine Gössel spazieren. Die Kleinen waren eifrig bei der Jagd nach Insekten. Ein Weißkopfadler fußte in einer Ufereiche, ließ uns bis auf Steinwurfweite heran. Wasserplanschend, schwerfällig mit knarrendem Flügelschlag erhob sich ein wilder Schwan.

Dieser Tag verging wie im Flug. Auf dem Heimweg band Hans ein Maifliegenmuster an die Fliegenschnur und warf eine vor den Seerosen steigende Schule von Fischen an, völlig ungewiß, was da stieg. Es hingen schließlich zwei Fische, einem Kilch oder Schnäpel nicht unähnlich. Offensichtlich Coregonen, die je rund zwei Pfund wogen.

Wir hatten uns nun mit dem Boot vertraut gemacht und versuchten uns erstmals im großen, mächtigen Yentna allein auf Lachse, was ganze zwei Tage erfolglos blieb.

Dort beim Einlauf des Lake-Creek sicherten wir uns einen Platz im Gedränge der Boote. Aber die Stelle war nie optimal. Denn die neben uns mit der selben Methode angelnden Boote hakten Fisch nach Fisch, und wir gingen leer aus.

So auf den Meter, fast auf den Zentimeter genau mußte die Stelle stimmen. So dicht lagen hier Erfolg und Mißerfolg beisammen. Die Lachse benutzten im Fluß ganz bestimmte Routen und Straßen, wo sie aufstiegen. Und nur in diesen schmalen Korridoren bissen sie.

Wir verlegten unsere Aktivitäten deshalb in die Nacht, verdösten oder verschliefen den Tag und rüsteten gegen zehn Uhr abends nach einem ausgiebigen Nachtmahl, mit einigen Bierdosen versorgt, das Boot.

Wir konnten dann auch meist rasch und problemlos einen guten Platz ergattern. Höchstens ein Drittel der über Tag fischenden Boote war jetzt draußen.

Auch die Natur zeigte sich viel eindrucksvoller. Bis Mitternacht erschienen noch Rothalstaucher, oft nah bei den Booten, nach ihren Tauchgängen fast immer erfolgreich mit einem Fischchen im Dolchschnabel. Biber verließen ihre Burgen und platschten ins Wasser.

Der Yentna lag glatt, schimmerte blauviolett bis eisgrau. Er floß wie flüssiges Blei vor der dunklen Zeile des Waldes. Während die Alaska-Range weit dahinter schon wieder die Sonne beschien, eine neue, gerade aufgehende Mitternachtssonne, die aber ganz verhalten war und ein warmes, plastisches Licht warf auf das Gebirge.

Durch diese Staffelung, nämlich vorn die angelnden Boote, dann das helle Band des Stromes, dahinter die schwarze Wand der Wildnis, schließlich sonneleuchtend die verschneiten Berge, durch diese Gliederung entstand plastische, räumliche Tiefe. Ein Bild von ergreifender Stille und Schönheit.

An einen bestimmten Morgen erinnere ich mich noch ganz genau. Wir hatten beide bereits vor Mitternacht je einen guten King von rund 30 Pfund gelandet, unseren Fang sofort in die Lizenz eingetragen und die Fische ins Camp gebracht. Wir hatten sogar jeder einen etwa gleichstarken Lachs zurückgesetzt, somit schon vier Fische gefangen in knapp zwei Stunden. Aber wir waren noch voller Tatendrang und noch längst nicht müde. Im Gegenteil. Nach einer Stärkung in der Logde fuhren wir wieder los. Um Mitternacht hatte ja ein neuer Tag begonnen, und jeder durfte dann ja einen weiteren Fisch dem Fluß entnehmen.

Auf dem Yentna war es leer geworden. Nur noch ein Dutzend Boote, die sich aber verloren. Wir ankerten am Auslauf einer Rinne. Jetzt nach Mitternacht war eine Beißflaute, die in der Regel so bis zwei Uhr früh dauerte. Hier und da hörten wir später von den anderen Booten wieder das schon bekannte jubelnde: „Fish on! Fisch am Haken!“ Was den Nachbarn signalisierte: Abstand halten! Wir brauchen Platz beim Drill.

Hans und ich hockten fröstelnd hinter den Ruten, die Schnur zwischen den Fingerspitzen, um jedes Zupfen zu parieren. Denn selbst die großen Kings bissen meist zaghaft, was ohnehin nur ein reflexhaftes Schnappen ohne wirklichen Beutetrieb war. Die aufsteigenden hatten das Fressen längst eingestellt. Sie zehrten nur noch von im Meer angefressenen Reserven.

Bei einem dieser Zupfer schlug ich an. Und ab ging die Post: „Fish on! Fish on!“ Noch zwei-, dreimal setzte ich nach. Aber der Lachs hing und zog mit aller Kraft flußab.

Hans sputete sich, über all das verstreute Angelgerät stolpernd, zum Anker, um ihn in Windeseile einzuholen, den Karabiner der Boje zu lösen, den Motor anzuschmeißen und das Boot ins Offene zu manövrieren, wobei „offen“ meinte, möglichst weit weg von den andern Booten und die Baumstrünke, die Stämme und Felsbrocken, die in der Rinne verborgen lagen, und die Gefahren des Uferbewuchses hinter sich zu lassen.

Die Rute war wie ein Flitzebogen gekrümmt. Die Schnur zum Bersten gespannt. Trotz der harten Bremse zog sie der Fisch beständig von der Rolle. Diese kritische Phase ging an die Grenze des Materials.

Dann endlich waren wir draußen, und ich ließ den Lachs ziehen. Rrrrr – rrraaa – rrraaa surrte Leine davon. Ich ließ ihn gewähren.

Dann wieder Schnur zurückgewinnen und pumpen wie beim Hochseeangeln. Immer wieder die Bootsseite wechseln, achtgeben, wenn der Fisch mir entgegenkam, während Hans nach wie vor höllisch das Ufer und seine Wurzelfallen meiden mußte.

Schließlich die ersten Inseln im Fluß. Nebel war jetzt gegen Morgen aufgekommen. Wie Milch lag der Strom. Die Luft darüber wie Watte und noch höher darüber der Himmel, der blau schimmerte. Ein verschwommenes, nebelgedämpftes Blau.

Alles hier unten am Boden wirkte gespenstisch. Das Gefühl für Nähe und Ferne verlor sich.

Das war eine kritische Phase hier zwischen den Inseln, wo das Wasser durch Engen schoß, viel reißender war, wo kaum Platz blieb zum Drill, wo ich den Fisch wohl oder übel wieder an die Kandare nahm. Und bis jetzt hatte ich ihn nicht ein einziges Mal gesehen.

Hans bemerkte so ganz nebenbei: „Wir haben kaum noch Sprit.“ Auch das noch! Wir hatten tatsächlich vergessen, Benzin nachzufüllen. Wie weit waren wir eigentlich schon abgetrieben? Im Nebel verlor man das Gefühl der Entfernungen. Wir ließen bestimmt schon die dritte oder vierte Insel hinter uns. Und später der lange Rückweg stromauf . . .

Ich mußte den Drill forcieren, auch auf die Gefahr hin, daß der Haken ausriß. Ich gewann Meter für Meter und brachte den King, der wie Blei an der Angel hing, erstmals nach oben. Endlich sein breiter, braunroter Rücken und die schwarzgepunktete Schwanzflosse. Ein guter Fisch, so um die vierzig Pfund. Einer jener „Overkings“, wie man weit über dem Mittelmaß liegende Lachse nennt, die eine Laune der Natur sind, eigentlich eine Panne.

Längst laichreif ist bei ihnen der Hormonhaushalt in Unordnung geraten, so daß sie den Aufbruch zur großen Reise verpassen. Sie gehorchen dem Trieb aufzusteigen um Jahre verspätet, was sie so groß und stark werden läßt, weshalb uns dieser hier so lange in Atem hielt.

Zwei-, dreimal holte seine Majestät noch müde einige Meter von der Rolle, immer wenn Hans sich mit dem Kescher aus dem Boot lehnte, was in der Tat noch einmal eine letzte kritische Phase war. Da wurde die Schnur ein letztes Mal aufs äußerste strapaziert. Der Fisch machte letzte Kräfte mobil. Aber es folgte kein echter, impulsiver Ausbruch mehr. Der Lachs hatte längst zu gehorchen.

Ich dirigierte ihn mit Nachdruck zum Kescher, hob ihn dabei möglichst hoch aus dem Wasser, damit ihm Hans ganz sachte und fast unbemerkt von hinten das Netz überstreifen konnte. Endlich geschafft!

Ein Prachtkerl von King! Ein männlicher Lachs im karminroten Hochzeit- und Sterbekleid. Schwarzgepunktet mit graubraunem Haupt und golden blinkenden Knopfaugen. Sein Laichhaken war schon mächtig ausgebildet, die vier Zähne darin schon stattlich. Wobei Rogner abgesehen vom längst nicht so prägnanten Profil nur zwei Zähne vorne im Unterkiefer besitzen, sich also auch darin vom Männchen unterscheiden.

Nun der Weg zurück. Aber wo war flußauf, wo flußab? Nicht einmal das wußten wir noch. Die Wasserwirbel, seine Haupt- und Nebenströmungen verwirrten. Wir hatten total die Orientierung verloren, hatten uns in diesem Labyrinth von Inseln, Altarmen und Flußwindungen total verirrt.

Wir ließen Pappstückchen treiben, bestimmten dadurch die Stromrichtung und steuerten gegen sie an. Mit dem letzten Tropfen im Tank kamen wir tatsächlich noch zurück. Ein Zitterspiel bis zuletzt. Aber der Drill im Nebel des jungen Tages war unvergeßlich.

Noch heute sind mir all die Einzelheiten vor Augen: die aus dem Fluß wachsenden Inseln, immer neue, immer neue. Die Barrieren von Schwemmholz drumherum. Die Stromschnellen. Der breite Rücken des Fisches, als er zum ersten Mal hochkam, und die glückliche Rückkehr . . .

Jetzt gegen Morgen hatte die kräftiger werdende Sonne den Nebel ausgelöscht. Sie hatte aber auch die Moskitos geweckt, die durch den Schweiß- und Blutgeruch am Schlachtplatz gereizt sich zu

Hunderten auf uns stürzten. Wir hatten mit nackten Unterarmen die Lachse auszunehmen und zu filetieren. Ganz rot waren unsere Arme von ihren Stichen, dicht an dicht.

Nun zum Lachsfleisch selbst. Das Wangenfilet sollte ein besonderer Leckerbissen sein. Das zinnoberrote Fleisch sah so appetitlich aus, daß man es roh hätte essen können. Wobei der gebeizte Lachs ja auch eine Art Rohkost ist, denn es handelt sich um Konservierung durch Gärung in einer Beize. Das Ganze geht so: Man läßt an den Filets die Haut, reibt sie mit einer Mischung aus zwei Dritteln Pökelsalz und einem Drittel Rohrzucker ein und bestreut sie anschließend mit frischem, kleingehacktem Dill. Dann legt man Filet auf Filet, die Haut bleibt also außen, und packt ein Gewicht drauf, damit die Lake, die sich bald im Topf bildet, einziehen kann. Zwei Tage bleibt der Lachs so an einem kühlen Ort.

Danach wäscht man die Lachsstücke und spült auch allen Dill ab. Das im frischen Zustand mürbe Fleisch ist fester geworden. Man kann es nun in feine Scheiben schneiden, mit Zwiebelringen, mit Zitronenscheiben usw. garnieren. Dazu reicht man Weißbrot und Sauce, beispielsweise solche, die mit Senf, mit Meerrettich oder nach Bearnaiser Art angemacht ist. Kaum jemand wird diesem Genuß widerstehen.

Unser Limit von fünf entnommenen Lachsen war erreicht, an Übergepäck auch mehr als genug, nämlich pro Kopf über 100 Pfund filetierter Lachs. Dabei hatte jeder von uns bestimmt ebenso viele große Kings zurückgesetzt, einmal gar nicht die vielen „Jacks“ mitgerechnet, die uns an den Blinker gingen. Jacks nannte man untermaßige, etwa zweijährige Kings, die „versehentlich“ mit den Großen viel zu früh aufstiegen, vielleicht in den Sog der riesigen Lachsschwärme gerieten und sich mitreißen ließen. Aber auch von diesen jungen Lachsen, die etwa die Größe einer guten Regenbogenforelle hatten, und die noch gar nicht laichreif waren, kehrte nicht ein einziger in den Pazifik zurück. Deshalb bestand bei ihnen auch keinerlei Fangbeschränkung.

Wir beide konnten es nun ruhig angehen lassen, uns von den Mühen und Strapazen des nächtlichen Lachsfangs erholen. Für einen Außenstehenden, für einen Nichtpassionierten hatten unsere Anstrengungen so aussehen müssen, während es für uns einmalige Stunden waren, trotz oder vielleicht wegen der anfänglichen Mißerfolge.

Jeder einzelne Lachsdrill war unvergeßlich mit seinen Tücken, den dauernd wechselnden, einmaligen Umständen und Stimmungen. Jeder Drill war längst unvergeßliche Erinnerung.

Da uns noch Zeit blieb, nahm uns Bruno in seinem Luftkissenboot mit den Lake-Creek hinauf. Sein Fahrzeug schwebte über die Flachwasserzonen und Felsen einfach hinweg, wo wir mit den Außenbordern hoffnungslos hängengeblieben wären. So aber brausten wir den Wind im Gesicht mit flatternden Haaren diesen großartigen Fluß hinauf. Im Zeitraffer sausten Stromschnellen, Gumpen und Kolke und flache, reißend gurgelnde und behäbig dahinfließende Passagen an uns vorbei. Ein tolles Gefühl von Freiheit, von Ungebundensein und Wildnis.

Wir ließen das Boot schließlich irgendwo zurück und folgten dem Lauf eines noch kleineren Flusses, was wirklich abenteuerlich war, auf Baumstämmen balancierend durch zweimannshohen Farn einen Weg zu suchen. Mir war sogar etwas mulmig, als im Kies das frische Siegel einer Bärenpranke ganz erheblichen Ausmaßes stand. Und gerade heute hatte ich meinen Revolver vergessen. Man hätte sich damit einfach besser gefühlt.

Hier oben an diesem Laichfluß lernte ich erstmals das Ungestüme eines Lachses kennen, der die Vorteile eines relativ kleinen, bewachsenen und von Hindernissen übersäten Flußbetts auf seiner Seite hatte.

Überhaupt keine Chance, selbst kleine und mittlere Fische länger als ein, zwei Minuten zu halten, überhaupt kein Trumpf, die erste lange und kräftigste Flucht zu überstehen. Dabei war es völlig egal, ob man 50er oder 60er Schnur benutzte. Es machte ganz einfach „peng", der Spuk war vorbei, und die bloße Schnur schnellte einem entgegen, flatterte lose im Wind wie zum Hohn.

Und ein anderer letzter Ausflug. Diesmal nur Hans und ich. Wir steuerten einen verschwiegenen, bereits verlandeten Altarm des Yentna an, wie es sie zu Tausenden gab, wie sie fast nicht mehr zu zählen waren, die Altarme und Seen, die die großen beherrschenden Ströme und die vielen hundert Flüsse Alaskas säumten. Unzählig und namenlos.

Viele Biber hatten an diesem Altarm ihre Burgen. Eine Fischeule, fast so groß wie ein Uhu, guckte mit gelben, flammenden Lichtern auf uns herab, den runden, federohrigen Kopf wie ein Pinocchio ruckartig wendend.

Als sie abstrich und hinten um die Waldzunge herum einfiel, imitierte auch gleich eine Ente „das verletzte Beutetier", um den Greif vom Nest wegzulocken.

Wir Angler, fast ebenso listig, ließen eine feine Schnur ohne Floß ins Wasser, das regungslos dalag, von keinem Windhauch gekräuselt. Nur ein Biber zog manchmal eine seichte Wellenspur, die träge im Schilf verebbte. Den Zehner-Haken beköderten wir mit Fleischfetzen, die etwas angehoben vom Boden sachte hin und her gaukelten.

Es war dies die Zeit des Zwielichts, in der die aufgehende Sonne mit der untergehenden stritt. Es war dies auch die Zeit der Quappen, der gefräßigen Aalrutten, von denen wir einige fingen.

Mit diesem Erlebnis klang unser Fischzug nach Alaska aus.

Eisangeln mit Eskimos

Im Winter ist die arktische Tundra und sind die arktischen Inseln eine leblose, stille, weite und einsame Schnee- und Eiswüste. „Nuna hiniqpoq", sagen die Eskimos. „Das Land schläft."

Früher verließen mit dem Wintereinbruch viele Inuitstämme (als Inuits bezeichnen sich die Eskimos selbst) ihr Land, da es keine Nahrung mehr bot. Sie lebten dann in Iglugemeinschaften auf dem Eis, wo sie Ausschau nach den Atemlöchern der Robben hielten. Und dort harrten sie stunden-, manchmal tagelang unbeweglich, statuengleich aus, um eine auftauchende Robbe zu speeren.

Über dieses schlafende, unwirtliche Land flog ich im März 1990 ein drittes Mal. Unter mir glitt über Tausende von Kilometern eine immer gleiche und doch nie sich gleichende Landschaft hinweg aus Eis, Frost und Schnee. Eine Landschaft mit Hunderten, mit Tausenden, mit Abertausenden von Seen und Tümpeln: kleine und große und riesige, unüberschaubare, miteinander verbundene Seensysteme.

Dazwischen die mäandernden Bänder der Flüsse, deren Ufer Schatten warfen, wodurch sie sich vom Weiß der Umgebung durch ein etwas dunkleres Grauviolett abhoben. Eine amphibische Landschaft, im Sommer halb Wasser, halb Land, versumpft und moskitogeschwängert, schlief dieser Landstrich jetzt unter Eis und Schnee.

Kanadas Nordwestterritorien, abgekürzt NWT, sind dünn besiedelt und größer als Kalifornien, Alaska, Neu-Mexiko und Texas zusammen. Es gibt dort einmaliges Wild wie den Polarbüffel, den Eisbär, den Arktischen Wolf und den Barrenground Grisly. In den Gewässern fühlen sich sieben Arten hochnordischer bzw. arktischer Sportfische wohl, die man in der Wildnis von mehr als 50 Anglercamps angeln kann – alles feste Blockhauslodges mit allem Komfort.

Ich selbst war damals nach einer Übernachtung in Edmonton weitergeflogen nach Yellowknife und Inuvik im Delta des mächtigen Mackenzies und hatte dort eine Maschine zur 700 Kilometer weiter nördlich gelegenen Insel Banks Island gechartert.

Waren die unendlichen, eintönigen Rottannenwälder zwischen Yellowknife und Inuvik schon erbärmlich und krüppelwüchsig, da der Permafrost kein üppigeres Wachstum zuließ, jetzt weiter und weiter gen Norden wurden die Bäume ganz rar. Mehr und mehr baum- und strauchlose Tundra. Entlang der gefrorenen Flußbetten noch letzter Bewuchs. Dann auch dort kein Baum, kein Strauch, nur noch ebene, endlos weiße Weite.

Unter uns flog das Packeis der Beaufortsee dahin. Das Meer ging schließlich über in Land. Die Steilküste hob sich als dunkles Band ab und landeinwärts einzelne Erhebungen. Banks Island lag unter uns. Am südwestlichen Zipfel die einzige Siedlung der arktischen Insel: Sachs Harbour.

150 Inuits lebten hier und eine Handvoll Kanadier, aber erst seit einem halben Jahrhundert. Mehr als 300 Jahre war die Insel, größer als Belgien, vollkommen unbewohnt. Vorher sollten Stämme der grönländischen Thule-Eskimos etwa ein halbes Jahrtausend lang hier gesiedelt haben. Häuserruinen an verschiedenen Stellen der Insel zeugten davon. Die Geschichte davor blieb wohl immer im dunkeln.

Zurück in die Gegenwart. Während meiner drei arktischen Expeditionen war ich mit jeweils zwei Eskimos viele Wochen in der Eiswüste oder auf dem Festland der Insel unterwegs. Immer mit Hundeschlitten, abhängig von dem, was wir bejagen wollten.

Denn einen Eisbären fand man auf dem Eis, da er von Robben lebte. Er ging hier nie an Land. Während ein Polarbüffel, ein Karibu oder ein Arktischer Wolf lieber festen Boden unter den Läufen behielt. Solches Wild suchte man im Packeis vergeblich. Auf dem Festland, was meinte: auf der riesigen, 350 mal 180 Kilometer messenden Insel, wählten wir abends immer einen Zeltplatz im Windschatten einer Flußbiegung, dort, wo das Ufer steil war. Das glatte Eis auf dem Fluß bildete den idealen Boden fürs Zelt.

Diese breiten, sich zum Meer hinabwindenden Flüsse, ob sie nun Big River, Thomson- oder Bernhard River hießen, mußten ideale, wenig oder gar nicht beangelte Gewässer sein. Diese jungfräulichen Flüsse waren die Laichplätze des berühmten Arctic Char. Und in den großen Seen der Insel gab es kapitale Seeforellen, die begehrten „Laker" der Nordwestterritorien.

Als dann bei meiner letzten und vorletzten Jagd auf dem Eis beim täglichen Funkverkehr, der ja die einzige Verbindung zur Außenwelt herstellte bei unseren einsamen Fahrten bis zu vier Wochen übers Eis, als über Funk bei Gesprächen zwischen den Eskimos oft die Rede war von kapitalen Arctic Char, beim Eisangeln kurz zuvor gelandet, da war ich natürlich Feuer und Flamme, selbst solch einen Fisch zu erbeuten.

Probiert hatte ich den Fisch schon. Die Inuits nahmen meist ein oder zwei mit aufs Eis. Er war aber vergleichsweise sehr teuer, viel teurer als beispielsweise Karibu- und Moschusochsenfilets. Und das, obwohl er ja nicht vom Festland eingeflogen werden mußte.

Das Fleisch war auffallend fett. Wer das nicht merkte und sich vom exzellenten Geschmack und vom karmesinroten Fleisch, das sogar gebraten seine schmackhafte Farbe nicht verlor, zu einem Festschmaus verleiten ließ, der mußte dafür büßen in Form von Durchfall und Erbrechen.

Das fette Fleisch ist aber nur eine Besonderheit des Saiblings, dessen Erbeutung bei passionierten Anglern höher in Kurs steht als die eines Königslachses oder kapitalen Hechtes.

Es handelt sich dabei um den Wandersaibling *(Salvelinus alpinus),* der wie die Lachse in klaren, kalten arktischen Bächen laicht und dann stromabwärts ins offene Polarmeer wandert. Gegendweise verbringt er das ganze Leben in kühlen, tiefen Seen, die seit dem Rückzug der Gletscher am Ende der letzten Eiszeit vom Meer abgeschnitten sind.

Zur Laichzeit ist der Bauch der Milchner karmin- bis zinnoberrot, wie in flammendes Rot getaucht. Die dicken roten Tupfen gehen schließlich im dunklen Grün des Rückens auf. Von einem blendenden Weiß sind die dunklen Bauchflossen gerahmt. Der kräftige, hochrückige Körper besitzt ein markantes Haupt, dem ein bis zu 90 Grad gekrümmter Laichhaken das charakteristische Profil gibt. Alles in allem ein Bild von einem Fisch! Für mich der schönste Süßwasserfisch überhaupt.

Zu den übrigen Sportfischen (der Amerikaner sagt „game-fish") der arktischen Region zählt die Arktische Äsche. Ein kleiner, energischer Kämpfer, den eine noch prächtigere Fahne als unsere Äsche schmückt und der in Rekordgröße bis zu fünf Pfund wiegt.

Noch begehrter ist die Seeforelle, der schon erwähnte „Laker" (Abkürzung für Lake trout), die nichts mit der Seeforelle in Europa zu tun hat, sondern zu den Saiblingen gehört. Ein Kraftpaket wie alle nordischen Fische! Durch das weißbraune Fleckenmuster und die Seitenlinie etwas dem Dorsch ähnelnd, ist sie aber ein echter Salmonide, der bis zu sagenhaften 70 Pfund abwächst. In den Anglerlodges an den großen Seen gilt der Laker als der Sportfisch Nummer EINS. Um einen der ganz Großen aus der Tiefe zu holen, kommen die Petrijünger aus aller Herren Länder.

Ein Weißfisch macht die Palette der Sportfische bunt. Der Lake Whitefish, also Seeweißfisch, dessen Gewichte zwischen drei und fünf Pfund schwanken, während der Inconnu oder Weißlachs bis 80 Pfund schwer wird. Er ist die größte und die nördlichste Renkenart. Als Speisefisch geschätzt und ein schlimmer Räuber, der sich schließlich nur noch von anderen Fischen ernährt.

Hechte sollen in einigen Gewässern eine wahre Plage sein. Ein Fisch der Barschfamilie vervollständigt die sieben „Game"fische des hohen Nordens. Es ist der Walleye mit den Farben unseres Flußbarsches und dem Körper des Zanders.

Bei all diesen Schuppenträgern muß man bedenken, daß sie zwar zu kapitalen Exemplaren gedeihen, aber im extrem harten Existenzkampf des Polarkreises ganz langsam abwachsen. Wie das ja auch bei jeder Pflanze und jedem Baum im hohen Norden der Fall ist, wo manche kniehohe Krüppelkiefer ein Methusalem ist.

Doch der Kampf ums Überleben hat jede Muskelfaser dieser Fische gestählt. Es sind Energiebündel, die hart, ausdauernd und kompromißlos im klaren, sauerstoffreichen Wasser der Seen und Bäche kämpfen. Genau deshalb sind diese Fighter so begehrt bei Freunden aus aller Welt, die den weiten Weg in die NWT nicht scheuen.

Da man um diese Zusammenhänge weiß, geht man mit den Salmoniden in den Anglercamps sehr behutsam um. Man entnimmt allenfalls einen Trophäenfisch. Alle anderen setzt man behutsam zurück. Doch lassen Sie mich meine eigenen Eindrücke schildern.

Die verheißungsvollen Fangmeldungen aus dem Funk hatten mich meine Chance wittern lassen, nach der Bärenjagd selbst noch ein oder zwei Tage den berühmten Arctic Char zu beangeln. Mit meinem Eskimofreund Roger Kuptane verabredete ich einen Trip zur Mündung des Big River, zirka 70 Kilometer nördlich der Siedlung Sachs Harbour.

Früh um fünf packten wir die Schlitten. Da wurde es schon hell. Jeden Tag um eine viertel Stunde eher, es ging mit Riesenschritten auf die Mitternachtssonne zu. Die Hunde jaulten vor Aufregung und rissen fast die Ketten aus den Ankern. Endlich stürmten sie los.

In unseren Schlitten waren Proviant, ein Dreimannszelt, Schlafsäcke, Benzinofen und Kocher, Äxte, kurze Eisangeln, Flinten, um unterwegs leckere Schneehühner zu schießen, und zwei Großwildbüchsen für den Fall, daß uns ein Polarbär zu nah kam. Obwohl eine Notwehrsituation natürlich die Ausnahme blieb. Unsere Route führte von Sachs Harbour direkt nach Norden. Die Hunde waren ausgeruht und schnell.

Nun saß man aber nicht wie ein Pascha im Schlitten und ließ die arktische Landschaft an sich vorbeifliegen. Nein, man lag eine Weile auf dem harten, rumpelnden Gepäck, um dann wieder ein Stück neben dem Schlitten herzurennen, damit man nicht fror. Wenn mal wieder eine Packeiszone überwunden werden mußte, hastete und keuchte man schwitzend hinterher, oder man versuchte, den Schlitten im Gleichgewicht zu halten.

Während die Hunde rasteten, bummelte man hin und her, um warm zu bleiben. Sonst biß die Kälte durch die verschwitzten Daunen. Alles in allem war so eine Schlittenfahrt kein Vergnügen, sondern eine wahre Plackerei.

Wir steuerten unser Ziel heute übers Eis an, da die Passage über Land wegen der Hügel, wegen der Felsbänder und der Steilufer entlang der Flüsse noch unwegsamer erschien. Demgegenüber war das Eis des Meeres über weite Strecken glatt und problemlos. Doch irgendwann, so nach zwei Stunden Fahrt, gerieten wir in den Packeisdschungel. Immer neue Barrieren von Eis, manche haushoch, türmten sich vor uns auf. Und dieses frische Eis „arbeitete".

Arbeiten meinte, daß sich unter lautem Getöse, unter Quietschen, Schaben und Krachen das Eis zusammenschob, dabei riesige Mauern formte, von der ungeheuren Kraft der Wind- und Meeresströmung gedrückt und getrieben.

Diese schier unendlichen, sich am Horizont verlierenden, Hunderte von Kilometern langen Wände aus Packeis, die miteinander vernetzt waren, sowohl in der Tiefe als auch in der Länge, bildeten unüberschaubare Dschungel, worin es immer wieder offene Wasserflächen gab, dort, wo das Eis auseinandertrieb und aufbrach.

Das Packeis wurde dadurch tückisch und unberechenbar. Es passierte immer wieder, daß jagende Eskimos tagelang auf einer Scholle isoliert wurden, schlimmstenfalls für immer hinaustrieben aufs Meer. Meistens aber bekamen die Schollen, die oft viele Hektar groß waren, wieder Anschluß ans Eis in den folgenden Stunden oder Tagen.

Wir entdeckten schließlich als dunklen Strich die Klippen der „Big bluffs". Eine markante, bei Fernsicht über hundert Kilometer weit erkennbare Landmarke, die das höchste ins Meer abfallende Steilufer der Insel war. Wo die Klippen nach Norden flacher wurden, mündete der Big River.

Unser Zelt schmiegte sich in eine geschützte Bucht des Ufers, das sanft zum Festland hin anstieg. Zur See hin weitete sich der Fluß zu einem Delta. In der Ferne, wo die Eisfläche mit dem Horizont verschmolz, lag die hohe Mauer des Packeises. Aber bis zu uns konnte sein Bersten und Krachen nicht dringen. Wir waren hier gut aufgehoben.

Die Eskimos kannten natürlich bestimmte Stellen, wo das Eis normalerweise dünn war, wo sich Kolke befanden und tiefe Rinnen, in denen die Saiblinge standen und raubten.

Um sich auch bei hohem Schnee zu orientieren, hatte man am Ufer hier und da große Steine zu Säulen aufgeschichtet. Markierungen, mit denen man auch die Wanderungen der Karibus in bestimmte Richtungen lenkte, die die Eskimos Inukchuks nannten. Aus den Verbindungslinien und Winkeln, die die Säulen zueinander hatten, ließ sich die Lage der Gumpen ziemlich genau bestimmen. Jetzt im

Winter sah ja alles anders aus als im Sommer, wenn die Arctic Char aufstiegen zu ihren Laichplätzen.

Wir hackten ein Eisloch durch nur halbmeterdickes Eis, das hier so dünn war, weil nicht weit davon ein Bach mündete. Seine verhältnismäßig warme Quelle lag in der Nähe. Über dem zweiten Loch war das Eis viel dicker. Wir hielten die Öffnung oben so weit, daß Platz für zwei Stufen blieb. Unten ein kleines Plateau für die Füße, während wir auf der untersten Stufe hockten. Das Angelloch selbst blieb nur radkappengroß.

Roger ließ Klumpen von Innereien ins Wasser sinken, durch den Fleischwolf gedrehte Innereien von Robben, Karibus und Polarbüffeln. Die gefrorenen Kugeln würden im Wasser rasch tauen und die Saiblinge anködern. Zwei bis drei Meter sollte der Kolk hier tief sein.

Dann gönnten wir uns eine Siesta. Es war bereits warm, „nur" noch fünfzehn Grad minus. Viel angenehmer als die Tage zuvor, an denen das Thermometer oft auf 40 Grad abfiel. Den Wind vom Meer hielt das Ufer ab. In den doppelten Daunen fühlte man sich pudelwohl.

Roger kramte gefrorenes Karibufleisch hervor und Robbenöl, in das Kräuter eingelegt waren. Das rohe Fleisch wurde in dünne Scheiben geschnitten. Darauf strich man wie auf eine Brotschnitte das Fett. Eine würzige, für meinen Gaumen ungewohnte, etwas ranzig schmeckende Mahlzeit.

Mein Freund angelte mit einem tropfenförmigen Kleinstblinker, der ein kraftlos absinkendes Beutetier imitieren sollte. Mit zitternden Bewegungen führte er ihn auf und ab. Eine ähnliche Technik hatte ich schon in Rußland gesehen, wo man diese Köder „Mormyschka" nannte.

Zweimal wechselte Roger den Blinker. Erst auf ein silbernes Modell mit einem roten Cello-Blättchen vor dem Drilling kam der erste, vehemente Biß.

Das geschah so plötzlich und kurz vor dem Herausheben, daß er gar keine Zeit fand, die Rutenspitze ins Loch und unter Wasser zu bugsieren. Im Nu war die 40er Schnur an der Eiskante durchgerieben. Und der Fisch war weg.

An meinem Loch hatte ich einen Biß auf ein Beutefischchen aus Weichplastik, über dem ein silberner Löffel rotierte. Ein Drillingshaken saß im Schwanz und ein Zwilling unterm Bauch des Köders. Zwischen Maul und Löffel hing ein Gewicht, wodurch die Imitation wie ein Pilker auf und ab trudelte.

Die Rutenspitze hatte ich nach dem Anschlagen sofort unter Wasser gebracht. So konnte der Schnur nichts passieren. Bei diesem wichtigen Vorgang war die kurze, nur sechzig Zentimeter lange Rute von Vorteil. Obendrein hatte man sich nicht über soviel nasse, vereiste Schnur zu ärgern.

Der da unten riß und bohrte und sich wehrte, war weder ein kapitaler noch ein ganz kleiner Fisch. Ein Hindernis mußte ich nicht befürchten. Ich konnte die Bremse also getrost weicher stellen und mir Zeit lassen. Erst als die Fluchten müder und kürzer wurden, forcierte ich den Drill. Roger war mit dem kurzen Gaff zur Hand, und auf dem Eis lag mein erster, etwa fünf Pfunf schwerer Arctic Char. Für viele die Krone der Salmoniden.

Gegen Abend landete jeder noch zwei Fische von derselben Größe. Kapitale Char bringen in seltenen Fällen das Dreifache an Gewicht. Leider prahlten unsere Char nicht mit einem prächtigen Laichkleid, da es dafür noch zu früh im Jahr war.

Die Hunde winselten und jaulten, als wir mit den Fischen am Gaff um die Flußbiegung zurückkamen. Nach dem Füttern der achtzehn Vierbeiner, die jeder ein kiloschweres Stück Robbenfleisch herunterschlangen, und nachdem wir uns selbst ein Filet köstlichen Arctic Chars hatten schmecken lassen, appetitlich braun in der Pfanne gebrutzelt, danach krochen wir früh in die Daunen. Unser Tag war lang gewesen. Wir wollten morgen zeitig raus, um ein oder zwei Robben für die Hunde zu schießen.

Um fünf Uhr früh stand die Sonne am Himmel. Durch die Ferngläser sahen wir weit draußen hinter der Packeisbarriere eine Wand wie aus Goldstaub, die sich deutlich vor dem dunkleren Himmel abhob. Diese Wand war Dunst, der offenem Wasser entstieg. Dunst von der Sonne beschienen, dort, wo das Eis aufgebrochen war und einen See bildete. Im offenen Wasser mußten auch Robben sein. Die Wand aus Dunst wurde unser Ziel.

Schon von weitem grüßten uns die dunklen Kugelköpfe der Robben. Es waren Ringelrobben, rund 80 Kilo schwere Meeresraubtiere, sieben an der Zahl, die allesamt neugierig blieben, wahrscheinlich zum ersten Mal überhaupt Menschen zu Gesicht bekamen. Ihre gefleckten Leiber drehten sich wieder und wieder weit aus dem Wasser. Ihre Köpfe uns dabei zugewandt.

Aber zwischen dem soliden Eis und dem Wasser lag eine meterbreite Kruste von ganz frischem Eis. Viel zu dünn und zu gefährlich, um darüber hinweg eine geschossene Robbe zu bergen.

Außerdem frischte der Wind auf und blies in Richtung See. Die von jungem Eis überfrorenen Bänder, die die riesigen Schollen miteinander verbanden, konnten jederzeit wieder aufbrechen. Wir liefen Gefahr, isoliert zu werden und abzutreiben. Also schleunigst zurück!

Auf dem Rückweg prüften wir mit der Axt zigmal die Festigkeit der frischen Eisbänder. Als wir verschwitzt und ausgepumpt beim Zelt zurück waren, hatte der Wind ordentlich zugelegt.

Es war noch kein Sturm oder gar Blizzard. Aber ein kalter, steifer Wind blies uns aus Nord-Nord-Ost hinaus auf den Ozean und beulte die Wände des Zeltes. Das Licht lag grauviolett, ganz diffus wie ein Schleier vor der Sonne. Der Himmel über der See war längst milchig und schummrig. Es gab keinen Horizont mehr.

Aus dem geplanten zweiten Angeltag wurde nichts mehr. Wir brachen in Eile das Camp ab, verstauten alles auf den Schlitten, legten die Hunde ins Geschirr und flohen mit dem Unwetter im Rücken zurück nach Sachs Harbour.

Der Blizzard kam mit Macht, erwischte uns noch auf den letzten Metern, als wir das rotierende Licht des Towers schon sahen. Er tobte zweieinhalb Tage, weshalb sich mein Abflug von der Insel verzögerte. Neben vielen Erinnerungen, einer guten Eisbär- und Wolfstrophäe gingen diesmal auch zwei geräucherte Arctic Char mit auf die Reise nach Deutschland.

Dolly Varden – Britisch-Kolumbien

Ein leises, ganz fernes Rauschen lag immer in der Luft, ein Rauschen von sachtem Wind um die Felsen herum oder ein Rauschen von Wasser die Felsen hinab. Das war sogar so an sonst stillen, fast windlosen Tagen, jetzt Ende September hier in Kanada, wo man den Herbst ja Indianersommer nennt.

Aber nachts stürzten Fallwinde zu Tal. Heftige, starke Böen waren das, die unser Cabin erbeben ließen, die jedes Flugzeug, jede Piper oder Beaver glatt an die Felsen gedrückt hätten, so stark und so unberechenbar waren diese Windstöße.

Unser Camp in der Wildnis der Rockies, südlich des Yukon in Britisch-Kolumbien/Kanada lag auf der Sohle einer Schlucht, lag am Rand eines namenlosen Sees, den wir Icelake, also Eissee getauft hatten. Den See rahmten timberverfilzte Berge, deren Kuppen oberhalb der Baumgrenze kahl waren, schroff und blankgewetzt von Wind und Wasser und Gletschern. Und natürlich war unser Icelake-Camp nur mit dem Wasserflugzeug erreichbar. Etwa eine halbe Stunde brauchte man hierzu von Prince George, der nächsten größeren Stadt aus.

Als unsere Piper schließlich am Spätnachmittag die Nase nach unten bog, steil nach unten hielt auf den dunklen Spiegel des Sees, da ließ ich die Zivilisation für einige Tage hinter mir. Und ich wußte sofort, hier würde ich mich wohl fühlen.

Gekommen war ich, um in den Rocky Mountains auf Schneeziege und den Brunftschaufler zu jagen. Dabei war ich bereits in Vancouver, meinem ersten Stop in Kanada Hunderten von Lachsen begegnet, wie sie im Sund zwischen Vancouver Island und der Stadt, direkt vis-a-vis der Skyline der Wolkenkratzer, manchmal zwanzig bis dreißig der mächtigen Fische gleichzeitig aus dem Wasser schnellten, sekundenlang in der Luft hingen.

Hier in der Bucht warteten jetzt Tausende und Abertausende von Lachsen vom Pazifik kommend darauf, endlich in einem der Flüsse, beispielsweise im Fraser River aufzusteigen, konnten dies aber nicht, obwohl der „Lachsrun" im Zenit stand.

Die Fische konnten dies nicht wegen des seit Wochen ausbleibenden Regens, weshalb die sonst reißenden Flüsse der Rockies erbärmliche, von Steinen starrende Bäche waren. Unmöglich für die Wanderer, dort hinaufzukommen.

So harrten sie in den Kolken unterhalb der Felsenstufen, wo das Wasser in Rinnsalen hinabrieselte, wo Indianer, und nur die durften das – denn es war ja ihr Reservat –, wo diese Burschen mit Harpunen, mit Keschern, mit Netzen und Wannen und mit „snagging" die Lachse herausholten.

Bei diesem brutalen Snagging trieb man dem Fisch einen in Blei gegossenen Drilling blind an irgendeiner Stelle in den Leib. Man brauchte den Haken nur einfach in den Pool zu werfen und unter Rucken einzuholen. Bei den dicht an dicht stehenden Fischen ein

Kinderspiel. In der Tat waren viele dieser Beutemacher Kinder und Halbstarke.

Das alles hatte ich erlebt und sogar eine untermaßige Steelhead auf Blinker gefangen, in einem Nebenfluß des Fraser oberhalb der Stadt, schon weit oben in den Bergen.

Es war dies ein wunderschöner Fluß mit Wasserfällen, tiefen, verschwiegenen Gumpen, riesigen Findlingsgruppen und mit reißenden Passagen. Und ringsum nur das Sprudeln des Flusses, das Rauschen des rotverfärbten Ahorn, sonst Stille und Friede. Kein weiterer Angler, nirgends eine Menschenseele.

Ich hatte auch die Capilano Salmon Hatchery, eine Lachszuchtstation nahe Vancouver, besucht, hatte dort die Zuchtbecken gesehen mit Drähten darüber, um lauernden Eisvögeln die Mahlzeit zu verderben. Ich hatte Fischtreppen bewundert, wo Lachse aufstiegen.

Und ich hatte in großen Bassins die abgelaichten Fische gesehen, wie sie von Pilzen und Parasiten befallen bei lebendigem Leibe verfaulten, wie ihnen das Fleisch von den Gräten fiel, während sie selbst noch atmeten, während sich ihre Kiemen noch bewegten.

Man impfte hier jedem Junglachs mit einer Art Pistole einen Code in die Stirn, so daß jeder Fisch, egal wo auch immer gefangen, später identifiziert werden konnte. Und man entfernte den so Markierten die Fettflosse, damit ein Angler, der einen Lachs ohne diese Flosse fing, den Kopf seiner Beute zur Station zurückschickte. Hierdurch erhofft man sich weitere Aufschlüsse über die Wanderungen insbesondere der hier gezogenen Lachse.

Zurück zu unserem Icelake Camp, wo ich neben der Jagd als Dreingabe natürlich hoffte, auch angeln zu dürfen, hier im Land der unzähligen, namenlosen Seen, der vielen tausend Flüsse, Bäche und Creeks.

Meinen ersten Versuch vereitelte ein Elchbulle. Als ich nämlich einen Steinwurf weit vom Camp auf Dolly Varden, das ist der Pazifische Saibling *(Salvelinus malma)*, angelte – wir hatten gerade erst das Cabin aufgeräumt und uns eingerichtet – da hörte ich klar und deutlich den unmelodischen, fast stöhnend-schluchzenden Brunftschrei eines Elchbullen: „Üöh – üöh“. Dieser Hirsch konnte nicht weit sein.

Zurück zu Ron gerannt, wies der Indianer gleich zum Ende des Sees, dorthin wo ein heller Sand- und Kiesstrand überging in verbuschten

Sumpf. Denn dort trat gerade die dunkle Silhouette eines Schauflers ins Freie.

Der Elchstier stieg immerzu rufend in den See, wo er jetzt bis zum Bauch im Wasser ganz groß und reglos verharrte: ein riesiger, schwarzer, in der Dämmerung kastenförmig wirkender, kompakter Koloß. Ein vom Gebäude und der Trophäe her kapitaler Schaufler auf der Höhe seines Lebens und seiner Kraft.

Was tun? Der Wind stand nicht schlecht, mochte aber im Talschnitt dort hinten ganz anders streichen und küseln. Wir hätten durch unwegsames Holz den Hirsch umschlagen müssen, ein Wettlauf mit der Zeit allemal. Denn die Sonne war längst versunken. Die hereinbrechende Nacht wurde unser Problem.

Nun, diesen Schaufler bekam ich trotz aller Anstrengungen auch in den folgenden Tagen nicht. Aber ich will ja vom Angeln erzählen.

Es war dies eine der von Reif glitzernden Stunden eines frühen Morgens nach einer kalten, sternklaren Nacht, als die Sonne noch gar keine Kraft hatte. Als alles noch in sich ruhte und den Tag erwartete.

Es lagen noch Nebel über dem See, ganz zarte, transparente, webende Schleier. Und darunter das Wasser lag schwarz mit nicht zu ergründender Tiefe und voller Geheimnis.

Die Saiblinge standen jetzt noch in der Tiefe nahe dem Grund. Sie waren noch lethargisch von der Kälte der vorherigen Nacht. Sie waren noch längst nicht in Freßlaune.

Aber so gegen neun sah ich die ersten dunklen Schatten beim Einlauf des Baches stehn, dort wo eine Kiesrinne erst seicht, dann steil hinab in die Tiefe fiel. Dort an der Abbruchkante lauerten sie auf mit dem Bach herbeigespülte Beute.

Es mochten mittlerweile mehr als zehn Fische sein, alle um die zwei bis drei Pfund schwer. Den 9-Gramm-Mepps-Aglia warf ich weit hinter ihnen ins Wasser, ließ ihn gemächtlich, ruckend und hin und wieder zum Grund trudelnd am Schwarm der Saiblinge vorbeidefilieren, als sich gleich zwei oder sogar drei der Fische auf den Köder stürzten.

Das ließ sich gut verfolgen, da der Blinker bereits im Flachen und über dem hellen Kies angelangt war. Gehakt kämpfte der Salmonide trickreich und erbittert, hatte an der 35er Schnur aber kaum eine Chance im ganz und gar offenen Wasser. Und diese Exemplare waren ja auch nicht die größten des bis zu zehn Pfund abwachsenden Saiblings, der in diesem fast 2 000 Meter hoch gelegenen Gebirgssee offensichtlich der einzig vorkommende Fisch war und ein Raubfisch allemal. Bei einem fand ich sogar eine junge Wasserratte im Magen, im ganzen mit Haut und Haaren verschlungen.

Jeder meiner Würfe brachte einen Biß; jeder zweite einen Saibling an Land. Ich trug sie rasch zum nur zwanzig Schritt entfernten Camp zu einem Wassertrog, den ein Gebirgsbach speiste. Dort blieben die Fische nahezu unbegrenzt frisch und quicklebendig.

Zehn brachte ich mit Mepps und dem 16-Gramm-HB-Blinker (Silber/Gold) mit Hilfe des Watkeschers aus dem Wasser. Und das in nur zwanzig Minuten. Dann ließ sich kein Fisch mehr verführen, auch nicht durch die leckersten Innereien des am Vortag erlegten Elches. Die Saiblinge folgten dem Köder zwar eine Weile, griffen aber nicht zu.

Ron, ein indianischer Führer vom Stamme der Cree, schlug nachmittags Erlenholz und räucherte darin ein Dutzend Filets des roten, grätenlosen Fleischs. Eine Köstlichkeit!

An anderen Tagen war die Beute ebenso rasch gefangen, so, als wäre der See ein unerschöpfliches Reservoir, als stiegen vom Grund und der Mitte des sicher sehr tiefen Icelake immer neue und neue Fische hinauf zu den Einläufen, wo Creeks in ihn einflossen.

Am Morgen des Abschieds lag der See so ruhig und blank da, daß der Staub und die Insekten eine hauchfeine Schicht auf ihm waren, von keinem Lufthauch berührt, von nichts bewegt.

Paul, der Pilot, wog jedes Gepäckstück genau und verstaute es sorgfältig. Er zog noch einmal eine weite, ausholende Schleife über dem See und dem Camp. Dann nahmen wir Kurs Südost ein letztes Mal hinweg über unzählige, namenlose Seen, über Teiche und Tümpelchen, über Sümpfe, Wälder und Berge hinweg zurück nach Prince George.

Kanadaeinsamkeit

Das Jahr wurde schon herbstlich und alt jetzt im ausklingenden September des Jahres 1975.

Es war die Zeit des kurzen, stürmischen, von Farben und Licht glühenden Indianersommers in Kanada. Ihn sollte ich erleben und alles das bestätigt finden, was ich mir von diesem Land erträumt, erhofft und angelesen hatte.

Doch erst einmal fühlte ich mich schrecklich allein und einsam, als ich rucksackbepackt vor dem Flughafen stand, gerade angekommen in Toronto. Vor mir und in den Ohren sechsspurige, ineinander verschlungene, undurchschaubare Highways. Ein Labyrinth aus Asphalt ohne jeden Bürgersteig, ohne Baum, ohne Strauch. Nur Lärm, Gestank und brausende Autos. Keine Chance für einen Tramper.

„Vielleicht kommst Du hier raus, wenn Du weit genug marschierst," redete ich mir ein. Und so wanderte ich, zwar todmüde durch die Zeitverschiebung von acht Stunden – in Deutschland war es weit nach Mitternacht – irgendeine Straße weiter und weiter. Ohne ein Ziel, den erstbesten Highway entlang mit nur einem Gedanken: „Hier willst Du raus!"

Aber es blieb bei Highways, bei Autoschlangen, bei Lärm und meilenweiten, sich schier ins Unendliche ziehenden Industriegebieten, die sich wie ein Krebsgeschwür ins Land fraßen.

Irgendwann gab ich auf und mühte mich zurück zum Airport. Dort lungerte ich herum, mehr dösend als schlafend bis zum Morgen. Im Laufe des nächsten Tages am Bahnhof in der Innenstadt bekam ich leider keinen Zug mehr in Richtung Norden. Also eine weitere Nacht dösen, frieren und wachsein, diesmal in der zugigen Bahnhofshalle Torontos.

Nach zwei schlaflosen Nächten hatte ich am dritten Abend endlich ein klappriges Bett in einer schmuddeligen Absteige viele Meilen nördlich, wo genau, weiß ich nicht mehr.

Von diesem Dorf trampte ich weiter gen Norden bis nach Orillia, einer Kleinstadt am Lake Simcoe; das war ein langgezogener, schilfumwachsener See mit etlichen Nebenseen, Altarmen, Verlandungszonen und Seichtwassern.

Gleich in der ersten Nacht wurde es in meinem Einmannszelt bitter kalt. Der viel zu dünne Schlafsack war den Minusgraden nicht gewachsen. Gleich in der ersten Nacht fiel Schnee. Morgens lag die Landschaft weiß überzuckert. Und eine Fährte war da, die mir Sorgen machte. Ein neugieriger Schwarzbär, der nahe am Zelt vorbeigetrottet war.

Am Seeufer weit außerhalb der Stadt gab es ein Camp, in dem ich mir eine Blockhütte mietete. Das war spottbillig jetzt in der Nachsaison. Ich hatte alle Blockhäuser ringsum für mich ganz alleine und war der einzige Gast weit und breit.

Verglichen mit dem niedrigen, kalten, spartanischen Zelt glich die Hütte einem „Schloß“ mit ihren zwei Schlafkabinen, dem großen Wohnraum, darin Kühlschrank und Kochgelegenheit.

Es herrschte ringsum Stille und Frieden. Ein kleines Paradies, wenn unter den Obstbäumen vor der Hütte die Eichkatzen tollten, wenn die Häher und Drosseln Äpfel und Birnen ernteten.

Ich holte mir auch meinen Teil, preßte die aufgekochten Früchte durch ein Tuch, gewann Saft, den ich abkühlen ließ; der ein erfrischendes Getränk wurde, mein Getränk tagaus und tagein. Ich lebte überhaupt sehr bescheiden, fast ausschließlich von Selbstgefangenem und -gesammeltem.

Denn auf silberne, auf Made gefangene Köderfischchen gingen mir Hechte an den Haken. Mehrere Dutzend Sonnen- und kapitale Flußbarsche nahmen den Wurm und kleine Spinner. Die Flußbarsche waren unglaublich kompakt, manche über drei Pfund schwer!

An stürmischen Tagen, wenn man „keinen Hund vor die Tür jagen konnte“, und der Regen in Böen gegen die Hüttenfenster klatschte, gerade dann bissen Zwergwelse. Sie suchten im aufgewühlten Boden nach Nahrung, waren gerade jetzt unterwegs und beißlustig.

Wenn ich spätabends durchgefroren nach Hause kam, ließ ich mir die lecker gebrutzelten Fischfilets in der mollig warmen Bude schmecken. Wenn die nassen Klamotten über dem Ofen dampften, die Regenschauer aufs Dach prasselten, und ich später todmüde ins Bett kroch, da war ich wirklich glücklich, trotz und vielleicht gerade wegen meiner selbstgewählten Einsamkeit.

Nach dem Angeln am frühen Morgen und später wieder gegen Abend, machte ich meilenweite Spaziergänge am See entlang, mal in diese, mal in jene Richtung. Es gab unendlich viel zu entdecken.

Die Sommerhäuser lagen bereits verrammelt und abgeschottet. Entlang den Stegen dümpelten winterverpackte Boote. Die letzten großen Monarchenfalter gaukelten durch den Altweibersommer. Ihre Zeit war bald um.

Eine Gottesanbeterin, eine handlange Fangheuschrecke, nahm ich mit zur Hütte, wo sie mein „Haustier“ wurde, wo ich sie mit Heupferdchen fütterte und studierte. Wie sie regungslos Stunde um Stunde dasaß, die langen Fangarme wie zum Gebet gefaltet, um blitzschnell, schneller als mein Auge es verfolgen konnte, vorzustoßen, und die strampelnde Beute bei lebendigem Leibe bereits verzehrte.

Auf meinen Exkursionen begegnete ich oft Bibern, die zutraulich blieben. Wasserschlangen sah ich und Scharen von Wasserwild. Morgens wie abends strichen Kanadagänse mit lautem „ker-honk" zu ihren Schlafplätzen. Sie würden bald, allzubald abreisen und aufbrechen zum wärmeren Süden.

Eines Morgens weckten mich Flintenschüsse, ganze Salven von Schüssen. Eine Kanonade hob an rings um den See. Die Saison der Gänse- und Entenjagd hatte begonnen. Die folgenden Tage wurde das Schießen spärlicher. Schließlich kamen nur dann und wann noch vereinzelte Schüsse. Das Wild war scheu geworden und die Jäger satt.

In den sechs Wochen meines Alleinseins hatte ich mit kaum einem Menschen gesprochen. Viele Dinge, besonders die kleinen, auf den ersten Blick unscheinbaren Dinge am Rande, beispielsweise all die Insekten oder die Moose, Flechten und Pilze oder die vergehenden Stengel des Schilfs, in denen der Wind pfiff, oder die bunten, glühenden Blätter des Ahorns, all das und vieles mehr hatte ich wahr- und liebgewonnen, all dem war ich nähergekommen.

Ich hatte „sehen gelernt" und mich dem Kern der Dinge etwas genähert. Denn alles was zur Tiefe dringt, braucht die Güte der Stille.

Nicht zuletzt erlebte ich auch jeden Tag aufregende Fischwaid. Über zweihundert Schuppenträger wurden meine Beute. Dann aber fieberte ich der Abreise entgegen. Noch längere Zeit in der Einsamkeit zu verbringen, dazu war ich noch nicht reif, jetzt jedenfalls noch nicht.

Texanisches Großmaul

Nordamerikas beliebtester Süßwassersportfisch wird der Schwarzbarsch sein, nicht zuletzt, da er weit verbreitet ist und, einmal gehakt, vehement und ausdauernd springt, und weil er ausgezeichnet schmeckt.

Ja, es gibt jedes Jahr zahlreiche hochdotierte „Basscompetitions", das sind Wettkämpfe um den schwersten Schwarzbarsch.

Beide Arten, der Groß- und der Kleinmäulige Schwarzbarsch (large u. small mouth black bass) lieben warme, ruhig fließende oder stehende Gewässer. Ihre Einstände sind vor dem Schilf, unter dem Teppich der Seerosen, dort wo der Uferbewuchs weit überhängt oder eine Brücke übers Wasser führt. Dabei bleiben sie standorttreu, oft ein Fischleben lang.

In Italien, Spanien, Frankreich und in einigen Seen Österreichs wurde er vor Jahrzehnten erfolgreich eingebürgert. Unsere heimischen Gewässer waren ihm zu kalt. Er konnte in Deutschland nie Fuß fassen.

Ideal war aber zweifellos das im Sommer sehr heiße, felsige und canyonreiche Buschland der Kerr County, eine Landschaft im Süden von Texas, nur einen Katzensprung weit von Mexiko, wo das Wasser das Jahr über warm blieb, deckungsreich war und voller Leckerbissen. Hier fühlte sich das „Großmaul" wohl.

Noch war es nicht Sommer. Die Klapperschlangen verließen erst zögernd die oft riesigen Labyrinthe unterirdischer Bachbetten, in denen sie den Winter verbracht hatten. Die Kolibris besuchten noch fleißig die angebotenen Nektargläser in den Eichen rings um das Haus meines Freundes Hans Jaggi. Denn es blühte noch nichts.

Kahl, öde und abweisend, ohne jegliches Grün lagen die Ufer des Johnson River, der Inseln und Inselchen und tiefe, breite Gumpen besaß. Wo er sich einen Weg durch Felsengen bahnte, wurde er reißend mit brodelnden Stromschnellen, Überfällen und hüpfenden Strudeln.

Mein Angeltag Ende März begann drückend und schwül. Er ließ den heißen, glühenden Sommer erahnen. Nach dem Regen der Nacht blieb die Sonne am frühen Morgen erst noch verhangen hinter einem Schleier aus Dunst. Nebel webte über den Wiesen. Auf zarten Gelenken balancierte er über dem Fluß.

Es herrschte Treibhausklima. Fast über Nacht hatten die Weiden einen ersten, zartgrünen Schimmer bekommen. Heute war Beißwetter!

Kleinfingerlange Silberfischchen, sogenannte Minnows, und Tauwürmer bekam ich im Supermarkt. Hans' Angelbox quoll über von einem Sammelsurium aus Wobblern, Blinkern, knallbunten Rippern, Twistern, Zockern, Plastikheuschrecken und befiederten Haken, die alle als Ersatzköder in Frage kamen.

Mein Freund lieh mir seinen Jeep. Ich genoß bei ihm jede Freiheit sowohl im Angel- als auch im Jagdrevier. Natürlich konnte ich nicht schnell genug ans Wasser kommen.

Obwohl ich mich äußerst vorsichtig ans Wasser pirschte (denn ich wußte, wie scheu der Schwarzbarsch war), versank eine Schule halbstarker Barsche lautlos in tieferes Wasser. Und ein Dutzend Schildkröten glitt von den Ufersteinen, manche so groß wie ein Barhocker, um wenig später wieder aufzutauchen, im Wasser treibenden Ästen täuschend ähnlich; sie versanken aber bei der geringsten Störung wieder lautlos.

Der Königsfischer schimpfte mich aus. Durchs Vorjahrslaub raschelte unbeirrt ein Gürteltier, als die Pose mit dem Fischchen als Köder Sekunden nach dem Einwerfen schon schräg in die Tiefe sauste, ganz rasant in Richtung des Wirrwarrs aus Ästen und Zweigen einer versunkenen Eiche. Ihre Krone verbag der Fluß.

Von seinem Versteck mußte ich den Fisch fernhalten, ganz und gar kompromißlos. Die 35er Schnur hatte das durchzustehen. Mir blieb überhaupt keine andere Wahl.

Da schoß es schon heraus aus dem Wasser, das texanische „Großmaul"! Es schüttelte und bog sich, das Maul dabei weit geöffnet, fast bis zu den großen Augen. Ein kompakter, ein muskulöser Fisch, der jetzt wieder und wieder sprang, schon zum dritten und jetzt zum vierten Mal, der zwischen den Pirouetten kraftvoll im Zickzack floh. Dieser Barsch „verkaufte sich teuer".

Ich gewann den „Fight", den Wettkampf, wenigstens vorerst. Der Sechspfünder landete im Setzkescher. Als ich den zweiten Barsch, einen nur etwas schwächeren, hinzutat, war der größere weg. Er war durch die untere Klappe des Keschers, die leider nicht verschlossen war, längst entwischt.

Der Ausreißer blieb heute der Stärkste. Ihm folgten noch etliche Schwarz- und auch Blaubarsche (blue gill) und schließlich ein Wels. Die Palette bunt machten Sonnenfische und Barben.

Die versunkene Krone der ehemals mächtigen, alten Eiche suchte ich in den kommenden Tagen noch einige Male auf. Die Fische liebten den verwachsenen Einstand. Vielen Kapitalen bot die Eiche Unterschlupf.

Ich lernte auch bald unterscheiden, welcher Fisch gebissen hatte. Die Schwarzbarsche schnappten unverwechselbar hart, ohne zu zaudern, oft sofort nach dem Einwerfen den Köder, um dann gleich in kräftigen, ruckartigen Sprints im Zickzack zu fliehen und immer wieder zu springen. Manche allerdings mehr, andere weniger häufig. Mit dem letzten Schwanzschlag, mit einem allerletzten Schütteln des schweren Hauptes kam er oft noch in Freiheit.

Das war Spannung vom ersten bis zum letzten Moment.

Als heute kein Köder mehr reizte, bummelte ich flußab. Verkiestes Schwemmland erstreckte sich längs des Flusses. Eidechsen huschten davon. Gellend flog der Regenpfeifer auf. Er schimpfte und tat kund: dies hier ist mein Revier!

Das jenseitige Steilufer bot Schwalben Versteck und Brutplatz: dicht an dicht ihre Niströhren. Darüber in schwindelnder Höhe, daß man den Kopf weit zurücklegen mußte, hingen wie riesige Körbe Wespennester. Ein Nest neben dem anderen. Hunderte der Insekten umschwärmten ihre Burgen. Gottseidank, daß sie so hoch oben blieben! Tief unter dem Abbruch lag das Wasser schwarz und still und war bewachsen von Seerosen.

Nach Sonnenuntergang hatte das Beißen schlagartig ein Ende. Kein Strike mehr, nicht einmal ein Zupfen. Als ich meine Siebensachen zusammenkramte, verließen die Nutria, jene bibergroßen Nager, die so schwer wie ein Rehbock wurden, ihre Unterwasserburgen. Lautlos glitten sie ins nachtschwarze Wasser, schwammen zu dieser oder jener Halbinsel und Insel im Fluß, um sich zu putzen oder einen Leckerbissen zu verschmausen.

Ein Ziegenmelker flatterte aus dem Lichtkegel der Taschenlampe. Irgendwo sang ein Laubfrosch sein einsames Lied. Ein zweiter stimmte ein und schließlich ein dritter. Dann eine Weile Stille.

Bis weit draußen im Creek die wilden Truthähne aufbaumten. Ihr Kollern schallte weit und eindringlich hinaus in die Nacht. Ein glücklicher Tag am Wasser in der Wildnis des Kerr County klang langsam aus.

Mittel- und Südamerika

Im Schatten der Fledermausinseln – Costa Rica

Fast schüchtern weist Turo, der farbige Skipper, zu dem mächtigen, dschungelwuchernden Gebirgsmassiv in seinem Rücken. Das seien die Fledermausinseln.

Einladend sind die „Bats Islands“ nicht mit ihren verfilzten, unerschlossenen Urwäldern, den steilen, das Gebirge schroff hinabstürzenden Rinnen und den geheimnisvollen Höhlen, wo in riesigen Felsendomen Tausende von Fledermäusen hausen, ja sogar Vampire, wie mir der Skipper auf seine Halsschlagader deutend unmißverständlich klar macht.

Wo die Felsen senkrecht in den Pazifik fallen, wo die Gischt wie eine gierig züngelnde Gardine, wieder und wieder sich brechend, die Felsen emporklimmt, unter diesem brausenden und grollenden Spektakel schaukelt unser 20 Fuß langes Rabalo-Boot. Im Schlepp der drei 80-lbs-Ruten schwere Magnumwobbler und ein lebender Bonito.

Wir stellen dem „Roosterfisch“ nach, einem gewaltigen Kämpfer, der unter den Felsen raubt und in Höhlen lebt. Im Spanischen „Papagayo“ genannt, gab er dem Golf hier den Namen. Mit seiner riesigen Rückenflosse ist er eine skurrile Trophäe; bei uns heißt er deshalb Hahnenfisch.

Ab und zu flieht der Bonito. „Kra-kra-kra“ geht die Rolle. Die Bremse steht lose. Jemand verfolgt unseren Köder, beißt aber nicht. Später verführt der Wobbler eine Spanische Makrele, und ein kleinerer Dolphin (Goldmakrele) hängt. Sonst nichts.

Beeindruckend aber die Wildnis der großen und das Bizarre der vielen kleinen und kleinsten Fledermausinseln. Wir gleiten vorbei an Tunneln, an Kathedralen aus Stein, vom Meer in die Felsen genagt, in denen die Flut brüllt und dröhnt und sich bricht im Rhythmus der Gezeiten.

Manche der Felsnadeln haben Kappen aus Agaven. Andere sind dicht mit Kakteen oder Buschwerk bewachsen, immer nur von einer einzigen, bestimmten Art entsprechend dem Samen, der vor Jahrhunderten hier Fuß fassen konnte.

Wir fahren vorbei an kilometerlangen, weißsandigen Stränden. Das sind hier ganz einsame Strände. Niemand, der hier je badet. Ein Pulk Raubvögel umringt einen gestrandeten Tümmler (eine Delphinart). Tiefe Löcher haben die Geier und Milane in seinen Leib gerissen.

In den Schluchten dahinter, in den Rinnen und Gräben, wo Wildbäche bergab tosen, und um die Zinnen aus Stein orgelt der Wind. Und Turo erzählt mir von Riesenjaguaren, die es hier geben soll, nie bejagt. Er schwärmt von den vielen Hirschen, von den Wildsauen und den schönen Ozelots. Paradiesisch!

Dieses Paradies der Angler und Jäger erreichte ich via Miami und San Pedro, der Hauptstadt Costa Ricas. Dreieinhalb Autostunden ging es durch die Kordilleren Mittelamerikas bei Nacht, zuletzt auf holprigen, ausgewaschenen Sandpfaden. Am Weg ein längst schlafendes, stilles Dorf. Nur das Gotteshaus: ein Zelt mit Holzbänken und einem blumengeschmückten Altar, und der Friedhof waren erleuchtet. Wohl die ganze Nacht hindurch.

Dann war ich mit meiner Frau endlich am Ziel in El Ocotal, der Big Game Lodge im Golf von Papagayo. Ein herrliches Fleckchen vor dschungelbewucherten Bergen mit einem weichsandigen Strand in abgeschlossener Bucht.

Die Bungalows zogen sich wie Perlen einer Kette einen Bergkamm hinauf. Auf der Höhe lagen Swimmingpool und Restaurant. Letzteres bot eine Fülle kulinarischer Köstlichkeiten wie Langusten in verschiedenen Variationen, Krabben, Doradenfilets und Palmenherzen. Ich gerate ins Schwärmen.

Turo, der zweiundzwanzigjährige Kapitän, steuert das Boot heute Kurs Nordwest in die offene See, in Richtung Nicaragua. Riesige, uralte Meeresschildkröten, von Seepocken und von Algen bewachsen, kreuzen unseren Weg. Die Schulen schneller, quicklebendiger Tümmler begleiten uns. Sie schwimmen so nah, daß man sie fast streicheln kann.

Nach zwei Bootsstunden liegen die vielen einsamen, nie betretenen Buchten, die skurrilen, aus dem Pazifik steigenden Felsen: Nadeln, Quader, Kegel, etliche blankgewaschen von Wind und Wellen, andere dicht bewachsen, und die vom Kot weißgetünchten Vogelinseln längst weit hinter uns.

Wir fahren inzwischen im offenen Meer. Unser Boot gehorcht dem Rhythmus der Wellen. Wir richten die Tamarin- und Flamingo-Jigs, zusätzliche Streifen von Dolphinfleisch sollen sie noch verlockender machen.

Nach einem Fischzeichen halten wir Ausschau, nach einem Volk Seevögel, das einem Sardinenschwarm folgt. Denn Sardinen werden auch immer von kleineren, oft sogar großen Räubern umkreist. Einen drei bis fünf Pfund schweren Bonito oder Thun brauchen wir, um Sail und Marlin an den Haken zu locken.

Plötzlich sind wir in einer Schule Doraden, auch Dolphin oder Goldmakrele genannt. Zwei Leinen schnacken gleichzeitig aus den Outtriggern. Outtrigger sind seitlich am Boot angebrachte Ausleger, um die Leinen weiter außen zu führen. Dadurch können mehrere Schnüre geschleppt werden, und die Gefahr des Ineinanderlaufens ist geringer.

„Ri-ri-ri-riiii" summen die Rollen. Schnur flitzt ins Meer. Eine Rute hat Turo, die andere habe ich. Wuchtiger Anhieb, als im genau selben Moment schon rund 100 und 150 Meter vom Boot die golden schimmernden Fische aus dem Wasser schießen.

Wir haben alle Hände voll zu tun, die Leinen auseinanderzuhalten, müssen unter- und übereinander hindurchkriechen und versuchen, den wütenden Doraden unseren Willen aufzuzwingen. Das ist eigentlich nur möglich, weil beide nur mittelgroß sind. Das schwere Gerät hält viel stärkeren Fischen stand.

Einen Fisch nehmen wir ins Boot. Den anderen lassen wir nahe am Boot noch eine Weile draußen, um die Schule bei der Stange zu halten und in Sicherheit zu wiegen. Tatsächlich erbeuten wir in weniger als einer Stunde zwölf prächtige Doraden, verlieren aber weit mehr. Dann ist die Schule fort. So plötzlich, wie erschienen, entschwindet sie in die Weite des Pazifiks, aus der sie auftauchte.

Wir finden schließlich ein Fischzeichen. Drei Dutzend Sturmvögel begleiten in weit ausholenden Bögen einen Fischschwarm. Der erste Zwei-Kilo-Thun, als Panama-Rig getakelt, surrt in die Tiefe. Aber nicht er wird als nächstes genommen. Nein, der Tamarin-Jig, der künstliche Köder, schießt ins Meer! In Windeseile saust die Leine in gerader Linie 150 Meter weit ins Meer.

Dann kommt mein Anschlag. Ich bin ganz konzentriert. Haue zwei-, dreimal mit aller Kraft an. Da schnellt, als er den Haken spürt, aus den Wogen mit einem mächtigen, pendelnden Schwanzschlag ein Gigant von einem Dolphin, einer jener starken, alten Einzelgänger. Weit draußen wirkt er ganz klein auf diese Distanz. Aber es ist bestimmt ein großer, hochstirniger Dolphinbulle (Goldmakrele), einer der besten und ausdauernsten Kämpfer, einer der schönsten Fische der Hochsee überhaupt.

„Ra-ra-ra-ra“ ächzt die Rolle. Weitere 50 Meter surren ins Meer. Und die Rolle dreht leer, als ich Schnur retten will. Der Fisch macht, was er will, springt wieder und wieder. Ich halte ihn stramm. Er bleibt unter Spannung. Er spürt meinen Zug am Haken. Dagegen bäumt er sich auf.

Und er ändert die Taktik. Er geht in die Tiefe, bleibt dort bohrend und starrköpfig wie ein Thun, kommt jetzt plötzlich hoch zum Boot, rasend schnell, bricht erneut aus dem Wasser. Ein wütender, tobender Fisch. Ein Stier! Sein schweres, bulliges Haupt. Die kleinen, funkelnden Augen. Die prächtig blaue, hochgestellte Rückenflosse. Das alles erkenne ich jetzt. So nah ist er schon. Dann nimmt er sich wieder Schnur. Und ich laß ihn gewähren.

Dreißig Minuten habe ich ihn jetzt an der Angel. 45 Pfund wird er wohl wiegen. Ein Kraftpaket. Als wäre er nur dazu da, an der Angel zu kämpfen.

Nahe am Boot nun ein letzter und ein allerletzter Sprung. Ein letztes Mobilmachen der Kräfte. Das Aufbäumen gegen die „Folter“. Die goldene Breitseite schimmert. Aus seinen Flanken wird pures Gold in der Sonne.

Turo beugt sich hinüber. Als der Fisch den Zug am Vorfach spürt, schlägt und tobt er noch einmal. Dann fliegt das Gaff. Ich habe gewonnen!

Auf dem Heimweg ein zweiter starker Dolphin, diesmal ein Weibchen mit der viel flacheren Stirn als das Männchen. Auch diesen Fisch bezwingen wir. Herrliche, kraftvolle Fighter an mittelschwerem Gerät.

Wir brausen zurück. Das einst so leuchtende Schuppenkleid der Goldmakrelen ist nun fahl und stumpf geworden. Sie sind steif und krumm, als wir sie aus der Frischhaltebox nehmen. Nicht nur das Leben, sogar ihre Seele scheint aus ihnen gewichen.

Als wir im Bungalow zurück sind, ist gegen Abend der Wind eingeschlafen. Ich sitze auf der Veranda über der Bucht und höre dem Meer zu. Seine Gischt ist jetzt zahm. Nur noch wenige flache Wellen, deren Kronen blitzen. Alle Inseln in Sichtweite, auch die Fledermausinseln, werden zu Skulpturen, die Tiefe bekommen. Während die letzten, die ganz fernen Eilande verschwimmen und einswerden mit dem Horizont. Friede herrscht. Und ich genieße die Bilder. Sail und Marlin halten sich hier im Pazifik an bestimmte Wanderwege. So trifft man den Marlin bei Jahresbeginn vor Panama, im April und im Mai aber erst vor der Küste Costa Ricas. Sails (= Segelfische) sind zwar ganzjährig zu beangeln, erscheinen gerade in diesem Golf aber erst zur Jahresmitte in einer unvorstellbaren Anzahl, wobei Juli und August als die „heißen" Segelfischmonate gelten. Ob diese Wanderungen vom Nahrungsangebot oder der Wassertemperatur abhängen oder durch Paarungsgewohnheiten beeinflußt werden, weiß selbst Rick Wallace, der Besitzer der Logde und erfahrener Big Gamer, nicht ganz genau.

Trotz der nach dem Kalender besten Fangzeit beißt die beiden ersten Angeltage kein Sail. Einen einzigen locken wir zwar ans Boot, was man „raised" nennt. Doch auch der Teaser, ein hakenloser Fischlocker aus schreiend bunten, großen Plastikscheiben bringt nicht den erhofften Biß.

Schließlich die dritte Ausfahrt. Wieder Hoffen, Hineinträumen in den Augenblick des Erfolgs, wenn so ein Riese von Sail endlich gehakt würde, einer von denen, die über 100 Pfund wiegen. Bringt der Pazifische Segelfisch doch bis zu 100 Kilo auf die Waage. Dagegen ist sein atlantischer Vetter mit durchschnittlichen 30 bis 40 Pfund ein Fliegengewicht.

Wieder gilt es zu warten, Stunde um Stunde. Einschläfernd die Melodie des Meeres. Ermüdend, wenn das Bötchen bei langsamer Fahrt durch die Gischtkronen des Pazifiks pflügt. Ich habe längst die Orientierung verloren und vergehe in der Zeit.

Schleppen wir bereits zwei oder gar drei, vielleicht sogar schon vier Stunden? Sind das dort im Dunst noch die letzten Fledermausinseln, oder ist das bereits das Festland Nicaraguas? Und dann, wie so oft auf hoher See, geschieht alles ganz plötzlich, unangekündigt, ganz ohne Vorwarnung. Turo springt auf, schreit: „Sail! Sail!", schnappt sich die Rute, reißt den Köder ruckartig zum Boot, wieder und wieder, will dadurch den Sail reizen, ihn zum Anbiß verleiten.

Eine große, dunkle Flosse folgt dem Jig, taucht ab, ist wieder da. Wo genau? Die unruhige See, verdammt. Da ist sie wieder, durchschneidet blitzschnell das Wasser, durchpflügt es. Für den Bruchteil einer Sekunde das aus den Wogen hin und her schlagende Schwert. Eigentlich nur zu ahnen. Und die Leine zischt ab!

Turo gibt mir die Rute. Meine linke Hand fühlt die Schnur, spürt, wie sie davonsaust, rasend schnell. Ich lasse den Sail nehmen, schaue nach einer Weile zum Skipper. Der nickt.

Da stehe ich auf, um die Kraft meines ganzen Körpers in den Anhieb zu bringen. Zwei-, drei-, vier-, fünfmal lasse ich ihn den Haken spüren, verankere ihn tief im harten Fischmaul, hoffe, daß er wenigstens die ersten Sprünge lang hält.

Weit, weit weg, an die zweihundert Meter weit weg, kommt der Fisch zum ersten Mal heraus. Er schüttelt das silbern glänzende Haupt, wirkt auf die Distanz sogar klein, irgendwie zierlich. Doch es ist gewiß ein ganz kapitaler Sail, der jetzt abtaucht. Der lange, sehr lange taucht und schließlich in Richtung Boot schießt. Der Captain gibt Vollgas. Ich kurbel, was das Zeug hält. Keine Spannung mehr! Aus und vorbei! Der Fisch ist ab. Verdammt! Bin ich enttäuscht!

Gerade da springt er wieder. Diesmal ganz nahe. Also ist er doch noch dran. Ich sehe seine riesigen Augen, jeden Streifen des leuchtenden, braunsilbernen Körpers, registriere das schlagende Schwert und zum ersten Mal seine Flosse, die er jetzt aufstellt. Eine herrliche, blaue Fahne. Umwerfend schön dieser Fisch!

Noch habe ich ihn nicht. Er sucht nun sein Heil in der Tiefe, steht unter dem Boot, bleibt dort wie angenagelt, wie verwurzelt, wandert wohl mal nach rechts, mal nach links, immer nur wenige Meter. Turo, der hinter mir steht, bringt mich im Kampfstuhl umsichtig in Position. Er manövriert das Boot, wenn der Sail unten durch will.

Ich pumpe und pumpe. Beängstigend beugt sich die Rute über die Reling, die Spitze berührt fast das Wasser. Und die Rolle dreht leer. Soll ich Schnur geben, die Bremse leichter stellen? Lieber nicht. Tausend Gedanken schießen mir durch den Kopf. Dabei ist es letztlich nur einer: Du willst diesen Fisch bezwingen, einen einzigen starken Sail, und zwar diesen!

Der „Billfisch" wird allmählich müde. Billfische (engl. bill – das Schwert) nennt man alle schwerttragenden „Game"fische. Über dreißig Minuten hält er uns schon in Atem. Das Vorfach kommt jetzt aus dem Wasser. Die schimmernde Breitseite läßt die Länge des Fisches erahnen. Die dunklen Querstreifen. Das Schwert. Dort sein

Auge. Das alles erkennen wir jetzt.

Sachte, sachte führe ich ihn näher ans Boot. Turo greift nach dem Vorfach, zieht es zu sich. Da erschrickt der Fisch, schüttelt das Haupt, schlägt sich frei, taucht tatsächlich noch einmal ab. Vierzig Gänge Schnur nimmt er mit. Mühsam hole ich ihn wieder, Zentimeter für Zentimeter. Auch meine Kräfte erlahmen.

Ein zweites und ein drittes Mal dasselbe Manöver. Beim Griff nach dem Schwert kämpft er sich jedesmal frei, reibt plötzlich mit einem wuchtigen, blitzschnellen Streich das rauhe Schwert an Turos Oberarm entlang, daß der Skipper vor Schmerzen aufschreit. Die Wunde blutet stark. Das Schwert ist eine furchtbare Waffe!

Ich lege die Rute zur Seite. Beide packen wir den Fisch, einer am Schwert, der andere an der Rückenflosse. Mit vereinten Kräften ziehen wir ihn ins Boot und bewundern dieses Bild von einem Sail.

Hundert, vielleicht sogar 130 Pfund wird er wohl wiegen. Ein kapitaler Pazifischer Segelfisch. Zwei, drei Aufnahmen schießen wir. Jetzt am Ende seiner Kräfte, vollkommen ausgedrillt, dauert es lange, bis er wieder abtaucht in die Freiheit, zurück in sein Element, und in der Tiefe verschwindet.

Am folgenden Tag besiege ich einen zweiten Sail (Segelfisch). Ein dritter, ganz Schwerer, geht kurz vor der Landung verloren. Die Segelfische sind auf einmal da. Jedes Boot fängt täglich mindestens einen, manches Boot ein halbes Dutzend Fische. So rasch kann sich die Szene ändern in nur wenigen Tagen.

Ich lerne einen Amerikaner kennen, der mit Streamern und Fliegen, die ein Styroporschwimmer trägt, Sails überlistet. Nur wirklich aggressive Fische lassen sich mit diesen relativ unscheinbaren Ködern verleiten. Doch dieser Könner hat tatsächlich Erfolg.

Unsere Heimreise rückt näher, gerade jetzt, da es richtig spannend wird. Die Bilanz der fünf Ausfahrten: zwei starke Sails, neunzehn Doraden, elf Gelbflossenthune, sieben Bonitos, je ein „Blue Runner“, eine Spanische Makrele und ein halbstarker Hahnenfisch.

Der Morgen der Abfahrt ist da. Laszlo, der Taxifahrer hupt. Es ist zwei Uhr früh und sternenklar. Ein letztes Mal rumpeln wir durch das noch schlafende Coco Beach, vorbei an der hell erleuchteten Kirche und vorbei am Friedhof unter den Laternen.

Als es dämmert, sind wir schon längst in den Kordilleren inmitten der Nationalparks. Rechter Hand der Pazifik und auf der anderen Seite Karibik. Zwischen zwei Ozeanen geht hoch darüber der Paß.

△12

12 Auf dem Jentna in Alaska: Boote unter der Mitternachtssonne.

13 Auf einem Nebenfluß des Jentna in Alaska:
Beim Schleppen des Bootes über Stromschnellen.

14 Abendstimmung vor einer Hütte im alaskanischen Anglercamp.

15 Einsamer Saiblingssee in Britisch-Kolumbien/Kanada.

16 Costa Rica, im Schatten der „Fledermausinseln“:
Ein kapitaler Dolphinbulle ist gelandet.

17 Segelfisch kurz vor der Landung.

18 Fang von Ködersardinen vor Britisch-Honduras.

19 Vor Mauritius: Im Kampfstuhl – ein Marlin hat gebissen.

20 Abendrot über dem Chiredzi in Simbabwe.

21 Ein Bonito wird blitzschnell angeködert.

22 Wahoo von 54 Pfund. Im Hintergrund ein großer Blauer Marlin.

23 Strand des Baikalsees im Abendlicht.

24 Ein Boot voller großer Karauschen in Kasachstan.

25 Im Outback Nordaustraliens: Zwei starke Barramundibarsche.

△13 ▽14

△15 ▽16

△17 ▽18

△ 19 ▽ 20

△21 ▽22

TRE DE PECH
MAURICE
BOAT
ANGLER
FISH
WEIGHT
LINE TEST
SKIPPER
DATE

△ 23 ▽ 24 ▷ 25

Kaffee- und Bananenplantagen viel später auf der Fahrt bergab. Dahinter Galeriewälder, tropisch, lianendurchflochten, häufig undurchdringlicher Dschungel. Dann wieder Haziendas mit weißen, riesigen Koppeln. Von Früchten, Gemüse und Gewürzen überquellende Läden immer wieder am Wege.

Das alles bleibt hinter uns. Das alles bleibt als Erinnerung in uns wach.

Caribbean Island – Britisch-Honduras

Dort draußen brauste das Meer gegen das Riff wie ein ferner, grollender Donner. Seine Gischt war eine weiße, wogende, nie zur Ruhe kommende Zeile am Horizont. Doch davor, nah dem Land, lag das Meer völlig zahm und still im Schutze des Riffs.

Die gecharterte Beaver hatte uns auf die Insel gebracht. Eine Insel in der Karibik vor Belize, dem ehemaligen Britisch-Honduras. „Ambergis Caye. Your Island in the Caribbean Sea!" begrüßte uns die einladende Aufschrift an einer Holzbaracke, die das bescheidene Büro der Maya Airways bildete.

Dann brauste das Boot die palmenflatternde Küste entlang bis zur Lodge. Direkt vor der Haustür lag ein weißer Sandstrand, gab es sich im Wind wiegende, ewig klappernde Palmen und einen unendlich langen Pier weit hinaus in die See. In Sichtweite der von der Gischt weiße Streifen des Riffs.

Anderntags holte mich Romal frühmorgens ab. An San Pedro, dem kleinen Ort am Südzipfel der Insel vorbei, sausten wir tief in die „Flats". Das waren Flachwasserzonen des Lagunenriffs, oft nur knöcheltief. Darin eingestreut lagen kleine und kleinste Inseln, Mangrovengehölze. Eine Welt für sich mit Reihern, Kormoranen und Fischadlern und im Wasser mit mächtigen Rochen, wo kein Wind wehte, wo die Luft flimmerte und flirrte von der brütenden, feuchten Hitze des nahen Dschungels.

Doch der Flugangler traf hier so begehrte Beute wie Bone-Fische (Grätenfische), Ladyfische (Frauenfische) und Tarpons. Seine unentbehrlichen Requisiten waren eine Polaroidbrille und die dem

Auge Schatten spendende Schirmmütze, um den Fisch zu orten. Das wiederum blieb Voraussetzung, die Fliege zentimetergenau vor seinem Maul zu plazieren.

Wo das Wasser ganz seicht wurde, drosselte Romal den Motor, stellte ihn schließlich ganz ab und trieb das Boot mit einem langen Stecken tiefer in die Flats. Dieses „poling“ war harte, schweißtreibende Arbeit, während ich auf dem Bug stand, lauernd, konzentriert, bereit zu werfen, wenn eine gründelnde Schule der „bonies“, wie man die Bonefische fast zärtlich nannte, in Reichweite der Fliege vorbeizog.

Wenn bei der Nahrungssuche im flachen Wasser die Schwänze der Fische aus dem Wasser schauten, nannte man das „tailing“. Eine Straße aufgewühlten Schlamms zeigte dann den Weg des gründelnden Schwarms. Oft aber gab nur ein sanfter Schwall, nur der Hauch einer Welle Hinweis, wo die Schule sich gerade aufhielt.

Manchmal war es sogar nur die Spitze einer einzigen Flosse für Bruchteile von Sekunden, die die Fische verriet. Die Polaroidbrille? Sicher, sie half. Aber auch sie ließ den Fisch meist nur als Schatten erahnen. Und natürlich besaß Romal ein viel geübteres Auge als ich. Er konnte scheinbar auch ohne Hilfsmittel durchs Wasser sehen. Seine Fähigkeiten grenzten für mich an ein Wunder.

Er sagte dann, auf den Kiel des Bootes bezogen: „Dort eine Schule bei zwei, jetzt bei drei Uhr,“ oder: „Grad neben dem Boot bei sieben Uhr. Wirf jetzt! Wirf endlich, Fritz!“ Und ich warf, hatte dabei jedesmal große Mühe, die Bonies selbst zu lokalisieren. Sah ich sie dann, war es schwierig für mich, weit genug und plaziert zu werfen.

Nur ein einziges Mal ein Zupfer. Einige Male verließ wohl ein Fisch den Schwarm und folgte der Fliege ein Stück. Doch drehte er dann wieder ab. Kein einziger echter Biß. Die Bonies blieben scheu und sehr vorsichtig. Meine Fliegen verführten also keinen der kampfstarken Bonefische, die nach dem Haken erst einmal unaufhaltsam viele Meter Schnur abzuziehen pflegten, in langen, nicht zu bremsenden Sprints. Sie wehrten sich bis zum letzten Augenblick, ganz verbissen, was ihren Ruf begründete, der begehrteste Salzwasserfisch des Fluganglers neben den Tarpon zu sein. In Relation zur Größe hielten viele ihn für den kampfstärksten Fisch an der Flugangel.

Tarpon und Bonefisch (Grätenfisch) gehörten wie der Ladyfisch (Frauenfisch) zur Familie der Knochenfische, die man alle hin und wieder, besonders aber den Tarpon, beim sog. „rolling“ beobachten konnte. Dabei tankten die Fische in rollend, wälzenden Bewegungen über dem Wasser Luft, entsprechend wie Delphine. Und obwohl sie gerade dann so begehrlich und greifbar nah erschienen, waren sie dabei nie zum Anbiß zu verleiten.

So war es auch an diesem drückend heißen, völlig windstillen Mittag, als wir im Kanal zwischen zwei Inseln ankerten. Die Sonne stand steil über uns. Einen Steinwurf weit, meist zum Greifen nahe, zogen auf- und abtauchende Schulen hochkapitaler Tarpons vorbei.

Ihre grausilbernen, breitrückigen Leiber glänzten in der Sonne, so daß ich jede der riesigen Schuppen erkannte und ihr mächtiges, unterständiges Maul sah: der majestätische Silberkönig, wie ihn die Indianer nannten. Für sie bedeutete eine Tarponschuppe Glück und Gesundheit sowohl in dieser Welt als auch in den ewigen Jagdgründen. Wer eine Tarponschuppe bei sich trug, sollte für immer vom Überfluß umgeben sein.

Für uns war das heute nur ein Genuß fürs Auge. Ein „Film“ voller knisternder Spannung. Doch unsere Hoffnung auf Beute blieb unerfüllt.

Stunde um Stunde verstreicht. Immer mehr Tarpons sind mit der Flut auf dem Weg ins offene Meer. Im flachen Wasser vor dem Wirrwarr der Mangroven stehen furchtlos die Reiher. Regungslos, starr wie versteinert, den Hals vorgestreckt, lauern sie dort. Schneeweiße, große Silberreiher. Nur einmal kreist eine einzelne Möwe ums Boot. Sie hält Ausschau nach Freßbarem, gleitet dann wieder fort. Ein gigantischer Rochen schwebt unter uns hindurch wie ein Adler des Wassers, hinterläßt eine Straße aus aufgewirbeltem Schlamm. Seine lautlose Spur bleibt noch lange. Ringsum bleibt alles ganz und gar still.

Und als die Sonne versinkt, liegen die kleinen und ganz kleinen Eilande um uns herum vor einem roten, glühenden Abendhimmel. Ganz allmählich werden die Inseln zu dunklen, schließlich zu schwarzen Strichen auf einem Spiegel aus silbernem Wasser.

Aus dem Silber des Wassers wird Blei. Es färbt sich grau und wird schwarz und sinkt langsam in Nacht. Höchste Zeit für die Rückfahrt!

Noch ein einziges Mal versuchen wir unser Glück auf den Tarpon, der ein schwieriger Fisch bleibt. In einer kleinen Lagune, wo die Moskitos schon über Tag in den Ohren sirren, wo die Hitze unbarmherzig brütet und jede Pore unablässig schwitzen läßt, dort steht im

Schatten der Mangroven ein einzelner Tarpon. Lauernd, reglos, jemand der wartet und Zeit hat.

Doch dem Köder, obwohl haargenau vor seinem Räubermaul plaziert und ruckartig, schön langsam eingeholt, dem gelben Wobbler folgt er zwar ein Stück, beißt aber nicht.

Heute schleppen wir längs der Kante des Riffs auf hoher See. Zwei meiner besten Rappala-Wobbler verliere ich, als der Gehakte nach dem Anhieb unaufhaltsam in die Tiefe zum Riff stürmt, dort wie ein Felsblock bleibt, unverrückbar. Bis die Leine schließlich reißt. Nach dem Einholen sehe ich, daß sie viele Meter ganz aufgerauht ist von den Felsen.

Ich muß nun kalkulieren. Wie viele Kunstköder hast Du noch? Wie viele Stahlvorfächer? Reichen die Meereswirbel? Hier auf der einsamen Insel ist kaum an Ersatz zu bekommen.

Die da mein Material „vergeuden“, sind große Grouper, Zackenbarsche, die nach dem Haken sofort ihrer Höhle zustreben, sich darin querstellen und auch mit schwerster Ausrüstung oft nicht mehr herausgeholt werden können.

Damit so ein Riese erst gar nicht den Unterschlupf erreicht, braucht man starkes 50- bis 90-lbs-Gerät, wie es jener amerikanische Doktor benutzt, der zweimal im Jahr hier ausschließlich große Grouper befischt. Bei jedem Trip holt er sich seine drei bis vier Kapitale, jeder 200 bis 300 Pfund schwer.

Der Doktor läßt einen Drei-Kilo-Bonefisch vor einem Steilabbruch bis zum Boden sausen und hebt ihn dann etwas an. Hat so ein Ungetüm den Köder gepackt, gilt nur eins: es von seiner Höhle fernzuhalten, auf Biegen und Brechen. Zackenbarsche können maximal bis zu 450 Kilo (!) wiegen.

Von meiner Multirolle reißt jetzt ein anderer Fisch Schnur, in einer einzigen, schnurgeraden Flucht mehr als einhundert Meter. Dreimal haue ich mit aller Kraft an. Romal gibt Vollgas. Der Haken sitzt. Und der Fisch da unten tobt.

Er rast nun aufs Boot zu, so daß ich augenblicklich die Spannung verliere. Ist er noch dran? Ich kurbel und kurbel. Endlich spür ich ihn wieder. Steil unterm Boot steht er in der Tiefe, bleibt dort wie ein Stein. Er verharrt und wartet ab, was ich tue. Er schöpft neue Kraft.

Behutsam pumpe ich, will auf gar keinen Fall zuviel Spannung auf die Schnur bringen, sonst platzt sie. Oder der Haken reißt aus.

Der Fisch bleibt nicht dort unten. Wieder und wieder nimmt er sich Schnur. Mal stürmt er hinaus ins Meer, mal zurück in die Tiefe, mal steuert er aufs Boot zu, zweimal unter ihm durch. Romal paßt höllisch auf. Der Skipper pariert alle Tricks des Fisches durch Manövrieren des Fahrzeugs.

Der da unten kämpft und reißt, ist kein Grouper, ist kein Höhlenbewohner, das habe ich längst registriert. Diesen hier kann ich bezwingen, wenn der Haken gut sitzt. Er wehrt sich schon zwanzig Minuten an relativ leichtem Gerät (50 lbs). Und er kommt jetzt näher. Was hängt da wohl am Ende der Leine? Diese Spannung, diese Neugierde, die endlich befriedigt sein will, läßt mich noch einmal ganz konzentriert sein.

Als der Fisch nahe am Boot ist, als er es sieht, flieht er erneut, wieder und wieder. Seine Fluchten werden aber kürzer. Sie sind müde und ohne Elan. Seine Kraft ist verbraucht. Er ist besiegt.

Aus der Tiefe erscheint ein silberner, anderthalb Meter langer Schatten, ein knapp fünfzigpfündiger Kingfisch (Königsmakrele), von einem zweiten gefolgt, der jetzt abtaucht. Als ich ihn gerade über die Bootswand hereingeholt habe, löst sich das Gaff aus der Verdrahtung am Holzstiel. Der Haken sitzt locker im Maulwinkel und fällt heraus. Nochmal Glück gehabt!

Das Riff besitzt schmale, hohe Kanäle, die Verbindungen sind zwischen der offenen See und der Lagune. In so einem Kanal entdecken wir, als wir schon auf der Heimfahrt sind, einen unter der steilen Riffwand lauernden Barrakuda. Durch die Polaroidgläser läßt er sich genau lokalisieren. Es ist ein starker Barrakuda: ein schwarzer, gefährlicher Schatten über dem hellen Sand.

Ich gebe der Sardine Leine, bis sie auf seiner Höhe ist, führe sie dann dicht an seiner „Nase“ vorbei und beobachte, wie er dem Köder rasch folgt.

Ich lasse ihn schlucken, warte, bis ich nichts mehr vom Köder sehe und warte noch etwas länger. Dann erst schlage ich mit aller Wucht an. Da schießt er schon aus dem Wasser, katapultiert aus dem Meer. Er tanzt auf dem Schwanz und schlägt mit dem langen Barrakudahaupt, klatscht jetzt zurück in die See.

Meinen Gegner habe ich nun in voller Größe gesehen. Ich weiß jetzt, mit wem ich es zu tun habe. Das ist mir lieber, als einen in der Tiefe bohrenden Fisch zu bezwingen.

Die Fluchten des Barrakudas sind stark und sehr schnell. Er ist äußerst gewandt. Je näher am Boot, desto kräftiger wird sein Zug, denn er sieht das Boot und uns Angler. Er hat Angst. Er setzt alles auf eine Karte. Immer wieder schießt er heraus, oft viele Male kurz hintereinander. Doch ich bin auf der Hut, pariere jedes Manöver. Er muß längst gehorchen.

Dann die kitzlige Phase der Landung, wenn das Wasser noch einmal kocht vom sich wehrenden Fisch. Das blitzende Gaff. Hat es gepackt? Nein! Erst beim dritten Mal sitzt es.

Dieses Barrakudaangeln unter Sicht ist wirklich aufregend vom ersten bis zum letzten Augenblick. In einem anderen, sehr engen und tiefen Kanal des Riffs überliste ich einmal in kurzer Zeit zwölf der kampfstarken Pfeilhechte. Der schwerste über 40 Pfund wiegend! Bestimmt ebensoviele verliere ich meist schon gleich nach dem Biß bei den ersten Sprüngen, aber auch ganz zuletzt beim brenzligen Gaffen, wenn der Fisch noch einmal alle Kräfte mobil macht.

Im Körperbau ähnlich unserem Hecht, gilt der Barrakuda als einer der aggressivsten Fische des Meeres, von Tauchern sogar mehr gefürchtet als bestimmte Haie. Besonders die ganz großen unter ihnen greifen auch Menschen furchtlos und unglaublich vehement in rasend schnellen, unberechenbaren Attacken an. Seine Angriffslust und Raubgier spürt auch der Angler an der Art, wie bedenken- und kompromißlos er sich auf die Köder stürzt. Dem Anbieten des Köders folgt meist ohne Umschweife in den nächsten Sekunden der Biß.

Als wir heute heimkommen, hängen dort, wo die Fische am Steg versorgt werden, Fregattvögel im Wind. Ihre großen, schnittig eleganten Silhouetten schweben wie Papierdrachen, lose, ganz ohne Gewicht, über den Palmen. Sie sind aber wachsam. Ihr Kopf, der sich dauernd bewegt, sondiert wie ein Radar alles, was unten geschieht. Zugeworfene Abfälle unserer Angelfreunde, die vor uns zurück waren, schnappen sie glatt aus der Luft.

Ein ganz anderer Tag. In aller Frühe segeln fünf Pelikane entlang der Küste von Ambergis Caye, während die Palmen sich unter ihnen tief biegen und verneigen im steifen, schwülwarmen Südostwind.

Auch wir haben die palmenklappernde Küste zu unserer Linken, brausen mit dem Boot an ihr entlang zum Nordzipfel der Insel. Unser Ziel ist ein bestimmter Kanal zwischen Lagune und offener See.

Jetzt noch weit draußen steht über dem Meer allerdings schon die graublaue Wand des Gewitters, dunkel und drohend. Kommt die wohl näher? Oder dreht sie ab?

Wir wagen trotzdem die Ausfahrt aus dem Riff in die offene See. Doch das Meer wird rasch rauher und rauher. Das Boot gehorcht uns nicht mehr. Es saust hinab in haushohe Wellentäler, wird von den Wellen emporgeschleudert oder von den Wellen „begraben". Stürzt so eine Riesenwoge über unserer Nußschale zusammen, so ist das schon sehr beängstigend.

Wir geben auf. Es ist längst viel zu gefährlich geworden. Mit viel Glück finden wir gerade noch den Kanal und gelangen mit Glück und dem Können des Skippers wohlbehalten hindurch.

Und ein anderer Morgen. Wir halten Ausschau nach Pelikanen. Denn dort, wo ein Vogel ins Wasser stößt mit angewinkelten Schwingen, dort spritzt regelmäßig ein Schwarm Sardinen in alle Himmelsrichtungen. Genau dort wirft Romal wieder und wieder den Fächer eines Netzes und holt es ein voller blitzender Fische. In der mit Frischwasser gespeisten Köderbox stieben sie auseinander.

Während wir Sardinen fischen, erleben wir ein unvergeßliches Bild: Der weißbrüstige Seeadler fußt ganz nahe und ohne Scheu auf einer einzeln stehenden Palme in der Weite der Lagune über dem Wasser. Der schlanke, mit den Blättern klappernde Baum. Der große, schöne Raubvogel. Die silbern spiegelnde Wasserfläche der See. Ein wunderbares Bild, ein Ambiente, das sich einprägt für immer.

Blickt man zurück, liegt dort die grüne, wogende Wand des Dschungels. Nichts als dichter, brütender Dschungel mit Jaguaren, Ozelots, Hirschen und Wildschweinen und Milliarden von Mücken. Unwegsam, unerschlossen, menschenfeindlich. Im Innern gefährlich und unberechenbar durch Sümpfe, Seen und Urwaldflüsse.

Ein letzter Tag auf See. Wir wollen zum „Rocky Point", dem unwirtlichsten, äußersten Zipfel des Eilands. Eine Tagestour ist das. So packen wir alles Nötige ein, brausen eine endlos lange Strecke den einsamen Dschungel entlang, vorbei an den gestrandeten Torsen von Tankern.

Beim Rocky Point treffen sich Riff und Insel. Man sieht von hier das mexikanische Festland nur wenige Kilometer entfernt. Hier ist ein letzter Kanal, wo ich Biß auf Biß habe, wo ich noch einmal ganz aufregende Drills erlebe mit Barrakudas und Hornhechten.

Gerade Hornhechte scheinen auf dem Wasser zu laufen. Sie tanzen, wenn sie am Haken sind, auf der Schwanzspitze übers Wasser. Kraft, Geschick und Ausdauer setzen sie leichtem Gerät entgegen. Sie sind herrliche Fighter!

In fünf Stunden bringe ich hier rund 50 Fische ins Boot. Sie alle gehen fast ausschließlich auf Sardine, ganz wenige Bisse auf Wobbler und Twister. Zwei kleinere Grouper überliste ich mit dem Pilker.

Fast 20 verschiedene Arten fange ich an sechs Angeltagen, dabei so farbenprächtige wie den Königin-Drückerfisch und den Gelbschwanz-Schnapper, so skurrile wie den Pilotenfisch und so kämpferische wie Barrakudas, Königsmakrelen und Hornhechte.

Letzte Eindrücke am allerletzten Abend. Ich sitze am äußersten Ende des Piers, der weit hinausführt ins Meer. Ein einzelner, schneeweißer Katamaran kreuzt im warmen Abendwind, bis sein Segel, ein kleiner und kleiner werdender Punkt am Horizont, sich verliert und jetzt gänzlich verlischt.

Eine der vielen halbwilden Katzen nähert sich mir. Sie bleibt aber scheu. Die Katzen hier haben alle Augen wie Ozelots: riesige, ausdrucksvolle Augen in einem feinen, schmal geschnittenen Gesicht, geht es mir durch den Kopf. Und ich genieße das Blasen des Windes und die Frische des Abends.

Im Dämmern geht es zurück zur Lodge; der Wind hat kräftig zugelegt. Er fegt nun in Böen und biegt alle Palmen landeinwärts. Grüne, kopfgroße Nüsse liegen hier und da unter den Bäumen wie Geschenke zum Abschied.

In den Bergen des Kondors

Zum dritten oder vierten Mal glitt die 35er Schnur durch die Ringe beim Wurf in den kristallklaren Pool unter dem Überfall. Auch diesmal war der Spinner mit dem silbernen Perlmuttlöffel ganz plaziert angekommen, war nicht hängengeblieben in den tief über den Fluß geneigten Zweigen und war eingetaucht genau dort, wo der Überfall sich zu einer tosenden Passage verengte und hinabstürzte in den brausenden, sauerstoffsprudelnden Whirlpool.

Gerade neben dem gischtigen, von Luftblasen perlenden Hexenkessel aus kaltem, klarem Gletscherwasser der Kordilleren war der 10 g schwere Spinner gesunken.

Durch den seitlichen Einfall der Sonnenstrahlen sah ich den Löffel das gleißende Licht reflektieren und wie ein silbernes, kleines Blatt hinabtrudeln, als aus der Tiefe des Gumpen ein dunkler Schatten auf den Köder zuschoß, rasend schnell. Ein von der Sehne abgefeuerter Pfeil!

Energisch hatte der Fisch den Löffel gepackt und hing sofort. Einem Torpedo gleich schoß die Regenbogen augenblicklich aus dem Wasser, schüttelte das schwere Haupt, daß die sonneglitzernden Tropfen zur Seite spritzten. Sie wurde den Haken aber nicht los und klatschte zurück.

Vehement nahm sie jetzt Schnur, war wie eine Ladung Dynamit, im sauerstoffreichen Kordillerenwasser zu einem durchtrainierten Muskelpaket abgewachsen. Mit geballter Kraft floh der Fisch im Zickzack mal nach rechts, mal nach links, ein- oder zweimal auch auf das Boot zu, daß ich dachte, er wäre ab. Danach drei Sprünge kurz hintereinander. Alles in so rascher Folge, daß man kaum parieren konnte.

Doch mein Führer Eduardo war genauso auf der Hut wie ich. Er saß im Bug, lenkte von dort das Boot und drehte es, wenn nötig, in die richtige Richtung, während ich im Heck volle Bewegungsfreiheit genoß. Wir waren ein gutes, schon bei vorherigen kitzligen Drills erprobtes Team.

Als das erste Aufbäumen der Regenbognerin gebändigt war, versuchte ich gefühlvoll, die Schnur dauernd unter Spannung, meinen Gegner zu ermüden. Der Spinner saß offenbar gut.

Eduardo hatte in der Zwischenzeit das Boot etwas vom Überfall weg gerudert, dorthin wo der Pool noch weiter wurde und tief war, wo mir noch mehr Platz blieb zum Drill und wo weder Uferbewuchs noch Hindernisse im Wasser die Landung gefährdeten.

Eduardo, mein „guias de pesca (Angelführer)“, wartete längst mit dem Kescher. Er lauerte hinter mir, rückte jetzt sogar an mir vorbei bis in die äußerste Ecke des Hecks, um sich im entscheidenden Moment weit hinüber zur Beute beugen zu können.

Aber ich ließ Eduardo noch eine Zeitlang dort ungeduldig hocken. Denn ich genoß den Drill mittlerweile, wollte jetzt gar nichts mehr riskieren. Ich spürte den erlahmenden Widerstand und wußte, daß der Fisch berechenbar geworden war. Kein wildes Herauskatapultieren mehr aus dem Wasser und kein Abziehen mehr von Schnur in einem Rutsch. Zentimeter um Zentimeter kam die Forelle näher, schlug noch ein paar Mal müde mit dem Schwanz und landete sicher im Kescher. Eine gut genährte, prächtige Forelle von mehr als zehn Pfund! Meine bisher schwerste aus den Anden.

Dabei hatte ich in den beiden Angeltagen zuvor schon fünf Fische zwischen drei und sieben Pfund auf die Schuppen gelegt: Bach- und Regenbogenforellen. Alles herrliche Kämpfer! Noch mehr Salmoniden waren mir abgekommen, zwei ganz starke kurz vor dem Landen. Natürlich handelte es sich bei den verlorenen – wie könnte es anders sein – um die absolut größten.

Doch zurück zum Beginn meines Andenabenteuers. Wir hatten Anfang April, und hier im Schatten der argentinischen Kordilleren war auf der Südhalbkugel Herbst. Die „Alamobäume“ (Pappeln) und andere Sträucher und Bäume färbten ihr Laub in leuchtendes Rot und Gelb. In den Tälern brunfteten die Hirsche, und aus den kalten Gefilden vor Feuerland trafen die ersten Magellangänse ein, um hier zu überwintern. Die Forellensaison, die von November bis Mitte April ging, neigte sich dem Ende.

Diese trockene, windgezauste Wildnis auf der Ostseite der Anden besaß unberührte Sumpf-, Verlandungs- und Aulandschaften entlang der verzweigten Flußsysteme, die so gut wie nie beangelt wurden. Kristallklare Bäche, vom eiskalten Gletscherwasser der Kordilleren gespeist, ergossen sich in größere und kleinere Seen mit einem enormen, oft von keinem Menschen bisher angetasteten Fischreichtum.

Neben den Fischen sagte der Biotop unzähligem Wasserwild zu und war Heimat für Rallen, Taucher, Stelzenläufer, Reiher, Kormorane und Schwäne, zu denen sich im Herbst bis ins Frühjahr hinein unglaubliche Scharen von Gänsen und Enten als Zugvögel hinzugesellten.

Nur entlang der großen Flüsse gab es höhere und dichtere Vegetation, in der sonst nur kniehohen Strauchtundra. Nur hier stieß man auf die Fährten von Hirschen und Pumas. Und hier in diesen von Menschen nicht heimgesuchten Winkeln begegnete ich den seltenen Schwarzhalsschwänen und den rosaroten Chileflamingos.

So einen wunderbaren Angelmorgen am Rio Colloncura möchte ich beschreiben.

In San Martin de los Andes sind wir lange vor dem Hellwerden aufgebrochen. Nach zweistündiger Autofahrt durch Nebel und Nacht endlich am Ziel. Der Wind nimmt die Kälte des Schnees, der auf den Andengipfeln liegt, mit ins Tal und läßt uns frösteln, als wir mit klammen Gliedern in die Watstiefel schlüpfen. Wie eh und je zieht mich das langsame, zögernde Erwachen einer Sumpf- und Flußwildnis in seinen Bann. Darüber vergesse ich die Kälte.

Das Plirren der Uferschnepfen, die sich in die Luft schwingen. Der erste Schof Enten klingelnd über dem Wasser. Flamingos ziehen über uns hin, diese schönen, rosa Chileflamingos: schweigend, würdevoll, die Hälse weit vorgestreckt. Ein Trupp Kiebitze rauscht vorbei.

Und unten am Fluß, zu dem wir noch unterwegs sind, wo unser Boot bereitliegt, dort unten erwachen die Gänse. Mal leiser, mal lauter weht uns der Wind ihre schnatternde Melodie zu, bis sie endlich in der Luft sind. Die letzten Geschwader durch uns aufgeschreckt, die wir schwitzend von allem Gepäck und dem zähen, die Stiefel festhaltenden Sumpf unseren Ankerplatz erreichen.

Hinter uns glühen im ersten Licht die schneebedeckten Andengipfel. Rot liegt der Himmel im Osten. Das Morgenlicht gibt den Schneekappen einen warmen, rötlichen Glanz.

Wir ziehen das Boot, das Eduardo vor Wochen hierhin brachte, aus dem Ufergebüsch und tuckern flußauf. In den Kolken vor den Gefällstufen steigen Forellen. Mehrmals müssen wir das Boot über Stromschnellen heben und in Flachwasserzonen hinter uns herziehen.

Nach Erreichen der vorgesehenen Flußhöhe beginnt endlich das Angeln. Eduardo klappt den 5-PS-Motor hoch, lenkt den Kahn mit geschickten Ruderschlägen ein Stück gegen die Strömung, so daß wir genau dort sind, wo neben der Hauptfahrrinne die Forellen auf Nahrung lauern und nach Insekten steigen. Dann treiben wir langsam und im Zuckzackkurs, das Heck voraus, den Fluß hinunter bis zu einem anderen Pool.

Ich hantiere mit einer kurzen Rute, habe an das anderthalb Meter lange Vorfach zwei Naßfliegen geknüpft, wechsle später zu Streamern und probiere verschiedene Wobbler. Am fängigsten erweisen sich jedoch Spinner mit silbernen Perlmuttlöffeln von 7 bis 10 Gramm.

Spannende Drills halten uns in Atem. Und doch wird man abgelenkt, wenn beispielsweise das klafternde Flugbild des Kondors über uns hinwegschwebt. Ein Vogel von drei Meter Spannweite! Einmal überraschen wir fast dreißig von ihnen am Kadaver eines Guanakos (Wildlamaart). Die erwachsenen Männchen mit weißen Halskrausen. Das nackte Haupt vom Blut besudelt, sind sie so vollgefressen, daß sie sich nur mit Mühe in die Luft schwingen können.

Hinter und über allem thronen die majestätischen Anden, deren Wahrzeichen hier der Vulkankegel des Lanin ist. Als der an einem Morgen einen zarten Schleier aus Wolken trägt, eine transparente Haut aus Dunst entlang seiner Kegelform, da regnet es am nächsten Morgen. Und ein kalter, eisiger Wind bläst aus Richtung Feuerland. Ein Wind, der die Kälte der Antarktis mit sich bringt, wo das Jahr längst in den Winter und die winterliche Dunkelheit verwandelt ist.

So hatten es die Indios seit jeher prophezeit: „Trägt der Lanin einen Hut, ändert sich das Wetter." Die Indios sollten recht behalten, obwohl gestern ein strahlender Altweibersommertag war, keine Wolke am blauen Himmel stand und sonst nichts auf einen Wetterumschwung hinwies.

Durch die heftigen, monsunartigen Regenfälle waren die Sümpfe entlang des Rio Colloncura unpassierbar geworden. Sümpfe und Fluß wurden gefährlich und nicht mehr erreichbar, weshalb wir zum berühmten Forellenfluß Chimehvin auswichen, der leicht zugänglich war. An ihm lag eine berühmte Manufaktur von Fliegenrollen.

Die STH-Rollen wurden hier alle handgearbeitet und numeriert. Es gab sie mit allen Finessen und in allen Größen bis hin zu riesigen Monstern fürs Flugangeln auf Tarpon. Man gravierte mir gerne eine kleine Widmung für meinen Vater in die Rolle, die ich als Geschenk erwarb. Der Direktor führte mich durch seine Fabrik und blieb mir keine Antwort schuldig.

Was ließ sich als Resümee sagen? Der lange Weg ins südliche Südamerika war nicht zu weit gewesen. Argentinien und Chile boten in unzähligen, kaum beangelten Seen und Flüssen einmalige

Fischwaid auf starke bis hochkapitale Bach- und Regenbogenforellen. Und das immer unter der grandiosen Kulisse der Anden. Allein dieses Naturschauspiel war die Reise wert.

Wer offene Augen hatte für die einmalige Flora und Fauna – wie die meisten Angler, sonst wären sie ja nicht so gerne draußen am Wasser – der war fasziniert und entdeckte täglich etwas Neues.

Nicht zuletzt öffnete sich neben dem Angeln ein anderes Land, eine andere Lebensart und die Kultur der Indios. Sightseeing der großen Städte z. B. in Buenos Aires war nur ein weiterer Aspekt dieser Reise.

Afrika

Am Chiredzi – Simbabwe

Wird es hell, dann verstummt der Baß der Rohrdommeln, und der Gong der mächtigen, schwarzen Hornraben, ihr tiefdunkles „umb-umb-umb" wird dann leiser. Irgendwo bellt ein Buschbock. Klar und deutlich und laut klingt das Warnen des Frankolinhuhns. Dann wird es Tag.

Ein kalter afrikanischer Wintermorgen steigt über dem Fluß empor. Durch das Gespinst der Zweige klimmt die frühe Sonne, blendend und weiß. Ein Raunen geht durch das Schilf. Groß und leuchtend, wogend im lauen Wind, seine Ähren. Vor dem Ried liegt der Dunst, Bänke ganz zarten Nebels über dem träge strömenden Chiredzi. Und Meerkatzen keckern.

Auf breiten, unter Gestrüpp und Camara-Dickicht hindurchführenden Flußpferdwechseln nähern wir uns gebückt dem Kolk. Dort hatten wir am Abend zuvor Aalschnüre ausgelegt. Ganz blankgewetzt sind die Zweige, wo die Hippos in der Dämmerung den Fluß verlassen, oft bis zu zehn Kilometer weit nach ihren Äsungsplätzen wandern, um lange vor dem Hellwerden zurück im nassen Element zu sein.

Ein Angeln vom Ufer oder gar ein Hinausfahren mit dem Boot ist wegen der Nilpferdherde lebensgefährlich. Wobei gerade in Flußtiefen, in denen die Hippos hausen, die Fischkonzentration enorm ist, wühlen die Dickhäuter doch den Boden des Gewässers auf. Sie wirbeln dadurch Nahrung empor und düngen obendrein mit ihrem Kot das Wasser. Tatsächlich windet sich an jedem mit Frankolinleber beköderten Haken ein fetter Aal.

Beim Einholen der Schnüre hantieren wir lautlos und sprechen nicht. Denn wir wollen die Flußpferde nicht beunruhigen.

Dicht an dicht, in der Mitte des Kolks döst die fünfzehnköpfige Herde. Häupter, Augenwülste und Nüstern, kleine und große. Mittendrin glauben wir den mächtigen, anderthalb Meter langen Schädel des Bullen zu erkennen.

Und der ruht da ganz und gar faul, umgeben von seinen Kühen und Kälbern. Zwei der Schnauzen liegen auf seinem speckig faltigen Nacken. Alles ist friedlich. Alles ist ohne Angst, die Idylle.

Auf der gegenüberliegenden Sandbank nimmt ein Riese von Krokodil ein Sonnenbad, den zähnestarrenden Rachen weit geöffnet. Vielleicht durch das Warnen des Nilganspaars aufgeschreckt, vielleicht durch die Rotte Buschschweine, die gerade daneben zum Schöpfen trollt, platscht die Echse laut ins Wasser.

Schlagartig ist die Herde wach, gerät für Momente in Panik. Sie prustet und grunzt, spritzt beim Auftauchen Fontänen sprühenden Wassers zum Himmel, das sich im Gegenlicht zerlegt und wie funkelnder Staub ist. Drohend das aufgerissene Maul des Bullen. Er stürzt in die Richtung der Buschschweine, kommt angerauscht wie ein Walroß.

Eine ganze Stunde vergeht, bis sich die Aufregung legt. Längst hat das Ried die Schweine geschluckt. Ein Scharm Bienenfresser gaukelt über dem Pool. Die Sandbank auf und ab trippeln Regenfpeifer. Torpedogleich saust der Malachite-Königsfischer (Haubenzwergfischer) mit angelegten Schwingen in den Fluß, hält beim Auftauchen silbrige Beute im Schnabel.

Alles kommt wieder ins Lot, ist wieder im Rhythmus der Stille. Und die Herde schläft, als wir uns leise zurückziehen. Collin, der sechzehnjährige Sohn des Berufsjägers John Osborne will zu einem anderen Pool 300 Meter flußab, wo wir ungestört sind.

Im Schilf hat er sein Aluminium-Bötchen versteckt, in dem wir zwei Spinn- und drei Grundangeln verstauen. Mit dem Stecken stoßen wir uns vom morastigen Ufer ab. Wir pullen mühsam in eine verschwiegene Bucht und bestücken dort die mit einem Laufblei versehenen Leinen mit Würmern und Fleischfetzen. Die Schnur läuft durch unsere Finger. Posen brauchen wir nicht.

Als die Köder kaum im Wasser sind, beginnt ein Zupfen und Zuppeln. Es muß hier von Fischen wimmeln. Aber die da Wurm nach Wurm vom Haken lutschen, sind kleine Höpper, das ist der Nachwuchs, die Kinderstube. Bis dann doch die feine Schnur leise durch die Finger rinnt. Nach dem Anschlag einige müde Fluchten. Und der Bream (Streifenbarsch) läßt sich keschern.

Es ist dies kein aufregendes, nervenzermürbendes Angeln, nein ein stilles, beschauliches Warten, ein In-sich-Aufnehmen der kleinen Dinge und Vorgänge ringsum. Wie der Waran durch den Uferwuchs raschelt, die schwarzen Flußenten (Black River Ducks) neben uns einfallen, wie die Sabi-Bream wieder und wieder in einen der Büsche hineinspringen, um Insekten zu haschen.

Nein, mit den stahlharten Fightern, mit den Tigerfischen, wie sie im 300 Kilometer langen Karibastausee und in den größeren Flüssen vorkommen, mit ihnen haben wir nicht zu kämpfen. Auch nicht mit den mächtigen, bis zu 70 Kilo wiegenden Vundus, einer Welsart. Beides so etwas wie nationale Sportfische, die u. a. in Wettbewerben geangelt werden, ähnlich den Bass-Competitions (Schwarzbarsch-wettangeln) Nordamerikas.

Die Saison der Tigerfische ist vorbei. „Sie stehen jetzt im südafrikanischen Winter ganz tief im Karibasee an ganz bestimmten Plätzen zwischen den Wurzeln uralter, damals versunkener Baobabrecken, an Stellen, die nur erfahrene Angelführer wissen," erzählt mir John Osborne und macht mir den Mund so richtig wäßrig. Er hat selbst dort ein Boot liegen, um Angler hinauszufahren. Doch tut er das erst wieder im Sommer.

Neben verschiedenen Streifen- und Sonnenbarschen landen wir Schlammbeißer (Mud Sucker) und etliche Welse, unsere schwersten anderthalb Kilo wiegend. Doch soll es hier 20-Pfünder geben. Aber solche beißen nicht. Es handelt sich um Kiemensackwelse, die mit Hilfe zusätzlicher Atmungsorgane außerhalb des Wassers bei nicht zu hoher Außentemperatur unbegrenzt lange leben können. Ja diese Welse sollen weite Wanderungen an Land unternehmen während der Regenzeit, wenn der Busch feucht und naß ist.

Und es beißen Flaschennasenfische sog. „Bottle-Nose“-Fische, die goldgelb leuchten, als wir sie gerade geangelt haben. In der Felsgruft, die ein kleines Bassin formt, das uns zur Aufbewahrung dient, verblaßt ihr grellgelbes Schuppenkleid rasch zu einem tristen Graubraun. Diese chamäleonhafte Wandlung bewirkt wohl der Streß und die dadurch freigesetzten Hormone.

Tags darauf wollen wir von morgens bis abends am Wasser bleiben. Die einläufige 20er Flinte packt Collin in den Landcruiser, dazu einen Beutel Salz, etwas Brot und ein Stück Draht.

Es ist hier ganz leicht, einige Perlhühner und Frankoline sowie ein halbes Dutzend Halsringtauben zu erlegen. Zu Hunderten, nein zu Tausenden bevölkert Flugwild das unendlich scheinende Buschfeld.

Die melodische Strophe der zartgrauen Tauben vom Hell- bis zum Dunkelwerden wird hier zu einem Engramm. Sie hämmert sich ins Gehirn, sie dringt in das Hören, wird ganz und gar selbstverständlich. Man nimmt sie gar nicht mehr wahr.

Man „hört“ sie erst wieder auf dem Feldbett liegend des nachts, wenn sie längst verstummt ist. Oder noch länger danach, wenn man zurück in Deutschland ist. Dann wird die Taubenstrophe Symbol.

Als Köder für starke Welse sollten zierliche, von uns erlegte Holztauben dienen. Die Halsfedern der Tauben wie smaragdgrüne Edelsteine, wie Spiegel die Sonne reflektierend. Vögel, so groß wie ein Spatz. Den Haken verbargen wir in der Bauchhöhle und schnürten die gerupften Tauben mit feinem Zwirn.

Auf die Innereien der Perlhühner bissen kleinere Welse, was tröstlich war. Die Tauben blieben trotz der sorgfältigen Präparation verschmäht. Die großen Welse ruhten noch.

Zwei Plätze werde ich nie vergessen. Der eine, wo sich der Chiredzi durch eine Basaltenge zwängte, an vielen kleinen und kleinsten Felseninseln vorbeibrauste und dröhnte und schäumte, um schließlich in einen tiefen, braunen Pool zu stürzen. Dort blinkerten wir und warteten bei Einbruch der Dämmerung mit unseren Taubenködern auf den Biß des großen Räubers.

Der andere Ort lag unterhalb dreißig Meter hoher Kliffs. Steile, von Wind und Regen geschliffene Sandsteinsäulen stiegen aus einem Dickicht und ragten darüber hinweg. Das Dickicht war absolut undurchdringlich, wovon John, der Berufsjäger, ein Lied singen konnte. Denn er mußte damals dort einem krank geschossenen

Leoparden nachkriechen. Und er fand einen Kudubullen nicht, der allerdings tödlich getroffen nur wenige Meter weit im Dickicht lag. Das zeigten ihm später die Geier.

Wir fingen nichts Kapitales an diesem Abend. Aber Friede war und Stille. Wir machten ein Feuer, bogen den mitgebrachten Draht zur Spirale, legten darauf Tauben und das jüngste und zarteste Perlhuhn.

Von den Klippen schimpfte die Pavianbande, schrie ihre Verachtung zu uns hinab. Auf den Zinsen ihrer „Burg" hockten die Affen wie Wächter, als die Sonne verglomm. Der Westen tiefrot. Und die Strophe der Tauben wurde leiser und leiser und erlosch.

Das Schnalzen der Frösche hob an und der Gesang der Zikaden. Hundert- und tausenfach vibrierte davon die Luft.

Wir packten die Angeln zusammen und löschten das Feuer. Sehr bald, ganz rasch kam die Nacht. Jetzt schlich hier im Dickicht leise und lautlos der Leopard, und die Welse zogen auf Raub aus. Die Tauben würden längst schlafen.

Swakopmunder Winter – Namibia

Die heißen Dünen der Namib liegen hinter uns. Blasser und verhangen wird die Sonne, je näher das Ziel rückt. Bis zum Städtchen Swakopmund an der Westküste Namibias lullt uns dicker, feuchter Nebel ein. Vom tosenden Atlantik, wo haushohe Wogen eine nach der anderen gegen den Strand rollen, treibt der Nebel ins Inland.

Dieser Nebel bildet sich beim Aufeinandertreffen der heißen, trockenen Wüstenluft mit der kalten Brise der Küste. Fast täglich dringt er tief landeinwärts, weicht bis Mittag aber meistens der Sonne. Den hochspezialisierten Tieren und Pflanzen der Namib bedeutet er Wasser und ermöglicht erst ihre Existenz.

Uns fällt der Wechsel vom sonneverwöhnten Busch an die triste Nebelküste des Atlantik schwer. Als wandele sich ein strahlender Sommertag augenblicklich in grauen deutschen November, dabei wissen wir, daß wenige Kilometer landeinwärts kein Wölkchen das Blau des Himmels trübt.

Aber wir wollen dieser Stimmung standhalten. Keine Badenden, keine Sonnenanbeter am Meer, nur ganz wenige Touristen in der Stadt jetzt außerhalb der Saison. In den Restaurants verlieren sich die Gäste ebenso wie an den langen, einsamen Stränden. Ins düstere Grau über der See verschwinden die Zeilen der Kormorane. Swakopmunder Winter: in-sich-gekehrt und einmalig.

Von der Brücke, die hundert Meter weit ins Meer führt, deren Pfeiler unter den mächtigen Wogen beben, angeln dicht an dicht Farbige und wenige Weiße mit schwerem Gerät. Ihre Beute sind Seelachse, bis zwanzig Pfund schwere Welse und meterlange Grundhaie.

Oberhalb eines schweren Senkbleis werden an zwei oder drei Springern Sadinenfetzen geködert. Feiner Gummizwirn hält das mürbe, angegangene Fleisch am Haken.

Meine Stipvisite in Swakopmund rechtfertigte natürlich nicht den Kauf einer Hochseeausrüstung. Aber mich packte gleich ganz spontan die Passion, wie so oft beim Zuschauen. Ich beobachtete, wie man auch mit groben, über eine große Rolle gewickelten Handleinen erfolgreich war und besorgte mir am nächsten Morgen Rolle, Schnur, Haken, Wirbel und feinen Zwirn. Die Fischfetzen schenkte mir jemand. Handschuhe zum Einholen der Schnur, falls ein starker Fisch biß, hatte ich ohnehin mit. Die waren bei der vorangegangenen Safari zum Nachtansitz dienlich gewesen. Denn es war jetzt auf der Südhalbkugel Winter und die Nächte oft frostig.

Die „Lachse“ bissen auch bei mir. Sie nahmen die Sardinen knapp über dem Grund. Sie spielten vorher gern mit dem Köder und zogen nach dem Haken vehement davon. Fünf erbeutete ich, alle im Schnitt vier Pfund schwer.

Diese Fische waren verwandt mit dem Köhler, aus der Familie der Dorsche. Silberblank mit fluoreszierender Seitenlinie. Ihr Fleisch war ungewöhnlich rot und sehr schmackhaft. Das in der Stirn versteckte Gleichgewichtsorgan, eine weiße Elfenbeinperle, ließ sich zu Schmuck verarbeiten.

Lag der Haken mit sehr schwerem Blei versehen auf Grund, was wegen der Gezeitenströmung notwendig war, konnte man mit Welsen rechnen, die ohne Zaudern jeden Leckerbissen verschlangen, dabei nicht wählerisch waren. Denn ich sah sie auf Muschelfleisch, Seegurken, Napfschnecken und Würmer beißen und auf vieles mehr.

Heute herrscht Nippflut. Der Mond ist eine schmale Sichel. Die See scheint gezähmt. Träge rollen die Brecher zum Land. Wenige Angler leisten mir auf der Brücke Gesellschaft. Feiner, stetiger Regen mit Gischt vermischt, dringt durch den Parka und macht mich frösteln. Als die Schnur ein heftiger Ruck durchfährt, ist das alles vergessen.

Die Handleine surrt unaufhaltsam davon. Den Holzknüppel im großen Loch der Rolle umklammere ich beidhändig. Ich halte schließlich die Spule an, greife in die Schnur, schlage mit aller Wucht an und spüre harten Widerstand. Dieser Fisch da draußen läßt sich ohne Handschuhe nicht bezwingen. Doch ehe ich die übergestreift habe, wird die Schnur federleicht. Ich weiß: der Fisch ist fort.

Beim Einholen finde ich die monofile achtziger Schnur durchbissen. Ich frage meinen Nachbarn: „Was kann das gewesen sein?" Und bekomme zur Antwort: „Ein großer Hai. Davon gibt es hier viele nah an der Brücke." Einem solchen Gegner ist mein primitives Gerät nicht gewachsen, auf den war ich nicht gefaßt. Und ich benutze kein Stahlvorfach. An diesem Abend bleibt es der einzige Biß.

Tagsüber wandern wir den Strand hinunter, hinaus aus dem Städtchen, wo die Hütten der Schwarzen beginnen. Aus dem Nebel ragen wie Antennen die langen Ruten der Brandungsangler. Neben einem Feuerchen hocken sie. Ihr Angelzeug ist manchmal nur ein krummer, selbstgeschnittener Stecken.

Aber sie haben Erfolg. Brassen, die man hier „Dassie" nennt, von bestimmt drei Kilo verröcheln im Sand. Wir beobachten, wie auf Sardinenfetzen eine stattliche Languste gelandet wird und ein Hai nach langem, spannendem Drill und trotz der Verfolgung ins Meer hinein doch noch die Schnur sprengt.

Am selben Abend gelingt mir eine Dublette auf Seelachs. Die kiloschweren Fische klatschen auf die laternenbeleuchteten Planken der Brücke.

Die starke Nordsüddrift treibt den Köder heute immer wieder rasch weit hinaus in die See. Das aufgewühlte Wasser ist durchsetzt von Algen und Tang. Den Rest der Angelnacht plage ich mich deshalb mit Hängern und abgefressenen Haken und gebe schließlich auf.

An einem Tag so neblig, feucht und windstill wie all die Tage zuvor empfinden wir Swakopmund als bedrückend. Wir sehnen uns nach Sonne und nach dem Busch. Und an diesem Tag reisen wir ab. Nach der gelben, heißen Weite der Namib endlich wieder das geliebte Buschveld. „Häßlichschöne", hauerblitzende Warzenschweine an der Pad, skurrile Pfefferfresser, Antilopen und Strauße.

Trotzdem: Swakopmund im Winter war einmalig! Eine ganz besondere Stimmung, die unter die Haut ging. Das auch deshalb, weil zwischen einem Mittelmeersommer und tristem November nur ein Katzensprung lag.

Auf die Großen vor Mauritius

Mauritius gilt als der vielleicht derzeit beste Platz auf der Welt, wo man einen Blauen Marlin an den Haken bekommen kann – darüber wurde schon viel geschrieben. Im Herzen des wärmsten der Ozeane, im Indischen Ozean, abgeschieden gelegen, dort im Wendekreis des Steinbocks zwischen Afrika, Indien und Australien liegt die Insel: „eine Perle des Indischen Ozeans".

Schon die furchtlosen Araber wußten von ihr. Seefahrende Portugiesen landeten hier. Die Insel wurde holländisch, dann französisch und schließlich britische Kolonie. 1968 erhielt sie die Unabhängigkeit.

Marlinzeit ist von Oktober bis Ende März. Nachdem ich bei zwölf Grad minus von meinem Wohnort Winterberg an einem Februarmorgen aufgebrochen war, wirkte das Tropenklima dort unten erst einmal wie ein Schock.

Es war die extremste und die wärmste Zeit der Südhalbkugel: ausklingender Hochsommer; dazu neunzig Prozent Luftfeuchtigkeit. Täglich warme, kaum erfrischende Monsunschauer. Eine Woche vor meiner Ankunft sogar ein Zyklon, wovon abgedeckte Dächer, die Torsen meterdicker Palmen, weggespülte Brücken und tiefe Erosionsbäche noch Zeugnis gaben.

Aber die schlimmsten Folgen waren beseitigt. Hätte man mir gesagt, daß die Palmen um den Swimming-Pool unseres Tamarin-Hotels vorher viel prächtiger waren, mir wäre das kaum aufgefallen. Auch nach dem zerstörerischen Zyklon fand ich es hier auf Anhieb paradiesisch schön.

Der Hotelkomplex mit Restaurant, Pool, Gärten, Appartements und Bar schmiegte sich in eine geschützte Bucht. Dem Meer vorgelagert das Riff, das der See die Kraft nahm und sie zähmte. Der Tamarin mündete hier in den Ozean. Dschungel begleitete seine Ufer. Über dem Urwald erhoben sich kahle, bizarre Gebirge. Eine der Zinnen so grandios und „dem großen Bruder“ der Form nach so täuschend ähnlich, daß man den Gipfel „das Kleine Matterhorn“ nannte. Soweit erste Eindrücke. Dieses Paradies hatte Schattenseiten.

Vom Klima, seiner Landschaft und der geographischen Lage her besitzt Mauritius sicher die Bedingungen einer der schönsten Flekken dieser Welt zu sein. So preisen Reisebüros und bestimmt auch viele Urlauber, die nur sehen und genießen, was sie genießen wollen, die Insel an.

Mauritius hat in der Tat etwas Faszinierendes, einen Charme, der jeden in seinen Bann zieht. Und die vielen Deutschen, die nach dem ersten Mal immer wieder hierher kommen, sprechen für sich.

Aber man sollte kritisch sein und es nicht den drei Affen gleichtun, die Ohren, Mund und Augen vor dem verschließen, was sie nicht sehen, hören und sagen wollen. Augenfällig ist nämlich die Klassengesellschaft.

Sommerresidenzen besitzen hier wohlhabende Afrikaner, Europäer, Asiaten und Amerikaner, die hier u. a. in Fabriken investiert haben mit Arbeitern zum Billigtarif. Ihnen gehört auch viel Grundbesitz.

In Hotelrezeptionen angefangen, sitzen auf maßgebenden Verwaltungsposten Chinesen. Handwerker, Ladenbesitzer und die obere Dienstleistungskaste stellen Inder und Kreolen. Akademiker sind ebenfalls meist Asiaten. Den Dreck aber machen die farbigen Einheimischen weg. Sie haben auch die kinderreichsten Familien, wohnen nicht selten in Slums.

Etliche Westtouristen mieten sich eine Schwarze Perle oder eine rassige Kreolin für die Zeit ihres Aufenthalts, ein oft blutjunges Mädchen, das sich mit Unterkunft und freier Verpflegung meist zufrieden gibt, um für eine Weile ihren schäbigen Verhältnissen zu entfliehen. Keine weiteren Kosten für so ein Schmusekätzchen.

Ja, die Familie offeriert nicht selten minderjährige Töchter, damit die versorgt sind, und sei es nur für wenige Tage oder Wochen. Sie steuern durch ihre Prostitution obendrein ein paar Rupien zum Lebensunterhalt der Großfamilie bei. Aber die Mädchen bleiben über kurz oder lang bei der Prostitution, also auf der Strecke.

Dies nur ein Anriß der Schattenseiten des Paradieses.

Der erste Angeltag. Der erste Tag auf See. Zum Centre de Pêche waren es vom Tamarin aus nur zehn Autominuten. Dort in der Black River Bay lag Hotel an Hotel, jedes mit Bootssteg, Bar, Swimmingpool, Open-air-Restaurant unter wogenden Palmen. Nicht weit davon der obligate Galgen zum Wiegen der Fische und fürs Siegerphoto. Dezent in Palmenhainen versteckt wunderschöne Bungalows für die Gäste, Boutiquen und Zubehör-Stores. Alles traumhaft schön und idyllisch.

Die Stimmung am frühen Morgen war eher verhalten, noch etwas verschlafen. Ein paar Straßenköter, die am Strand patroullierten. Handleinenfischer, die nachtüber am Riff geangelt hatten, versorgten ihre bescheidene Beute an Brassen und Hornhechten. Kisten mit Sprite und Cola verstaute man auf unseren Hochseeyachten.

Und „Mister No Problem" – ein Inder, schon das Markenzeichen für die reibungslose Organisation und Verteilung der rund 35 ausfahrenden Yachten – war allgegenwärtig. Immer freundlich und hilfsbereit, nie aufdringlich, hatte er alles im Griff. Er behielt den Überblick. Nachdem ich schon viel von ihm gelesen hatte, lernte ich ihn jetzt kennen.

Nach und nach fuhr Boot auf Boot an den Steg. Die Boote alle blitzsauber. Schwere Pen-International-Rollen blinkten in der Morgensonne. Ein Wald von Ruten starrte aus den Halterungen.

Dahinter warteten weitere Yachten, dümpelten dort im Seichten, bis sie an der Reihe waren mit dem Auftanken, dem Beladen von Getränken und mit kleinen Reparaturen, die ja immer einmal anfielen.

Dann hieß es „Ready for battle!" – bereit zur Schlacht mit einem Marlin oder einem anderen Riesen des Meeres, der hoffentlich beißen würde.

Was ist schon viel über diesen Gladiator der Hochsee, den Marlin geschrieben worden! Daß er ebenso intelligent wie stark sei; daß von zehn Fischen, die den Köder sehen, nur zwei ihn auch wirklich nehmen; daß von diesen beiden dann mindestens noch einer bei seinen Sprüngen oder sonstigen Finessen und Tricks verloren geht.

Ja, diese Sprünge sollen es in sich haben. Da kann einem schon das Herz stehen bleiben, wenn eine ganze Tonne Fisch wenige Meter vom Boot aus dem Waser platzt und wie ein Baumstamm in einem Wirbel aus Strudeln und Gischt ins Meer zurückfällt. Oder wenn gar der Fisch raketengleich das Meer durchpflügt und aufs Boot zurast.

In Australien gibt es Boote, die gar von mehreren Marlinschwertern durchbohrt sind. Dermaßen mit Stories und Erwartungen aufgeladen, tuckerten wir, das nahe Riff hinter uns lassend, in die offene See.

Dabei muß man wissen, daß die Anfahrt zu den Marlingründen vor der Südwestküste der Insel sehr kurz und somit bequem ist. Marline jagen bereits hinter dem Riff, das sich nur ein oder zwei Kilometer vor der Küste erstreckt, sich als weißes, schäumendes Band parallel dazu hinzieht und nur hier und da einen engen Kanal freiläßt, wo die Boote durchschlüpfen können.

Wir hatten erst eine halbe Stunde unsere schweren 130-lbs-Leinen mit den unterarmlangen, grellbunten Jigs und Konaheads draußen, noch war längst kein Fischzeichen in Sicht, geschweige denn ein Bonito geködert. Ich weiß noch genau, wie ich meinem Mitangler vom Oberdeck zurief: „Dann sind das links im Boot Deine Angeln, und die rechts sind meine beim ersten Biß.“ Denn wir mußten uns ja diesbezüglich einigen. Ich hatte das also gerade erst ausgesprochen, als von einer der linken Rollen rasend Schnur abzog, in einer mächtigen Flucht sicher 300 Meter auf einmal.

Mit einem Grinsen zu mir gewandt wiederholte Werner: „Die links sind ja meine Angeln, sagtest Du doch gerade!“ „Strike“ schrie der Captain, legte den Bremshebel der Rolle nach vorn, war mit einem Satz vorne im Cockpit, gab Vollgas, um maximale Spannung auf die Leine zu bekommen, um den Haken mit Wucht ins hornige Maul des Fisches zu treiben.

Werner saß mit der Rute längst im Kampfstuhl, schlug mit all seiner Kraft noch zwei-, dreimal an. Kann den Fisch kaum halten, bekommt die Rutenspitze nicht hoch. Gefährlich nah an der Bordkante, nah dran zu zerbrechen!

Der Skipper nimmt Gas weg, hilft ihm die Rute heben. Werner bekommt den Harness um. Endlich! Als der Fisch auch schon springt, sicher 500 Meter weit draußen. Ziemlich klein wirkt er auf diese Distanz. Ein Marlin von schätzungsweise 250 Pfund.

In Eile und Hast sind alle anderen Köder aus dem Wasser. Der Kampfplatz ist frei. Zum zweiten und zum dritten Mal katapultiert der Fisch aus dem Wasser. Wütend schüttelt er das schwere, schwerttragende Haupt. Er kommt jedesmal weiter draußen raus. Mühsam gewonnene Schnur zieht er doppelt wieder ab.

Ich sehe Werners schmerzverzerrtes Gesicht. Er pumpt und kurbelt verbissen, hält den Fisch auf Spannung. Der Skipper hebt wieder und wieder die Rutenspitze, wenn sie sich zur Bootswand hinabsenkt. Werner kann dem Fisch noch längst nicht seinen Willen aufzwingen, hat auch kaum Erfahrung im Big Game. Ein paar schlappe Dorsche bisher alles. Beim Einrollen faßt Enrico in die Leine, erleichtert das Kurbeln dadurch enorm.

Ich will es kurz machen. Plötzlich verliert Werner die Spannung. Der Fisch rast aufs Boot zu. Der Skipper stürzt zum Gashebel, gibt Vollgas. Ein letztes Mal schnellt der „Blue" aus dem Meer, diesmal recht nahe, daß wir sehen, wie die Tropfen beiseite sprühn vom Haupt und seinem Schwert. Und dann ist er weg, hat den lästigen Haken abgeschüttelt.

Enttäuscht kurbelt Werner die Leine ein, ist aber bald getröstet. Das sollte für ihn erst der Anfang sein, dachten wir beiden. Es würde mehr Gelegenheiten geben. Davon waren wir nach dem schnellen, ersten Biß überzeugt.

Das war eben Jagd auf den Marlin. Von Zehnen, die ihn sehen, nehmen nur zwei den Köder. Und von diesen beiden verlierst Du mindestens einen . . .

Die Reihe und Chance war nun bei mir. Der nächste Biß sollte meiner sein. Er kam tatsächlich am frühen Nachmittag gegen 14 Uhr. Den Fisch hatte niemand kommen sehn. Nirgends eine Flosse oder ein aus den Wellen hin und her wackelndes Schwert, wie man das sonst oft sieht, wenn der Marlin dem Köder folgt, bevor er zupackt.

Schnur schoß ins Meer. Ich hinein in den Kampfstuhl, den Bremshebel auf Strike. Denn schlucken brauchte ich ihn auf den Jig ja nicht zu lassen. Mit beiden Händen die Rute umklammert, gegen das Fußbrett gestützt schlage ich an, als der Captain im selben Moment Vollgas gibt. Das paßt zusammen, ramme so dem Gegner das Eisen mit Gewalt ins Maul. All meine Kraft und all mein Gewicht setzte ich ein. Nochmal und nochmal.

Man hat mir in Eile den Harness umgelegt. Die Karabinerhaken klicken in die Ösen der Rolle. Mit dem Fisch bin ich jetzt verbunden. Dabei weiß ich noch gar nicht, mit wem ich es zu tun hab.

Dieser Fisch springt nicht. Größere Haie oder ein Thun gehen kaum an den Kunstköder. Kann eigentlich nur ein Marlin sein. Jeder

Marlin kämpft eben anders. Längst nicht jeder springt. Manche bohren wie Thune gleich einem Büffel stur, anhaltend und verbissen in der Tiefe, besonders die Schwarzen.

Rrrraaa ... Rrrraaa ... geht die Rolle. Wieder wird Schnur ins Meer gerissen. Ich muß vorerst dem Fisch gehorchen, spüre ihn, merke, wie er mir Hände und Gelenke und den Rücken schmerzen läßt. Dann steht er wieder. Einer belauert den anderen, zieht jetzt nach rechts, dann nach links. Joe dreht den Kampfstuhl entsprechend. Und immer wieder pumpen und kurbeln und pumpen und einrollen. Der Kampfstuhl wird zur Folter.

Eine Flucht aufs Boot zu. Mal was anderes. Achtung! Die Schnur hängt jetzt durch. Springt er endlich?

Der Skipper ist auf der Hut, gibt Vollgas. Kurbeln. Kurbeln. Kurbeln, was das Zeug hält. Dabei höllisch darauf achten, daß die Leine gleichmäßig aufspult. Der linke Daumen besorgt das, der leitet die gewonnene Schnur hin und her. Sonst ist plötzlich eine Seite der Rolle voll, und nichts geht mehr. Der Fisch würde das festgefahrene Nylon sprengen.

Gefahr überstanden. Ich hab wieder Spannung. Neben mir Enrico feuert mich an, ja er herrscht und schreit mich an: „Pump! Pump! Real him in! Roll ein! Roll ein! Hol ihn endlich rein!"

Und er stellt dabei die Bremse jedesmal fester. Will mich wohl umbringen? Für den Skipper, der zig-hundert Marlindrills erlebt hat, mag das da unten am Haken ja ein „kleiner Tütelfisch" sein, für mich aber ungewohnte Schwerstarbeit unter glühender Sonne.

Okay, der Kampf dauert erst knapp eine halbe Stunde. Und ich gewinne tatsächlich schon Schnur. Ein Monster kann es wohl nicht sein. Das hätte mir seinen Willen viel, viel länger aufgezwungen.

Aber mühsam bleibt es. Der Winkel zwischen Rute und Schnur wird allerdings enger, klafft nicht mehr weit ins schier Unendliche hinaus. Der Fisch steht längst näher am Boot und steiler unter uns. Irgendwann wird er das Boot sehen. Als das geschieht, reißt er noch zwei-, dreimal Schnur ab.

Erstmals ein blausilberner Schatten, der wieder und wieder abtaucht. Doch noch immer wissen wir nicht, was es wirklich ist. Ein anderes Boot passiert uns. Schulterzucken Enricos: „I don't know. Think a Marlin. Ich weiß nicht, wird ein Marlin sein."

Dann endlich ganz deutlich die leuchtenden Querstreifen eines Blue Marlin. Braun-blau-silber phosphoreszierend.

Der Skipper hat ins doppelte Vorfach gegriffen, will den Fisch ans Gaff führen. Der tobt und schlägt, daß das Wasser kocht. Joe kann das Gaff nicht setzen. Der Marlin taucht, ist unterm Boot. Auch das noch!

Ich schrei in aller Hektik Werner an, den Kampfstuhl doch endlich zu drehen, in die Richtung des Fisches zu drehn. Denn Werner starrt fasziniert und wie in Trance auf all das tobende Inferno.

Diese Phase ist kritisch. Ich hab' noch allzuviel Spannung auf der Schnur, sie ist zum Zerreißen gespannt wie eine Klaviersaite. Der Skipper und sein Helfer gaffen wieder. Auch dieses Gaff sitzt nicht. Das Flying Gaff verheddert sich, das starre packt zu oberflächlich. Ein Schlag mit dem Haupt. Raus ist es.

Der Marlin taucht nochmal. Barmherziger Gott! Zum sechsten oder siebten Mal bring ich ihn nun hoch. Ich gebe Werner die Rute, hab dem Skipper dummerweise meine Handschuhe geliehen. Seine sind irgendwo tief in der Kajüte versteckt. Greife leichtsinnig mit bloßen Händen nach dem Schwert, nachdem der Fisch mit mehreren Keulenschlägen betäubt ist. Trotzdem. Eine kurze, kräftige Drehung und ratsch! Die ganze Handinnenfläche, an den Fingerkuppen sogar bis knapp auf den Knochen aufgerissen. Alles voller Blut. Schmerz empfinde ich nicht. Viel zuviel Adrenalin in den Adern.

Dann packen wir alle vier gleichzeitig mit an. Zwei an den Gaffs, zwei am Schwert. Und der Marlin ist drin. Gewonnen! Vor Erschöpfung kann ich Glück gar nicht empfinden. Die Kamera fällt mir fast aus der Hand. So zittere ich.

Es ist weiß Gott kein Riese von Marlin. 272 Pfund schwer. Aber immerhin ein Blauer Marlin, die Krone des Hochseesports. Wobei die männlichen ohnehin selten mehr als 300 Pfund wiegen sollen, die Riesen von Marlin fast ausnahmslos Weibchen sind.

Dieser hier sprang nicht, da der Jig in einem Auge saß. Sprünge waren ihm zu schmerzhaft. Hätte ich einen von der Güte nochmal an der Angel, ich würde die Bremse leichter stellen, ich nähme mir viel mehr Zeit. Denn dieser 35-Minuten-Drill war eine wahre Tortur.

Dabei ist ein auf Köderfisch gefangener Schwertträger, wenn er den Haken geschluckt hat, wesentlich schneller müde als ein auf Jig am Maul oder am Schwert gehakter. Ihm geht nichts an Kampfkraft verloren. Während das Eisen in den Eingeweiden den Gegner rascher mürbe macht. In der Endphase des Drills stülpt sich gar der gesamte Magen oft aus dem Maul, weil er dem Zug der Angel nicht mehr standhält. Der Drill, egal wie er ausgeht, ist also für beide, für den Fisch und den Angler eine Folter. Für den Marlin brutaler und natürlich existentiell.

Stolz hatte längst die ganze Plackerei vergessen lassen, als wir mit dem gehißten roten Marlinwimpel als eines der wenigen Boote, die heute erfolgreich waren, zum Steg fuhren. Da war schon alles bleibende Erinnerung.

Wie immer herrschte dort bei der Rückkehr der Yachten großes Gedränge. Schaulustige und Angehörige von Anglern, die heute draußen waren, wollten wissen, was tagsüber gelaufen war. Man hatte über Funk schon von diesem und jenem Fang erfahren.

Wie schwer war der Fisch nun wirklich? Brachte er die geschätzten 200 Kilo? Oder wog er am Ende doch nur 350 lbs.? Ja, die Ankunft der Boote so zwischen vier und fünf blieb jedesmal spannend.

Hin und wieder verspätete sich eine Crew, die noch mit einem Großfisch im Clinch lag. Geduldig wartete man in der Bar des Centre de Pêche oder des Club Le Corsaire auf den Ausgang des Kampfes. Durchs Radio erfuhr man schon diese oder jene Einzelheit, ob ein strahlender Sieger heimkehren würde oder ein enttäuschter Verlierer. Später bewunderte man dann an diesem Galgen einen starken Marlin und an jenem einen schnittigen Sail.

Nicht wenige Superreiche hatten ihr eigenes Boot und eine eigene Crew. Meist alte Big-game-Hasen. Erfahrene Leute, die fast nichts anderes mehr taten als Marline angeln. Marlinsüchtige.

Es war in der Tat wichtig, welche Mannschaft hinausfuhr. Schon fast legendären Skippern wie beispielsweise Regis sagte man eine Nase für das Aufspüren von Marlinen nach, einen siebten Sinn. Solche Skipper konnte man gar nicht mehr chartern. Sie hatten sich längst an einen reichen Südafrikaner o. ä. verdingt.

Bezüglich der Crew trennte sich die Spreu vom Weizen in der Endphase des Drills beim heiklen Gaffen und beim Reinholen des Fischs.

Und da gab es auf den ersten Blick belanglose, aber letztlich wichtige „Kleinigkeiten“ wie der Zustand des Harness, der Schnüre und der Haken; ob der Harness verbraucht und unbequem, die Schnüre alt und brüchig, die Haken rostig oder ob sie täglich neu geschärft wurden.

Wir legten uns noch mit anderen Kämpfern an. Wahoos sollen die schnellsten aller Fische sein. Und es gibt wohl kaum einen für das Wasser dynamischer und perfekter gebauten Räuber, angefangen vom torpedogleichen, muskulösen Körper bis zur Spitze des wie ein Geschoß gestromten Mauls. Seine rasierklingenscharfen Zähne passen aufeinander wie eine Blechschere. Und genauso trennen die Kiefer im Bruchteil einer Sekunde wie geschmiert einen drei-Kilo-Bonito in zwei Teile. Das merkt man der Angel nicht einmal an. Da gibt es kein Schnurabziehen, nicht einmal das leiseste Rucken. Da sieht man allenfalls eine Wahooflosse blitzschnell aufs Boot zustürmen. Die Flosse taucht. Und wenn man Sekunden später die schlappe Leine einholt, hängt nur noch der Kopf des gerade noch putzmunteren Köderfisches dran. Glatt abrasiert.

Sogar für den wendigen Bonito, selbst ein schneller und kraftvoller Räuber der Thunfischfamilie kommt so ein Angriff derart überraschend und blitzartig, daß er nicht mit der kleinsten Flucht reagiert. Wozu er bei Attacken anderer Fische immer noch Zeit hat, seine Verfolger – obwohl selbst geködert – oft noch erfolgreich pariert. Aber gegen torpedogleich dahinschießende Wahoos ist kein Kraut gewachsen.

Ich erinnere mich, wie wir einmal wieder und wieder in einem Bonitoschwarm kreuzten und den Möwen nachfuhren. Ohne Erfolg. Der Schwarm wechselte einfach zu rasch seinen Standort. Mal war er ganz nah bei uns, daß das Wasser kochte, wenig später schon weit draußen, daß wir Vollgas geben mußten, den Schwarm aber trotzdem nicht erreichten. Wie ein Gespenst, wie eine Fata Morgana war er jeweils schon wieder weit draußen irgendwo in der Wüste des Wellenmeers.

Da sah ich den Grund der Unruhe, der Unstetigkeit des Schwarms, warum er auf der Flucht war. Erst hinter dem Boot, Sekunden später schon daneben die Flossen zweier Wahoos! Die durchfurchten das Meer so schnell, die passierten das Boot – was immerhin volle Knotenzahl fuhr – so vehement, als ließen sie es einfach neben sich stehn. Rasant ihre Jagd. Unglaublich! Und schon waren sie unseren Blicken entschwunden.

Diese schnellen Wahoos ließen sich überlisten, selten mit einem Bonito. Aber mit Blasen und Schaum aufwirbelnden, blitzend bunten Jigs und Rappalas. Die lösten durch ihren glitzernden, glimmernden Strudel einen Reflex aus, auf den Wahoos hereinfielen.

Eines Nachmittags sprang Werner in den Kampfstuhl. Zehn Minuten später lag ein Wahoo im Boot, gefangen an der 40-lbs-Schnur auf einen kleinen Federjig, eigentlich für Bonitos gedacht. Fast gleichzeitig ein anderer am Tamarinjig. Wieder knapp zehn Minuten Drill, und noch ein 50 Pfund schwerer Räuber klatschte ins Boot. Beide glänzten prachtvoll wie aus Silber und Stahl geschmiedet, metallen hellblau überhaucht. Wunderschöne Fische!

Die Streifen verblaßten im Tod. Sicher waren die beiden Wahoos ein Pärchen. So wie auch alte, starke Dolphine (Goldmakrelen) meist als Paar auf Raub ziehen und zusammenleben.

Der Drill selbst hatte nichts Aufregendes, bis auf ein paar lange Fluchten hin und her und im Zickzack, ziemlich flach geführt. In der Anfangsphase natürlich kraftvoll besonders an leichtem Gerät. Der Ausgang des Fights war dann immer ungewiß.

Aber sonst gab es keine Finten oder gar Sprünge, wie ich es beim nah verwandten und optisch recht ähnlichen Barracuda erlebt und geschätzt hatte. Nichts dergleichen. Und schon gar nicht zu vergleichen mit dem Dolphin, der ja alles vereinigt: Kraft, Ausdauer, Geschick. Und als „Joker" überraschende, wilde, hohe Sprünge.

So ein typischer Tag auf See. Erst der Run auf die Bonitos, jeden Morgen immer wieder von neuem. Ein Boot verständigte die anderen, wenn ein Schwarm entdeckt war. Je früher man seine Köderfische hatte, desto besser, um so größer die Chance auf einen Großfisch. Gerade die ersten beiden Stunden frühmorgens zwischen sechs und acht brachten viele Bisse.

Nach dem Wettlauf mit den anderen Booten, und waren Bonitos erst einmal gefangen, begann das Dösen. Stunde um Stunde nur Warten bei langsamer Fahrt. Denn Lebendköder durfte man natürlich nicht so schnell schleppen wie Jigs.

Man saß da also im sachte schaukelnden Boot, sprach wenig. Das Auge hielt sich an diesem und jenem Punkt weit draußen am Horizont eine Weile fest. Das waren dann andere Boote. Die irgendwann, irgendwo in der wellenwogenden Wüste des Ozeans wieder verschwanden.

Selten strich eine einzelne Feenseeschwalbe vorbei. Wunderschöne Vögel mit langem, schneeweißem Stoß, der wie ein Schleier im Flug hin und her schwang.

Morgens war es schon drückend und schwül, gerade erst nach Sonnenaufgang, als noch Windstille herrschte. Auf den Mittag zu wurde es noch heißer. Aber mit den Kumuluswolken frischte eine Brise auf. Einmal flog uns draußen auf hoher See ein Vogel aufs Boot. Es war ein Bülbül, etwa amselgroß und völlig entkräftet. Er kauerte hinter der Cockpitscheibe und erholte sich langsam. Bis er seinen Federschopf endlich wieder aufrichtete, mit einem jubelnden „Zirp" aufflog in Richtung Festland, das jetzt am späten Nachmittag schon recht nah war. Wir bewegten uns längst zum Hafen.

Eine weitere Episode will ich in Kürze erzählen, weil ich selbst nur zweitrangig agierte. Leider.

Der Makohai biß zwar auf meinen Köder. Viel mehr als den Anschlag und eine Vierstelstunde Drill hielt ich aber nicht durch. Dann machte ich schlapp, durch eine Magen-Darm-Grippe dermaßen geschwächt, daß ich ohnehin heute morgen erwogen hatte, besser im Bett zu bleiben.

So hing ich an diesem Dienstag-Vormittag Stunde um Stunde in der Bootskoje, froh darüber, mich nicht bewegen zu müssen. In regelmäßigen Abständen zwangen mich krampfartige Bauchschmerzen zur Toilette, in der mich der Seegang hin und her warf. Wirklich hundsmiserabel.

Wir hatten gleich als erstes Boot Bonitos erwischt, waren auch als erste schon um halb sieben rausgefahren, was eben immer von Vorteil war.

Zwei Bonitos wurden in Windeseile als Panama-Rig getakelt, also als Lebendköder mit einer Schlaufe durch eine Öffnung vor den Augenhöhlen. Der Haken war hierbei an seinem Schenkel vor dem Fischmaul befestigt.

Und in einen großen, toten Drei-Kilo-Bonito operierte Joe einen Haihaken kunstvoll hinein. Mit Zwirn nähte er die Flossen derart an, daß sie abstanden, der Fisch beim Schleppen wie lebend wirkte. Der Haken saß an einem Stahlvorfach. Das alles waren Vorbereitungen für den Fall, daß eine der bekannten Dreiecksflossen auftauchte.

Es gab hier genug Haie. Manche lungerten direkt bei den Stegen. Ihre Rückenflosse pflügte oft gleich nach dem Ablegen irgendwo da oder dort durchs Wasser, sogar innerhalb des Riffs. Kleine und große Haie. Diese dreisten Räuber waren überall. Auf sie wollten wir heute gefaßt sein. Und es sollte so kommen.

„Mako! Mako!“ schrie Joe aufgeregt, als der Fisch aus dem Wasser schoß. Vorausgegangen war ein blitzschneller Wechsel des lebenden Köders am Nylonvorfach gegen den präparierten am Stahldraht, nachdem direkt an der Bootswand die riesige Flosse eines Hais erschienen war. Der tote Bonito war erst Sekunden draußen, als schon Schnur ins Meer surrte.

Ich hatte mich längst aus der Koje gerappelt und den Harness um. Die anderen Schnüre waren eingeholt. Ich wartete und wartete. Der Hai sollte ohne Argwohn schlucken. Dann endlich mein Anhieb. Drei-, viermal, fünfmal, vergaß dabei völlig meine Bauchkrämpfe.

Dann machten mich die Koliken doch wie eine eiserne, in mir wühlende Faust mürbe. Die beiden ersten Sprünge des Mako stand ich noch durch. Rasch fühlte ich mich müde, elend und verbraucht und gab Werner die Rute, der diesen feurigen Fighter – denn der Mako gilt als der ausdauerndste Kämpfer unter den Haien, erst viel später vom Hammerhai und mit himmelweitem Abstand von den anderen Arten gefolgt – in anderthalb Stunden niederkämpfte.

Man nahm den Hai nicht ins Boot. Man legte ihm eine Schwanzschlinge um, goß ihm einen Kanister Süßwasser ins zähnestarrende Maul, wonach er keine Minute später verendet war. Sein Gebiß war imponierend. Die nach hinten gebogenen Zähne in sieben Reihen hintereinander gestaffelt, mehr als die eines Löwenrudels.

So transportierte man den fast 200 Pfund schweren Hai außenbords zum Hafen. Eine Supertrophäe!

Ob ich wiederkomme nach Mauritius? Vielleicht. Ich hatte mir einen langgehegten Traum erfüllt. Und ich hatte mit etwas Jagdglück anglerisch keine Abstriche zu machen. Alles hat seine Zeit. Der Wunsch. Der Prozeß der Reife einer Idee. Und ihre Erfüllung.

Asien

Mückenhochzeit am Baikalsee

Im Juni jeden Jahres passiert etwas ganz Besonderes am Baikalsee, diesem mehr als 700 Kilometer in Nordsüdausdehnung messenden Binnenmeer Südostsibiriens, nördlich der Mongolei.

Dann nämlich hochzeitet dort am Ufer milliardenfach eine daumennagelgroße, sonst auf dem Wasser lebende Fliege, die die Russen „Midlack“ nennen. Eine dicke, krabbelnde Schicht der Insekten überzieht die Uferkiesel.

Im Juni lockt es deshalb die Bären aus den Weiten der Taiga zum See, wo sie hungrig und ausgemergelt nach langem Winterschlaf ausschließlich von den Midlacks leben. Ist die Mückenhochzeit vorbei, verlieren sich die Petze wieder rasch in der Wildnis bis zum folgenden Frühjahr.

Nicht nur den Bären war der Tisch reich gedeckt. Wo in Pulks die übers Wasser eilenden Mücken dem Strand zustrebten, stiegen Ring an Ring nach ihnen die Fische, oft so dicht, daß der sonst glatte Spiegel des Sees davon bewegt war.

Und die Taiga dahinter war wunderschön. Sie war einsam und naturbelassen, unberührt. Sie war echte Wildnis und blühte einen kurzen Frühling lang.

Großer, gelber Mohn. Riesige, blauviolette Akelei und duftende Schneeblumen. Polster von roten, weißen, gelben und blauen Blüten überall. Die Taiga strotzte vor Farben. Das Auge hatte so unendlich viel zu sehen.

Entlang den morastigen Tümpeln und Tümpelchen stiegen Hunderte von Schmetterlingen auf, so viele, so dicht wie eine Wolke. Unzählige der bunten, großen Schwalbenschwänze waren dabei. Ich fand Uferstreifen, wo das Wasser grüngelb war von ihren vergehenden Flügeln, dort zu Tausenden angeschwemmt.

Wir ankern seit gestern in Savarotny, mehr als 600 Kilometer nördlich von Irkutsk, wo wir vor zwei Tagen ausliefen. Schmucklose, sechs oder sieben über den Taigahang verstreute Holzhäuser liegen über einer stillen, geschützten Lagune, die bereits verlandet. Das ist der ganze Ort.

Doch es brüten hier Wildgänse und Enten. Quirlig und emsig die Schofe der Gössel. Die Alten bleiben aber mißtrauisch, sie wollen uns verleiten, wollen uns, einen flügellahmen Vogel vortäuschend, weglocken. Unterm Ried lauern Hechte.

Außen vor der flachen Lagune braust die offene See. Zwei Fluganglern begegne ich dort.

An einem selbstgeschnittenen Stecken ist eine riesige Aluminium-Fliegenrolle befestigt, ganz ans Ende der Schnur ein handlanger, bleibeschwerter Holzschwimmer geknüpft. Oberhalb davon an Springern drei bis fünf Fliegen.

Mit Hilfe der gewichtigen, eben noch schwimmenden Pose läßt sich der Köder weit hinauswerfen, in einem mächtigen Schwung fast hundert Meter weit in die See. Er wird dann langsam und ruckweise eingeholt. Die Methode ist nicht unähnlich dem Brandungsangeln.

Mit dem primitiven, selbstgefertigten Gerät haben die Angler Erfolg. Omule, geräuchert eine Delikatesse, und vor allem Charuz, Arktische Äschen, sind ihre Beute. Charuz gleichen unserer Äsche mit ihrer prächtigen Fahne, dem kleinen, unterständigen Maul. Ihr Schuppenkleid aber geht mehr ins Bräunliche. Und sie werden noch größer, maximal drei bis dreieinhalb Pfund wiegend.

Die Fische des Sees sind ohnehin Raritäten, genau wie die ausschließlich in diesem zentralasiatischen Binnenmeer vorkommenden Krebse, Lurche und die hier lebende Süßwasserrobbe, die ein Relikt aus der Tertiärzeit ist. Die Jahrmillionen währende Isolation und die Tiefe des Binnenmeeres, die an manchen Stellen fast zwei Kilometer beträgt, ließen solche Arten entstehen und überleben.

Nun, ich studierte die Fliegen der Angler. Es waren Erlfliegenmuster, wie ja die Midlacks auch einer zu klein geratenen Erlfliege ähnelten, mit allerdings nicht ganz so düsteren Flügeln, mehr ins Hellbraune gehend und ihre Flügel transparenter (das von mir gebrauchte Erlfliegenmuster: Körper dick und kurz: schwarze Straußfederfibern und bronzefarbene Fibern von der Augfeder des Pfaus gemischt; Hechel schwarz oder rotbraun vom Hahn; Unterflügel Starschwungfeder; Oberflügel Schwungfeder der Waldschnepfe; Haken Gr. 10 bis 13).

Die von den Sibiriaken verwendeten Materialien stammten vom Hasel- und Auerhahn, von der Schnepfe und vom Bergfink.

In Savarotny blieben wir nicht. Wir ankerten mal hier und mal dort, meist in vollkommener Wildnis; einmal nah einem einsamen Kotten. Mit dem Stecken wurde vorher die Wassertiefe geprüft. Dann verzurrten wir einen wackligen Holzsteg, und die Wildnis stand uns offen. Durch das Hausboot waren wir frei und ungebunden.

Es ist einer dieser wolkenlosen, verträumten Nachmittage, an dem ich döse und die Dinge auf mich wirken lasse. Neugierig schauen einige Kugelköpfe der Robben aus dem Wasser, tauchen lautlos wieder ab. Weit draußen über die hellen, leuchtenden Sandbänke surrt ein Paar Trauerenten.

In den steilen, gestaffelten Rinnen hämmert irgendwo ein Specht, daß sein Echo verzerrt wird. Der Kuckuck ruft unentwegt. Drei, nein, vier Gauche kann ich jetzt deutlich unterscheiden. Sonst bleibt alles ganz und gar still und ruht in sich selbst.

Später knüpfe ich eine Erlfliegenimitation ans Sechzehner-Vorfach, als Springer ein recht ähnliches Steinfliegenmuster (Körper Wolle vom Hasenrohr mit gelbem Mohair gemischt, eng mit gelber Seide gerippt; Flügel Schwungfeder der Fasanenhenne; Hechel rotbraun vom Huhn; Schwanzfäden zwei rotbraune Fibern Fasanenstoßfeder).

Regelmäßig steigt nur einen Steinwurf vom Ufer eine Schule Charuz. Weich sind ihre Ringe. Sie steigen nach den Schwadronen der Midlacks, die auf dem Wasser dem Strand zueilen.

Trotz des glasklaren, sauberen Wassers sind die Fische wenig scheu. Ich werfe die Naßfliegen direkt vom Ufer unter Sicht (durch die Polaroidbrille). Und die Schule bleibt dort, sie flieht nicht.

Dem gezielten Wurf, der trotz der Windstille wegen des feinen Geräts nicht immer auf Anhieb gelingt, folgt meist sofort der Biß, oft aber nur zart, oft nur zupfend, manchmal vor dem Einschlürfen noch zögernd. Die Charuz sind wählerisch und „verwöhnt".

Aber einige Fische hängen. Sie wehren sich bis zur Erschöpfung in vehementen Zickzackfluchten. Kein Unterschlupf, der sie rettet. Im freien, klaren Wasser des Sees sind die Trümpfe eindeutig auf seiten des Anglers.

So lande ich in diesen Abendstunden acht der feinmäuligen Fische, fast alle von der Erlfliege überlistet. Hechelfliegen bleiben unangetastet, was zu meiner Beobachtung paßt, daß Charuz weniger nach den übers Wasser eilenden, vielmehr nach den rüttelnden und schließlich aufs Wasser fallenden Midlacks steigen.

Trotz der dicht an dicht stehenden Fische war Zielgenauigkeit wichtig und ein lockeres, weiches, also nicht gestrecktes Hinlegen von Vorfach und Schnur. Auch hatte man sich einen bestimmten Fisch „aufs Korn zu nehmen". Zu alledem war Windstille Voraussetzung.

Jetzt, wo der Tag sich neigte, kühlte es ab. Zarte Nebel, die sich rasch verdichteten, lagen draußen auf dem See wie eine riesige Wand aus Watte mit einem leuchtenden Kamm, den die untergehende Sonne der Barriere gab. Sie wartete dort drohend.

Und als die Sonne versank, wurde der Nebel graublau und trieb an die Küste, um dort den schimmernden Strand ganz und gar zu verhüllen. Wir saßen alle auf Deck im kalten, steifen Abendwind, waren in dicke, schwere Schafsfellmäntel gehüllt und genossen die Bilder.

Anderntags eine Rast, bereits auf dem Heimweg. Wieder ganz woanders. Kein Fleck dieser Wildnis glich dem anderen. Und überall war es schön.

Die Bootsbesatzung zog auf Bärenwechseln tief in die Taiga. Jeder hatte Säcke dabei, um bestimmte Kräuter und Wurzeln zu sammeln für die Küche und die Hausapotheke daheim.

Ich brauste derweil mit dem Beiboot ein Stück hinaus, dorthin, wo über dem Steilabbruch die silbrig glänzenden Omule lauerten. Das Wasser war so klar, daß ich noch in zehn Metern Tiefe die Fische über die Steine huschen sah. Omule sind ein zoologisches Unikum, sie kommen nur im Baikalsee vor und werden in die Verwandtschaft der Felchen eingeordnet.

Einige der begehrten, schlanken Fische warteten unter der Oberfläche und stiegen nach Insekten. Die Schmeißfliegenimitation verleitete zwei Fische (Körper schlank, blaue Flockseide mit Fiber von der Augfeder des Pfaus oder Silberlametta gerippt; Hechel schwarz vom Hahn; Flügel grau, Ente oder Taube; Haken Gr. 12).

Und auch der Graue Palmer war in der Dämmerung für drei, vier Bisse gut (Körper dick, ein Bündel Fiber von den Augfeder des Pfaus; Hechel: Dachshechel).

Zurück beim Boot verwöhnte man mich einmal mehr mit diesem delikat schmeckenden Fisch, einer einmaligen Köstlichkeit des Baikalsees.

Auf dem Heimweg nach Irkutsk schließlich ein allerletzter Stop nahe einer Wetterstation. In welch unendlicher Einsamkeit die Menschen hier lebten. Hunderte von Kilometern bis zur nächsten Siedlung. Im Winter, der ja so lang war von Oktober bis Mai, dann volkommen abgeschnitten. Ich bummelte den Strand hinunter, ganz allein. Einige Bäume waren angeschwemmt, ganz alte, entwurzelte Torsos von Bäumen, die einst Riesen waren. Blankgewetzt und poliert von Wind und Regen und Flut, wirkten sie wie Fossile. In ihren Wurzeln eingemauert, von den Wurzeln umwachsen, waren Brocken von Fels.

Unter vielen Kieseln bereits die trockenen, federleichten Hüllen der Mücken, noch leichter als Spreu. Das Ende der Mückenhochzeit stand bevor.

Kasakische Karauschen

Die Steppe war bunt vom Rittersporn, vom blauen Eisenhut und von den wilden Tulpen. Sie duftete nach Wermut. Dieser süßlich herbe, aromatische Duft lag über der Sari Arka. Und man roch auch den Staub, der hier und da in Windrosen über das unendlich weite Land tanzte, über die Steppe, die man Sari Arka nannte, was soviel wie „Goldene Steppe“ hieß. Vielleicht weil das Federgras in der Abendsonne wie Gold glänzte, sich wog und floß im Wind wie flüssiges Metall . . .

2000 mal 2000 Kilometer Steppe im Quadrat, im Norden begrenzt vom westsibirischen Tiefland, im Osten von den chinesisch/mongolischen Massiven des Tienshan und des Altai. Im Süden schloß sich Usbekistan, Turkmenistan und dann Afghanistan an.

Im Einzugsbereich der Städte und Sowschosen riesige Weizenfelder, sonst so weit das Auge reichte nur Steppe, Steppe, Steppe. In der der Blick ganz selten hängenblieb an verloren wirkenden Jurten mit einigem Vieh drumherum; winzige Punkte in der Unendlichkeit. Wo das Auge Halt suchte und schließlich einer Staubfahne folgte, von einem einsamen Überlandbus aufgewirbelt. Oder wo es sich festsaugte an einem See, der riedgesäumt war, ganz flach, vom Rand her verlandend.

Einer der typischen Steppenseen, der wie ein blaues Auge in der grünen Schüssel der Sari Arka lag. Eine Steppe, die jetzt zum Ende des Frühjahrs ins Braun kippte unter der sengenden, alles verdorrenden Sonne des Sommers.

Neben den höhergelegenen, trockenen Teilen gab es viele solcher verschilfter Seen und ausgedehnte, versumpfte Niederungen. Brutgebiete für Silber- und Purpurreiher, für Dommeln, Gänse und Enten.

Unter den Enten und Gänsen waren so seltene wie die Weißkopfruderente mit ihrem charakteristisch aufgetriebenen, hellblauen Schnabel oder die Rothalsgans, kastanienbraun und karminrot an Hals und Brust. Eine Schönheit unter den Gänsen. Für mich die schönste Wildgans überhaupt.

Dann gab es weitere ornithologische Leckerbissen: ein See mit einer ungeheuren Ansammlung von Flamingos und ein anderer, auf dem Hunderte von Pelikanen brüteten. Das alles beobachteten wir aus der Ferne mit unseren Ferngläsern.

Auf einen der kleineren Seen steuerten wir zu, eher ein verlandender Teich. Hier unten stand die Luft, drückend und bleiern, moskitogeschwängert. Ein breites, freundliches Grinsen lag auf dem Gesicht des Fischers, der seinen breiten Kahn gerade mit einem Stecken ins Schilf stakte.

Der Boden seines Nachens war knöcheltief mit Karauschen bedeckt. Die schimmerten goldgelb fast wie poliertes Messing und zappelten allesamt. Richtig dicke, fette Karauschen waren das. Viele so schwer wie bei uns mittlere Karpfen.

Der Fischer stand zwischen seinen Reusen und den zappelnden Fischen und drückte jedem von uns lange und innig die Hand. Er umarmte jeden und sortierte dann mit Sorgfalt die dicksten Fische für uns aus. Lange winkte er uns nach, dabei über sein ganzes braungebranntes Gesicht strahlend.

Ob er ihm nichts für die Fische bezahlt habe, fragte ich Sascha. „Nein. Warum? Er freut sich, uns eine Freude zu machen."

Ich mußte da wohl umdenken. Geben, ohne zu nehmen, war hier offenbar selbstverständlich und Bestandteil der kasakischen Gastfreundschaft.

Wir angelten auch selbst, was natürlich kein Big-Game-Angeln war, auch nicht der spannende Drill eines großen Raubfisches. Mit den aufregenden Fluchten einer starken Forelle oder eines Lachses hatte dieses geruhsame, stille Angeln auch nichts zu tun.

Im Beschaulichen lag sein Reiz. Unvergeßlich die frühen Morgen- und die Abendstunden. Ich hatte das Gefühl, hier der erste und einzige Mensch zu sein, mit dem Flöten des Brachvogels um mich herum und den Fanfaren der balzenden Kraniche. Die Melodie der ziehenden Gänse über mir. Morgens stiegen jubilierend Lerchen in den Himmel. Abends der Baß der Dommeln, der dumpf und düster aus dem Schilf scholl.

Im Ried standen wie weiße Striche auf Beute lauernde Silberreiher. Ich belauerte mit zwei feinen Federkielfloßangeln, die mit Teig, Erbsen und Kartoffelwürfeln bestückt auf Grund lagen. Dabei brauchte man die Köder nicht weit auszuwerfen. Direkt vorm Schilf stiegen Blasen, wirbelte Schlamm auf, wenn im Morast gründelnde Karauschen Luftblasen vom Sumpfgras lösten.

Richtete sich das Floß etwas auf, nahm ich die Angel, bekam Tuchfühlung und schlug erst an, wenn der Kiel schräg in die Tiefe zog.

Viele Fehlbisse gab es und unglaublich viel Wirbel und Gezupfe von Jungfischen, während am späten Nachmittag und frühmorgens zu bestimmten Zeiten die Starken bissen, die richtig hochrückigen, goldbraun geschuppten Karauschen mit ihrem charakteristischen schwarzen Schwanzwurzelfleck. Diese relativ festen Beißzeiten waren ähnlich denen der Schleien an unserem heimischen Teich.

Vier Fische, jeder rund ein Kilo schwer, nahm ich mit. Wegen des stehenden, flachen Gewässers und des bekanntermaßen grätenreichen Fleisches war ich eher skeptisch, als unser Koch Nicolai sie servierte, und das kurz vor Mitternacht. Erschöpft und hungrig kamen wir da erst von der Jagd auf Saigabullen (Antilope der zentralasiatischen Steppe) zurück.

Der Hunger allein konnte es aber nicht sein, daß die Fische mir so vorzüglich schmeckten. Das zarte, schmackhafte Fleisch fiel regelrecht von den Gräten. Und zusammen mit den vom Fischer geschenkten Karauschen wurde es ein richtiger Festschmaus, den man, wie bei Kasaken üblich, mit den Fingern aß. Hiesiger Wodka, großzügig in Achtel-Gläsern nachgeschenkt, belebte die müden Geister. So fiel uns gar nicht auf, daß draußen schon die Dämmerung eines neuen Tages glomm.

Australien

Auf Barramundi im Outback Nordaustraliens

Die Augen des Krokodils sind zwei dunkle Höcker und lauern über dem Wasser. Lautlos versinkt das Reptil. Es gleitet als grauer Schatten zurück in dämmernde Tiefe.

„Ein Sechzehn-Fuß-Ungeheuer haust hier“, meint Dave, der das Boot ganz gemütlich entlang der Stelzenwurzeln der Mangroven lenkt und mir all die Wasservögel dieser faszinierenden Wildnis benennt.

„Würdevoll“ stakst auf überlangen roten Beinen ein Jabiru, ein Schwarznackenstorch. Stahlblau schillert sein Haupt. Schlangenhalsvögel trocknen ihre Schwingen. Übers Ried schwirren pfeilschnell winzige Pygmänengänse. Pfeifenten zwitschern und recken die Hälse.

Ein Pelikan rüstet zur Nacht, richtet sich eine Mulde im Sumpfgras. Wie er dies sicher schon viele Jahre tut, fällt das Seeadlerpaar im mächtigen Eukalyptus ein. Ein letztes Sonnenbad nimmt der Waran.

Es ist die stillste Stunde des Tages. Dies Fleckchen Erde wird für Momente ein Paradies. Die Zeit steht fast still.

Doch raubt nun der Barramundi, der Süßwassersportfisch der Australier, die Nummer eins der Angler dieses Kontinents (neben dem Marlin), ein Fisch, der auch in der Brackwasserzone der Küste vorkommt und dort im Januar/Februar, wenn das Wasser durch heftige Regenfälle getrübt ist, mit Netzen gefangen wird. Diese Salzwasserbarramundi sollen besonders gut schmecken.

Der Barramundi ist gefräßig, spannend zu drillen, unberechenbar und stark, und er schmeckt der verwöhntesten Zunge, Er ist eine Art Nationalfisch der Northern Territory, des unberührtesten, wildesten und am dünnsten besiedelten Teiles des australischen Kontinents, gibt es doch nur hier kraftstrotzende, schwarze Wasserbüffel, Millionen zählende Gänse- und Entenflüge, nur noch hier findet man unentdeckte, seit Jahrtausenden schlummernde Höhlen der Aboriginals, der Ureinwohner, mit strahlenden Felsmalereien. Nirgendwo sonst ist der Sommer so unerträglich schwül, so regenreich, von Moskitos und Feuchtigkeit geschwängert, um später die unendlichen Sümpfe und Flüsse zu füllen. Nur hier ist das so.

Nun im Juli, im australischen Winter wird das Klima erträglich und weite Teile der Swamps liegen trocken. Ausgetrocknet sind auch viele Flüsse. Nur die Kolke, die tiefsten Stellen führen noch Wasser, und auf einem der unzähligen sog. Billabongs, auf einem Billabong, der zirka drei Kilometer lang ist, versuche ich mein Glück auf den „Barra", wie die Australier ihren Barsch fast zärtlich nennen.

Zwei Ausflüge bleiben erfolglos. Angler treffe ich, die schwören auf den frühen Morgen und die Abenddämmerung, andere auf die Vormittagsstunden gegen zehn, wenn die Morgensonne das Wasser bereits erwärmt hat. Trevor preist bewölktes Wetter. Und tatsächlich bringt er zum Frühstück bei bedecktem Himmel zwei enorme Barsche ins Camp. Wieder andere kommen heim mit Fischen über zehn Pfund, die sie in der von keiner Wolke getrübten Mittagsglut fingen.

Ich glaube, sie rauben immer. Sie sind zu jeder Tages- und bestimmt auch zur Nachtzeit zu überlisten. Gefräßig und unersättlich nimmt der Barra verschieden große Wobbler und Spinner wirklich aller Coleur. Er stürzt sich auf Frosch- und Wurmimitationen und auf Köderfische am System. Er steigt nach Fliegen in den grellsten Farben. Und natürlich kann er lebenden Ködern erst recht nicht widerstehen.

Wir schleppten heute nachmittag vom Boot mit grellbunten Wobblern. Durch ein Plastikstück in ihrem Maul wurde der Köder bei schneller Bootsfahrt und langer Schnur tief geführt und umgekehrt niedrig. Man konnte ihn so an die fängigsten Stellen manövrieren. Diese graue Theorie kannte ich nun. Und dann war er da, der erhoffte Moment. Wie ein Blitz schlug der Biß in die Rute. Doch hielt ich dagegen. „Kurbeln! Kurbeln! Kurbeln!", hatte mir Dave eingeschärft. „Keinen Zentimeter Schnur geben, sonst ist er in den Mangroven."

Eisern holte ich ihn, so wütend er auch aus dem Wasser fuhr, energiegeladen herausbrach, das tropfenversprühende Haupt wie eine Furie schüttelte. Der Haken saß gut.

Und er kam näher. Er mußte gehorchen. Halten auf Biegen und Brechen. Noch einmal sein Aufbäumen. Wie ein Vulkan. Eine Urkraft im brodelnden, schäumenden Wasser. Noch einmal sein wütendes Haupt. Dann hatte den rotäugigen, fast fünfzehnpfündigen Barra das Gaff.

Marlinträume

Im „Wild Man's River Camp" traf ich drei Angler, die in Darwin, der Hauptstadt des Northern Territory ein Boot zum Hochseeangeln chartern wollten. Ihnen und mir paßte es gut, als vierter Mann einzusteigen.

Der verheißungsvolle Prospekt versprach natürlich keinen Marlin, stellte das aber in Aussicht, und Sails (Segelfische) seien überaus zahlreich. Skipper Danny Dade, mit dem ich am Abend vor der Ausfahrt sprach, prophezeite guten Sport mit Mackerels, Queensfischen und einigem mehr. Ich freute mich auf zwei erholsame Tage auf See und auf spannende Drills.

Der Morgen des vierten Augusts. Frühdunst lag über dem Hafen. Davor die brettebene See, und dahinter begann der Busch. Die Baumkronen standen über dem Nebel wie schwarzes Filigran. Schnell war unsere Fahrt, daß die Gischt blitzte und Tropfen versprühte wie Kristalle.

Blank lag die Timorsee, glatt wie ein Tisch. Und die Sonne stieg höher. Zweieinhalb Stunden nordwestlich, und Danny drosselte den Motor. Nirgends mehr Land in Sicht, kein anderes Schiff. Das murmelnde Brummeln des Bootes im Leerlauf, einschläfernd, monoton. Die Sonne. Die gleißende See. Windstille. Flaute.

Sorgfältig kämmt Chris die Luer und richtet zwei 50-lbs-Ruten damit. Zwei tote Hornhechte streift er aus, knipst ihnen die Schnäbel ab, macht die Fische geschmeidig und zieht ihnen Luer (Schürzen aus Weichplastikstreifen) über den Kopf. Dann sind auch sie neben zwei Jigs draußen. Hinter vier Ruten lauern vier hoffnungsvolle Angler.

Die Stunden kriechen dahin. Es tut sich nichts. Nicht ein einziges Mal das Klacken der Schnur, wenn sie aus dem Outtrigger springt. Nicht ein einziges Mal das Surren der Rolle, wenn Schnur ins Meer schießt. Nicht einmal das Kreischen der Bremsen.

Nur Stille. Das gleißende Licht auf dem Meer. Und die unendliche See. Hin und wieder springt ein silbernes Fischchen über ihren glatten Spiegel. Ganz in der Ferne Delphine. Ihre nassen, sonneblitzenden Körper.

Wie träge man wird, wie gleichgültig. Wie man sich treiben läßt. Lethargie des Klimas. Und das Ruhe ausstrahlende Meer.

Der Tag neigt sich. Wir ankern vor Kap Fourcro der Insel Bathurst, die ein fast menschenleeres Eiland ist, vom kleinen Aboriginal-Stamm der Tiwis bewohnt. Tiwi bedeutet soviel wie „das auserwählte Volk". Und dieser Stamm lebt hier seit Tausenden von Jahren fast ohne Kontakt zum Festland, weshalb seine Gebräuche unverdorben und eigenständig geblieben sind.

Nur eine Meerenge trennt Bathurst von der Zwillingsinsel Melville. Dort errichteten die ersten europäischen Siedler Nordaustraliens 1824 das Fort Dundas, das bereits fünf Jahre später wegen des unerträglichen Klimas und wegen der Malaria wieder verlassen wurde. Wenige Ruinen erinnern noch an diese erste weiße Siedlung.

Der Westen verglimmt. Und eilig hat es die Dämmerung. Als ein dunkler Strich liegt das Eiland. Einsame Sturmvögel segeln nach Bathurst. Fast ist es Nacht. Schwarz die Silhouetten der Vögel. Dann ist es finster.

Wir spielen „Black Jack" auf dem dümpelnden Schiff. Die Flut summt durch die Propeller. Dem Lied der Flut lauschen wir Stunde um Stunde und hoffen, daß es endlich verstummt, um endlich mit Handleinen fischen zu können.

Denn die Flut läßt unsere Köder nie den Boden berühren. Die Flut treibt die Köder hinaus in die See. Wir brauchen aber ruhige Strömung, um den Boden befischen zu können. Als gegen elf Uhr abends der Propeller endlich schweigt, ist die Strömung immer noch zu stark. Sie trägt die Tintenfischköder noch weit in die See hinaus. Nie erreichen sie den Meeresgrund.

Meine Geduld ist schließlich zu Ende, und ich lümmele mich in die Koje.

Gegen drei in der Früh registriere ich im Halbschlaf, wie ein Fisch auf den Bootsboden klatscht. Als sich das wiederholt, taumele ich schlaftrunken aus der warmen Koje und finde Jack und Bill, wie sie Fisch nach Fisch landen, meist kleine Haie und Welse.

Ich lasse den Tintenfischköder hinab. Kaum daß er unten das Riff erreicht, strafft sich die 1,4 mm dicke, um ein großes Plastikrad gewickelte Handschnur. Nachgeben muß ich, Schnur nachlassen. Bill reicht mir die Handschuhe.

Ja, er ist noch dran, wer auch immer da unten tobt. Und er reißt, und er bohrt, und er kämpft, dieser Fisch. Doch Meter für Meter ziehe ich ihn höher. Er wird leichter und leichter. Dann hab ich ihn längsseits, den zehn Kilo wiegenden Black Jew. Bill hilft mit dem Gaff. Höchste Zeit, denn der Haken ist fast gerade gebogen. Der Haken ist fast ein Strich und fällt dem Fisch aus dem Maul.

Später kommt ein sechs Kilo schwerer Golden Snapper hinzu. Chris wird später herrliche Filets mit Orangensoße übergossen daraus machen. Und wir landen wohl noch 40 kleinere Haie, meist Schwarzspitzen- und Grundhaie. Und etliche Welse werden unsere Beute, die nach dem Einbringen furchtbar laut quaken. Ein halbes Dutzend Rotbarsche machen die Strecke noch bunter. Wir setzen fast alle Fische zurück.

Noch einmal Spannung, als ein großer Fisch mir die Schnur in die Hand zieht, und mir die Leine tief in die Finger schneidet. Ich schrei nach dem Handschuh. Doch eh ich den überhab, wird die Schnur leicht, wird sie federleicht. Der Gegner, wahrscheinlich ein Hai, ist längst auf und davon, hat die Schnur gekappt mit seinen Rasierklingenzähnen.

Dann ein herrlicher letzter Morgen. Die Flut beginnt sich von neuem einzuspielen und summt durch die Propeller. Die roten Kliffs von Bathurst glühen. Warm und sanft und lau streicht der Fahrtwind, als wir den Anker liften. Spätnachmittags machen wir eine Schar Fregattvögel vom hohen Ausguck aus. Auf dieses Fischzeichen nehmen wir Kurs.

Die großen, schneidigen Vögel stoßen wieder und wieder auf einen spritzigen Schwarm silberner Fischchen hinab. Wenig später haben wir Bonitos an den Jigs. Harte, eiserne Kämpfer. Für uns die ersehnten Marlinköder.

Zweien zieht Chris vorsichtig, doch ruckzuck mit der Nadel einen Faden vor den Augäpfeln durch und befestigt daran den Haken. Das System nennt man „Panama-Rig“.

Doch auch auf diese verlockenden Köder beißt kein Riese der Meere, kein Gladiator der Hochsee; kein Marlin oder Sail läßt sich verleiten und folgt unseren Bonitos.

Sie seien seit Wochen fort, seit Monaten sei kein Billfisch mehr gelandet; wie man alle schwerttragenden Großfische nennt. Das bekennt der Skipper nun. Morgen soll es „mit Mann und Maus“ und mit dem Boot nach Brisbane in Queensland, also nach Ostaustralien zum Great Barrier Riff gehen. Dort seien die Fischgründe besser. Dort seien die „Big Marlin“ und die Angler zufriedener.

Nun gut, man hätte uns das vorher sagen können. Vielleicht wären wir dann nicht hinausgefahren. Das wäre ehrlich gewesen. Doch war es trotzdem spannend. Es war einmalig gewesen hier draußen auf dem Boot in der Timorsee. Ein unvergeßliches Erlebnis. Und bestimmt ist es gut, daß manche Träume nur Träume bleiben. Was wären wir ohne die Sehnsucht?